पर्यावरण संरक्षण

पर्यावरण संरक्षण

योगेन्द्र शर्मा

लोकभारती प्रकाशन

लोकभारती प्रकाशन
पहली मंजिल, दरबारी बिल्डिंग, महात्मा गांधी मार्ग
प्रयागराज-211 001
वेबसाइट : www.lokbhartiprakashan.com
ईमेल : info@lokbhartiprakashan.com

शाखाएँ : 1-बी, नेताजी सुभाष मार्ग, दरियागंज
नई दिल्ली-110 002
अशोक राजपथ, साइंस कॉलेज के सामने
पटना-800 006
1, अनमोल सोराबजी संतुक लेन, मरीन लाइंस
मुम्बई-400002

पहला संस्करण : 2020
दूसरा संस्करण : 2024

बी.के. ऑफसेट
नवीन शाहदरा, दिल्ली-110 32 द्वारा मुद्रित

PARYAVARAN SANRAKSHAN
by Yogendra Sharma

ISBN : 978-93-89742-31-2

मूल्य : ₹595

पूज्य पिता स्व. महादेव प्रसाद शर्मा

एवं

पूजनीया माता स्व. शान्ति देवी शर्मा

की

पुण्य स्मृति में

समर्पित

प्राक्कथन

पर्यावरण दो शब्दों से मिलकर बना है, परि जिसका अर्थ है चारों तरफ तथा आवरण का अभिप्राय है घेरा जो प्रकृति के वायु, जल, मृदा, पेड़-पौधे और प्राणियों से सम्बन्धित है। यह उन सभी बाहरी प्रभावों का समूह है जो जीवों को भौतिक तथा जैविक शक्ति से प्रभावित करते हैं एवं प्रत्येक जीव को घेरे हुए हैं साथ ही इसमें दशाएँ, संगठन तथा प्रभाव सम्मिलित हैं जो किसी जीवन या प्रजाति के जन्म, विकास एवं मृत्यु पर प्रभाव डालते हैं।

वर्तमान में बढ़ता प्रदूषण, कम होते वन, घटते वन्य जीव, प्राकृतिक सम्पदा का अत्यधिक दोहन, प्रकृति के संसाधनों की ओर बढ़ती उपभोग की प्रवृत्ति, अवैध एवं अनियोजित ढंग से वनों की कटान, जलवायु परिवर्तन, जनसंख्या वृद्धि, पृथ्वी का अन्धाधुन्ध दोहन, ओजोन परत का क्षरण, तेजाबी वर्षा, ग्लोबल वार्मिंग, जल में अपशिष्ट का मिलना, भूस्खलन, सूखा, बाढ़ एवं जैव विविधता पर कुप्रभाव आदि कारकों के कारण पर्यावरण असन्तुलित हो रहा है जिससे यह विश्वव्यापी समस्या बन गयी है जो चिन्ताजनक है।

भारतीय संस्कृति सदैव पर्यावरण की पोषक रही है। इसमें पर्यावरण के अवयव तथा जल, आकाश, सूर्य, चन्द्र, वनस्पति एवं कतिपय जीव-जन्तुओं को पूज्य मानने की मान्यताएँ रही हैं जो पर्यावरण के संरक्षण से जुड़ी हैं। पर्यावरण का सम्बन्ध केवल संस्कृति से ही नहीं है अपितु संस्कारों तथा सरोकारों से भी है। हमारी संस्कृति में स्वच्छता को भक्ति का स्थान दिया गया है। वृक्ष, वन एवं वनस्पति पृथ्वी के आभूषण और प्रकृति के उपहार हैं और धरती तो माँ है। जब तक मानव प्रकृति का भाग रहता है, प्रकृति उनका संरक्षण करती है। प्रकृति स्वतः पेड़ लगाती रहती है, हमें तो उसका संरक्षण करना है। पेड़ बचेगा तो पानी बचेगा! वृक्षारोपण और उसका संरक्षण पर्यावरण का संवर्द्धन है। पर्वतीय अंचल, फूल, फल और पौधे, प्राकृतिक सुषमा, सौन्दर्य, शान्ति तथा मनमोहकता के भण्डार हैं। जल संरक्षण द्वारा ही खाद्य सुरक्षा सम्भव है। आज मानव ही अपने कार्य-कलापों से पर्यावरण को प्रदूषित कर रहा है। विगत कुछ दशकों से पर्यावरण की सुरक्षा के प्रति मानव सचेत हुआ है किन्तु स्थिति सन्तोषजनक नहीं है। जन जागृति से ही मनुष्य, पर्यावरण के संरक्षण के दायित्व के निर्वहन में सक्षम होगा। हमारा कर्त्तव्य है कि

आनेवाली पीढ़ियों को पर्यावरण के उपकारों से वंचित न होने दें और इसके लिए जो भी अपेक्षित है, उसके क्रियान्वयन के प्रति सदैव तत्पर रहने की महती आवश्यकता है और समय की माँग भी।

इस कृति के द्वारा पर्यावरण के संरक्षण के प्रति थोड़ी-बहुत भी चेतना पाठकों एवं जनसामान्य में उत्पन्न हो सकी तो मैं अपने प्रयास को सार्थक समझूँगा साथ ही पाठकों और विद्वज्जन के द्वारा उपयोगी सुझावों का स्वागत है, जिससे अगले संस्करण में यथोचित ढंग से उनका समावेश किया जा सके।

'पर्यावरण संरक्षण' शीर्षक कृति के पूर्ण होने में जिनकी शुभकामनाएँ एवं सहयोग मेरा सम्बल बनीं वे हैं पर्यावरणविद् डॉ. शालिनी शर्मा, डॉ. अमित कान्त पण्डित, सुमित शर्मा, पूजा शर्मा, अनुष्का, मनस्वी, डॉ. जगदीश्वर द्विवेदी, एल. के. सिंह, डॉ. कमलेश तिवारी, डॉ. कमलेश कुमार, डॉ. दिनेश कुमार मिश्र, डॉ. हरवीर सिंह, किरन राय, नीता गुप्ता, सीमा चौधरी, रंजना कपूर एवं सुमन लता शर्मा। अतः इन सभी के प्रति मैं हार्दिक आभार व्यक्त करता हूँ।

योगेन्द्र शर्मा

अनुक्रमणिका

पर्यावरण

पर्यावरण का अंग्रेजी पर्याय Environment है जो फ्रेंच शब्द Environ से बना है जिसका अर्थ है आस-पास का वातावरण। परि और आवरण से मिलकर बना है पर्यावरण जिसमें परि का अर्थ है चारों तरफ तथा आवरण का अर्थ है घेरा जो प्रकृति के वायु, जल, मृदा, पेड़-पौधे और प्राणियों से सम्बन्धित है। प्रत्येक व्यक्ति को अपने पर्यावरण का ज्ञान होना चाहिए। पर्यावरण से सम्बन्धित ज्ञान का भण्डार इतना विस्तृत हो गया है कि पर्यावरण विज्ञान अस्तित्व मे आ गया। भौतिक संसाधनों की प्रगति में मानव इतना लीन हो गया कि उसने पर्यावरण पर समुचित ध्यान नहीं दिया। प्रकृति और मानव तथा जीव-जन्तुओं का अटूट सम्बन्ध है। हमारे यहाँ यज्ञ की परम्परा रही है जिससे प्रदूषण नष्ट होता है और पर्यावरण शुद्ध होता है। आज पर्यावरण से सम्बन्धित विभिन्न समस्याएँ हैं जैसे बढ़ता प्रदूषण, कम होते वन, घटते वन्य जीव एवं प्राकृतिक सम्पदा का अत्यधिक दोहन आदि। प्रकृति के संसाधानों की ओर बढ़ती उपभोग की प्रवृत्ति ने मानव अस्तित्व पर प्रश्नचिह्न खड़ा कर दिया है। प्रकृति और समाज की अन्तःक्रिया पारिस्थितिकी कहलाती है। विकसित होते समाज ने प्रकृति को विकृत किया है क्योंकि उसने भौतिक सुख-सुविधा के संचयन का लक्ष्य बना रखा है भले ही इसके फलस्वरूप पर्यावरण नष्ट हो। बढ़ते प्रदूषण ने संक्रामक रोगों में वृद्धि की है। इसलिए पर्यावरण के प्रति जागरूकता ही प्राणियों के अस्तित्व को सँवार सकेंगे।

पर्यावरण अधिनियम की धारा 2 (क) के अनुसार पर्यावरण में वायु, जल, भूमि, मानव, जीव-जन्तु, पेड़-पौधे और इनके पारस्परिक सम्बन्ध निहित हैं। भारतीय संस्कृति में पर्यावरण के अवयव यथा जल, आकाश, सूर्य, चन्द्र और वनस्पति आदि को देवता माना गया है। सूर्य से हमें प्रकाश, अग्नि से ताप, बादल से जल, पृथ्वी से अन्न तथा वनस्पति से ऑक्सीजन प्राप्त होती है। जीव-जन्तुओं में गाय और साँप को हम देवी-देवता मानकर पूजा करते हैं। प्रकृति के अवयव में शुद्धि का तन्त्र विद्यमान है, पानी में निहित गन्दगी को कछुआ और मछली आदि जीव नष्ट कर देते हैं और मानव मल का भक्षण सुअर करता है। हिमालय की वन-सम्पदा को हम शिव की जटाएँ मान सकते हैं। हम आक्सीजन ग्रहण करते हैं और कार्बन-डाइ-ऑक्साइड निष्कासित करते हैं तथा हमें ऑक्सीजन, जो प्राण वायु है, पेड़-पौधों से प्राप्त होती है और पेड़-पौधे मिट्टी के कटाव

को रोकते हैं। भगवान् शब्द में भ का अर्थ भूमि, ग का अर्थ गगन, व का अर्थ वायु, अ का अर्थ अग्नि एवं न का अर्थ नीर यदि मानें तो ये सभी हमारे लिये पूज्य एवं आराध्य हैं। महात्मा गाँधी ने कहा है कि प्रकृति के भण्डार में हर किसी की जरूरतें पूरी करने के यथेष्ट साधन हैं पर किसी के लालच को पूरा करने में यह भण्डार असमर्थ है।

गोल्डस्मिथ का कथन है, "विराट् प्रकृति ज्ञान की पुस्तक है।" प्रकृति और विवेक सदा एक ही बात कहते हैं और वह है प्रकृति का संरक्षण। वृक्ष हमें स्वस्थ बनाते हैं जैसे रामायण में पंचवटी का वर्णन है यथा पीपल, बरगद, बेल, आँवला तथा अशोक। ये सब हमारा कल्याण करते हैं। इसलिए हमें चाहिए कि हम उपभोक्तावादी संस्कृति न अपनाकर वृक्षों से मैत्रीपूर्ण सम्बन्ध बनायें। आँवला के वृक्ष से विटामिन सी मिलता है, बरगद का दूध स्वास्थ्य के लिए उपयोगी होता है, बेल से पेट-सम्बन्धी विकार दूर होते हैं तथा अशोक स्त्री विकार को दूर करनेवाला वृक्ष है। इसके साथ ही ये वृक्ष हमें छाया प्रदान करते हैं। पीपल के प्रभाव से मेधा में बढ़ोतरी होती है, इसको बोधिवृक्ष भी कहते हैं क्योंकि भगवान् गौतम बुद्ध को इसी के सान्निध्य में ज्ञान की प्राप्ति हुई थी। 'ओषधि जाह्नवीं तोयम्' का अर्थ ही है गंगा का पानी ओषधि है। हमारे समाज में नदियाँ माँ के समान मानी जाती हैं तथा पूजनीय हैं। नदियों के किनारे ही सभ्यताएँ विकसित हुई हैं और नगरों की स्थापना हुई है। विश्व स्वास्थ्य संगठन की रिपोर्ट के अनुसार भारत की 47 प्रतिशत उपजाऊ भूमि गंगा के तटवर्ती इलाके में है।

पर्यावरण को भौतिक और जैविक दो श्रेणियों में वर्गीकृत किया गया है। भौतिक पर्यावरण में जल, वायु और भूमि आते हैं तथा जैविक पर्यावरण में वनस्पति एवं जन्तु सम्मिलित हैं। वनस्पति का सम्बन्ध सामाजिक, सांस्कृतिक, आर्थिक और राजनीतिक पर्यावरण से है। विकास-क्रम में परिवर्तन होते रहते हैं। परिस्थितिजन्य कारकों पें जैविक, वायुमण्डल और अग्नि निहित हैं और यह प्राणियों के जैविक सम्बन्ध, उन पर पौधों का प्रभाव, पौधों का प्राणियों से सम्बन्ध और मानवीय योगदान पर निर्भर है। अजैविक कारकों भौतिक यथा ताप और प्रकाश एवं रासायनिक कारकों में जल तथा मृदा सम्मिलित हैं। पारिस्थितिकी विज्ञान का अंग्रेजी पर्याय ECOLOGY है जिसकी व्युत्पत्ति यूनानी शब्द OIKOS और LOGOS से हुई है जिसका अर्थ है घर और अध्ययन।

हमारी पृथ्वी का दो तिहाई हिस्सा जल से आच्छादित है और एक हिस्से में भूमि है। तापमान के 50 डिग्री सेल्सियस से अधिक होने पर प्रजातियों के लुप्त हो जाने का खतरा बढ़ जाता है। पर्यावरण को दूषित करने में रेडिएशन की भी भूमिका है। इस मामले में हमारा देश, अमरीका से पाँच से दस गुना ज्यादा है। सेल्युलर टावर्स और मोबाइल से उत्पन्न इलेक्ट्रोमैग्नेटिक रेडिएशन से कैन्सर, इन्फर्टिलिटी और नर्वस डिसआर्डर की आशंका बढ़ जाती है। आदमियों और टावर्स रेडिएटर्स का फासला कम होता जा रहा है।

पर्यावरण मन्त्रालय ने वन्य जीवों पर रेडिएशन के प्रभाव के सम्बन्ध में 919 मामलों में से 593 मामलों में स्पष्ट रूप से नुकसान जाहिर किया है। टू जी टावर्स से बीस वाट के लगभग ऊर्जा निकलती है और फोर जी टावर्स के आने से ऊर्जा निकलने में और बढ़ोतरी हुई है। मोबाइल की निकटता से स्लीप और मेमोरी डिसआर्डर बढ़ता है।

प्रकाश के अभाव में जीवन सम्भव नहीं है। जीवों में 70 से 90 प्रतिशत भाग जीव द्रव्य या जल का होता है। मृदा में नाइट्रोजन 78 प्रतिशत, ऑक्सीजन 21 प्रतिशत और शेष में कार्बन-डाइ-ऑक्साइड, हीलियम, हाइड्रोजन और ओजोन आदि हैं। पौधे उत्पादक होते हैं। जीवों में शाकाहारी या मांसाहारी या दोनों होते हैं। पृथ्वी सूर्य की उत्सर्जित ऊर्जा को ग्रहण करती है पर यह अरबवें भाग से भी कम होता है।

कविवर बिहारी ने प्रकृति के सम्बन्ध में उचित ही कहा है –

कोटि जतन कोऊ करै, परै न प्रकृतिहिं बीच।
नल, बल जलु ऊँचे चढ़ै, तऊ नीच को नीच॥

प्रकृति से छेड़छाड़ नहीं करनी चाहिए। प्रकृति में सुषमा है, सौन्दर्य है इसलिए विद्वान् दांते ने प्रकृति को ईश्वर की कला माना है। प्रकृति और पर्यावरण समानार्थी हैं। पर्यावरण सन्तुलन का क्षय प्राकृतिक प्रकोप यथा बाढ़, सूखा, भूकम्प और सुनामी आदि द्वारा होता है। इसके असन्तुलन के कारक मानव निर्मित भी होते हैं, जैसे युद्ध, वनों की कटान और जनसंख्या वृद्धि आदि। सामाजिक प्रदूषण में जनसंख्या वृद्धि के अलावा पिछड़ापन और अपराध आदि हैं। पृथ्वी पर उपलब्ध कुल जल का 2.5 प्रतिशत ही ताजा जल है। जल प्रदूषण का कुप्रभाव पशु-पक्षियों, मानव, वनस्पतियों और जन्तुओं पर पड़ता है तथा विभिन्न प्रकार के रोग पनपते हैं। इस प्रदूषण से औद्योगिक क्षमता, सागरीय क्षमता और पेयजल पर प्रभाव पड़ता है। हमें चाहिए कि जलस्रोतों के पास गन्दगी न फैलायें, पशुओं को नदियों एवं तालाबों में न नहलायें, औद्योगिक अपशिष्टों को जलस्रोतों में न मिलने दें, नदियों में अधजले शव, राख, अधजली लकड़ी न डालें, उर्वरकों तथा कीटनाशकों का अधिक प्रयोग न करें। इसके लिए लोगों में जागृति उत्पन्न करने के लिए संचार माध्यमों का सहारा लेना चाहिए।

पर्यावरण के प्रति लोगों को जागरूक बनाने के लिए प्रतिवर्ष 5 जून को विश्व पर्यावरण दिवस और 26 नवम्बर को विश्व पर्यावरण संरक्षण दिवस मनाया जाता है और प्रतिवर्ष इसकी कोई थीम बनायी जाती है जैसे वर्ष 2017 के पर्यावरण दिवस की थीम थी 'कनेक्ट विद नेचर'। 2017 के दिसम्बर में नैरोबी में संयुक्त राष्ट्र की पर्यावरण सभा आयोजित हुई थी। वर्ष 2011 में भारत पहली बार इसकी मेजबानी कर चुका है। प्रकृति से संस्कृति का रिश्ता अटूट रूप से जुड़ा है इसीलिए नदियों की आरती और पर्वतीय यात्रा को महत्त्व दिया गया है। बुन्देलखण्ड में पुण्य अर्जन के लिए तालाब का निर्माण लोग

करते हैं। नदियों के उद्‌गम स्थल तीर्थ बन जाते हैं। समुद्र के किनारे की संस्कृति मछली पालन से जुड़ी है। पर्यावरण का सम्बन्ध केवल संस्कृति से ही नहीं है अपितु संस्कारों और सरोकारों से भी है। तपती धूप में ठण्डा शरबत और फल सेवन की परम्परा है क्योंकि तन शीतल होने से ऊर्जा संचित होती है। संस्कृति और प्रकृति सहेलियाँ हैं। पर्यावरण या प्रकृति का आनन्द लेना है तो घरों में हम सीमित न रहें, अपने कम्फर्ट जोन से बाहर निकलें। पर्यावरण संरक्षण के लिए जरूरी है कि सार्वजनिक स्थान स्वच्छ रहें। दीपावली से पूर्व महिलाएँ तालाब की मिट्टी छाँटने जाती हैं। पोंगल पर्व पर पशुओं को सजाकर उनकी पूजा करने का विधान है। सड़कों को चौड़ा करने में विगत दशक में लगभग दस करोड़ पेड़ काट डाले गये हैं जिससे पर्यावरण को गम्भीर क्षति पहुँची है। सूर्य पारिस्थितिकी तन्त्र को चलाने के लिए ऊर्जा का एकमात्र स्रोत है। हमारी संस्कृति की सीख है कि पर्यावरण दोहन सिर्फ जरूरत भर के लिए हो। इकोथेरेपी से अवसाद से मुक्ति मिलती है। प्रकृति के सान्निध्य में रहने से उलझनें, तनाव और अवसाद दूर होते हैं क्योंकि प्रकृति हमें प्रसन्नता देती है। यह ब्लड प्रेशर और हृदय की गति को नियन्त्रित करती है।

ईंधन से धुआँ निकलता है और यह वायुमण्डल को प्रदूषित करता है। वाहनों की बढ़ती संख्या भी इसकी जिम्मेदार है। एक अनुमान के अनुसार 1135 व्यक्ति जितनी ऑक्सीजन एक मिनट में साँस लेने में खर्च करते हैं उतनी ऑक्सीजन कार एवं अन्य गाड़ियाँ एक मिनट में खर्च करती हैं। कार्बन मोनो ऑक्साइड, लेड, कार्बनिक वाष्प और अमोनिया आदि पेट्रोल के द्वारा उत्सर्जित होनेवाले पदार्थ हैं। इसीलिए वाहनों के लिए प्रदूषण मुक्ति या नियन्त्रित प्रदूषण के प्रमाण-पत्र को समय-समय पर लेते रहना अनिवार्य कर दिया गया है। दिल्ली सबसे ज्यादा प्रदूषित शहरों में से एक है। शौचालय की गन्दगी, कूड़े-कचरे का सड़ना, कृषि कार्य में प्रयुक्त होनेवाली दवाओं आदि से तथा कल-कारखानों से निकलनेवाले, धुएँ आदि से प्रदूषण बढ़ता है। इसका कुप्रभाव मानव स्वास्थ्य, जीव-जन्तुओं, पेड़-पौधों, भवनों, जलवायु और मौसम पर पड़ता है। इसलिए कार निर्माताओं को यूरो मानकों का पालन अनिवार्य कर दिया गया है। ध्वनि प्रदूषण, बिजली की कड़क, तेज हवाओं, ऊँचे स्थान से गिरते जल, ज्वालामुखी फटने, वाहनों से उत्पन्न होनेवाले शोर, लाउडस्पीकर और तेज आवाज में म्यूजिक आदि से उत्पन्न होता है। इसके मापन की इकाई डेसिबल है। ध्वनि प्रदूषण का कुप्रभाव गर्भस्थ शिशु, बच्चों के विकास और मानव स्वास्थ्य आदि पर पड़ता है। ध्वनि प्रदूषण को यथासम्भव रोका जाना चाहिए। भू-प्रदूषण, उद्योग, कृषि, घरेलू और स्थानीय निकायों के अपशिष्टों से होता है। इसका कुप्रभाव मानव स्वास्थ्य, जलस्रोतों और भूमि की उत्पादन क्षमता! पर पड़ता है। ग्रीन हाउस के कारण ग्लोबल वार्मिंग बढ़ती जा रही है। ओजोन की मौजूदगी वायुमण्डल के ऊपरी हिस्से में आवश्यक है पर पृथ्वी से इसकी निकटता प्रदूषण बढ़ाती

है। वैज्ञानिक डॉ. आलोक मित्तल एवं ज्योति मित्तल दम्पति ने कोयले की राख मुर्गे के पंखों, अण्डे के छिलके, सोयाबीन की भूसी एवं विभिन्न प्रकार की मिट्टियों से औद्योगिक अपशिष्टों को साफ करने में सफलता प्राप्त की है।

पर्यावरण संरक्षण हेतु घर में इण्डोर प्लाण्ट्स जैसे एलोवेरा, रबर प्लाण्ट, स्नेक प्लाण्ट और स्पाइडर प्लाण्ट आदि लगायें। हरियाली को काम के बीच में निहारने से एकाग्रता और कार्यकुशलता में वृद्धि होती है साथ ही प्राकृतिक वातावरण में रहने से व्यक्ति की रचनात्मकता में भी वृद्धि होती है। शुद्ध हवा, पृथ्वी स्पर्श, सात्विक भोजन एवं खिली धूप के सेवन से स्वास्थ्य लाभ होता है। प्रकृति मन, शरीर और आत्मा के मध्य सामंजस्य स्थापित करती है। पेड़-पौधे, बहते झरने और पक्षियों का कलरव सुकून देते हैं। प्रदूषण विश्व की सबसे बड़ी समस्या है। जैविक खाद, रासायनिक खाद से सदैव बेहतर है। आर्गेनिक किचन गार्डेन के लिए लोगों को प्रेरित करना चाहिए। हमें चाहिए कि यदि बिजली के उपकरणों का प्रयोग नहीं हो रहा है तो स्विच आफ कर दें। घर में और घर के आस-पास पौधे लगायें। जब बर्तन धो रहे हों या टूथपेस्ट कर रहे हों तो नल को चालू न रखें। सब्जियों और फलों के छिलके को जानवरों के उपयोग के लिए कूड़े से अलग रखें। कपड़ों को यथासम्भव प्राकृतिक वातावरण में सुखायें, इससे टिकाऊपन बना रहेगा। हमें चाहिए कि प्लास्टिक के बैग के बजाय कपड़े के थैले का उपयोग करें जिससे, ग्लोबल वार्मिंग कम हो। हमारे प्रदेश उत्तर प्रदेश में सिर्फ ९ प्रतिशत वन क्षेत्र हैं। यदि हर नागरिक एक पौधा लगाये तो अनुमान है कि वन क्षेत्र 15 प्रतिशत हो जायेगा। वर्तमान में इस दिशा में अभियान जारी है लेकिन पौधा लगाना ही पर्याप्त नहीं है उसका संरक्षण भी जरूरी है जिससे वे विकसित होकर वृक्ष बनें। हमारे पूर्वज जल, जमीन, जंगल और जन के बीच तारतम्य बनाने की बात कहते रहे हैं। प्रदूषण नियन्त्रण के लिए हरित बेल्ट की स्थापना और इसका विकास आवश्यक है। सनातन काल से भारत में धर्म को पर्यावरण से जोड़कर रखा गया है। पेड़ बचेगा तभी पानी बचेगा। प्रकृति स्वतः पेड़ लगाती रहती है, हमें तो उसका संरक्षण करना है। प्रदूषण के कारण कहीं ऐसा न हो कि भविष्य में हमें ऑक्सीजन का बाक्स लेकर चलना पड़े। विश्व स्वास्थ्य संगठन के अनुसार वायु प्रदूषण से प्रतिवर्ष 1.5 मिलियन मौतें होती हैं तथा प्रदूषण के कारण 33.7 लाख करोड़ रुपये के लगभग हानि होती है।

प्राकृतिक संसाधन के दो भाग हैं पहला पोषित होनेवाले तथा दूसरा पुनः पोषित न होनेवाले। प्रथम भाग में भूमि, जल, पौधे और प्राणी हैं तथा दूसरे में कोयला, मिट्टी का तेल और धातुएँ आदि। नील नदी की घाटी सभ्यता, मोहनजोदड़ो और हड़प्पा की सभ्यता एवं सरस्वती नदी का लुप्त होना यह दर्शाता है कि प्राकृतिक संसाधनों का दुरुपयोग किया गया। पंचतत्त्व अर्थात् अग्नि, जल, आकाश, वायु, पृथ्वी के अतिरिक्त ग्रह-नक्षत्र, वृक्ष-

वनस्पति, नदी, समुद्र, प्राणी और दिशाएँ सभी प्रकृति के अंग हैं। वन दोहन एवं जनसंख्या वृद्धि से पर्यावरण असन्तुलन होता है। जब तक मानव प्रकृति का भाग रहता है, प्रकृति उनका संरक्षण करती है। कृषि, सामाजिक, वैज्ञानिक एवं प्रौद्योगिक क्षेत्र में हुई क्रान्ति के कारण अब मनुष्य प्रकृति से दूर होता जा रहा है जिससे पारिस्थतिकी असन्तुलन में बढ़ोतरी हो रही है। कार्बन - 14 तथा पोटैशियम आर्गन विधि से पता चलता है कि एक से तीन करोड़ वर्ष पूर्व मानव बहुत-कुछ वानर जैसा था लेकिन मानव मस्तिष्क के आयतन एवं उसमें विचार की शक्ति उसे अन्य जीवों से पृथक् करती है जिससे वह पर्यावरण के प्रति सजग रहकर जीवन को उन्नत बना सकता है। प्राकृतिक संसाधन सीमित हैं तो फिर जनसंख्या को असीमित बनाने से समस्याएँ तो बढ़ेंगी ही। वनों के दोहन से भूमि का संरक्षण नहीं होगा। वर्ष 1973 से पर्यावरण दिवस विश्व भर में मनाया जा रहा है। 1972 में संयुक्त राष्ट्र संघ में पर्यावरण पर पहला सम्मेलन आयोजित हुआ। 1974 से दुनिया के अलग-अलग शहरों में पर्यावरण दिवस की मेजबानी की जा रही है।

विश्व स्वास्थ्य संगठन ने 'प्रिवेंण्टिग डिसीज थ्रू हेल्दी इनवायरनमेण्ट' रिपोर्ट में कहा है कि पर्यावरण से छेड़छाड़ हमारे लिये समस्याएँ उत्पन्न कर रही हैं तथा विश्व में हर चार मौतों में से एक मौत इसी के दुष्परिणामस्वरूप होती है। वातावरण और स्वास्थ्य तभी बेहतर बन सकता है जब हम कार्बन उत्सर्जन कम करें, स्वच्छ ईंधन का प्रयोग करें साथ ही स्वच्छता और शुद्ध जल के उपयोग की मात्रा में वृद्धि हो। हमें सौर विकिरण से बचाव करना होगा, धूम्रपान पर पूर्ण प्रतिबन्ध लगाना होगा, स्वास्थ्य सेवाएँ बेहतर करनी होगी और व्यावसायिक कार्य स्थिति को बेहतर बनाना होगा। गमले में पौधे लगाकर पर्यावरण संरक्षण किया जा सकता है। गमले में पौधे लगाते समय नीचे जहाँ पानी की निकासी की जगह हो वहाँ पाट के टूटे टुकड़े या छोटे पत्थर रखें जिससे मिट्टी का पोषण बाहर न निकल सके, मिट्टी और खाद का मिश्रण करें तथा गमले का तिहाई हिस्सा खाली रखें जिससे पानी डालने पर मिट्टी बर्बाद होकर बाहर न निकल सके। बीज रोपते समय उसके आकार की दो गुनी मिट्टी के नीचे रोपें जिससे समय पर अंकुर निकल सके। पर्यावरण प्रदूषण की समस्या वैश्विक है। अम्लीय वर्षा, वन, कृषि, झील तथा जलीय जन्तुओं के लिए हानिप्रद हैं। सी.एफ.सी. गैसें वायुमण्डल में मिलकर अण्टार्कटिका के ऊपर ओजोन की परत में छेद का विस्तार कर रही हैं जिससे पृथ्वी पर सूर्य की पराबैंगनी किरणें पहुँचकर जीवों को हानि पहुँचायेगी। जर्मनी ने कार्बन-डाइ-ऑक्साइड की मात्रा में 25 प्रतिशत कटौती करने का निर्णय लिया है तथा स्वीडन ने इस पर कर लगा दिया है। विगत दशकों में आस्ट्रिया, स्वीडन, बेल्जियम, नार्वे व डेनमार्क ने सल्फर-डाइ-ऑक्साइड के उत्सर्जन में भारी कमी की है। हमें चाहिए कि वाहनों के धुएँ को नियन्त्रित करें और वनों का विकास करें। वन हमें दैनिक उपयोग की वस्तुएँ प्रदान करते हैं, जैसे – लकड़ी, फल, फूल, दवा, चारा, मोम व शहद आदि। हमारी राष्ट्रीय

वन नीति है कि एक तिहाई भाग वनों से आच्छादित हो जब कि वर्तमान में यह कम है। अतः इसे बढ़ाने की आवश्यकता है। पक्षियों के लुप्त होने से पेड़ की प्रजातियों के भी लुप्त होने की आशंका बढ़ जाती है। एक अमरीकी अध्ययन के अनुसार हरियाली के मध्य यदि हम प्रतिदिन पाँच मिनट व्यायाम करते हैं तो इससे मानसिक मजबूती आती है तथा मानसिक रोगों के होने की आशंका कम हो जाती है। 'एक व्यक्ति-एक वृक्ष' योजना को प्रभावी ढंग से क्रियान्वित करने पर हरियालीं का विकास होगा। तरह-तरह की गैसों के उत्सर्जन से मौसमी बदलाव में बढ़ोतरी हो रही है। विकास तो अवश्य हुआ है पर भूमि प्रदूषित हो रही है, वन बर्बाद हो रहे हैं, नदियों में गन्दगी का इजाफा हो रहा है तथा समुद्र में विषैले रसायनों की वृद्धि हुई है जिससे जीव-जन्तुओं का विनाश हो रहा है और बिना रीढ़वाले जीवों की प्रजातियाँ नष्ट होने लगी हैं। छत पर बगीचा बनाने के लिए लोगों को प्रेरित करना चाहिए। शुद्ध वायु के लिए पौधारोपण से बेहतर तरीका नहीं है। हमारे यहाँ मांगलिक कार्यक्रमों में पेड़-पौधों के साथ जलस्रोतों को भी पूजने की रीति हैं। पानी को शुद्ध और पवित्र मानते हुए हमारे यहाँ नल की पूजा का भी विधान है। विद्यालयों में पर्यावरण प्रबन्धन की शिक्षा दी जाने लगी है जिससे बच्चे पर्यावरण को बचाने के प्रति जागरूक हों। मिशन ग्रीन को बढ़ावा देने से हरियाली तथा पर्यावरण संरक्षण में वृद्धि होती है। साइकिल की सवारी के लिए प्रेरित करने से डीजल और पेट्रोल की खपत में कमी आयेगी और प्रदूषण कम होगा।

पर्यावरण की दृष्टि से वर्तमान में स्थिति विस्फोटक हो रही है। पानी की बचत करके कार्बन-डाइ-ऑक्साइड का उत्सर्जन कम किया जा सकता है। यदि 100 वॉट बल्ब के स्थान पर 20 वॉट के सी.एफ.एल. का प्रयोग करें तो कार्बन-डाइ-ऑक्साइड के उत्सर्जन में पर्याप्त कमी होगी। प्रदूषण के विस्तार से जीवन चुनौतीपूर्ण होता जा रहा है तथा जल का संकट बढ़ रहा है। पर्यावरण के असन्तुलन से बारिश के पानी में कमी आ गयी है, हरियाली नष्ट हो रही है, नदियों का प्रवाह कम हो रहा है, फसलों द्वारा खाद्यान्न में कमी आयी है, भूमि की उर्वरा शक्ति नष्ट हो रही है और शहर कंक्रीट के जंगल बनते जा रहे हैं। वास्तव में हममें पर्यावरण के प्रति जागरूकता में कमी है। पर्यावरण पाठशाला चलाये जाने की आवश्यकता है, तालाबों को कब्जामुक्त किया जाये तथा जल दोहन में कमी लाकर हम पर्यावरण को सहेज सकेंगे। पर्यावरण प्रहरी के रूप में कतिपय लोगों ने प्रशंसनीय कार्य किया है और कई इस कार्य से जुड़ रहे हैं जैसे पौधों का वितरण करना एवं पार्क की स्थापना में सहयोग आदि जिससे पार्क पर्यावरण के अनुकूल हों। हमें चाहिए कि प्लास्टिक को इधर-उधर न फेंककर एक स्थान पर एकत्रित करें जिससे रिसाइकिल किया जा सके। इसको डस्टबिन में ही डाला जाये, ज्यादातर बायोडिग्रेडेबिल प्लास्टिक का हम प्रयोग करें, इसे जीवों के पास न फेंकें क्योंकि इसके सूक्ष्म कण खाने में मिलकर जीवों को नुकसान पहुँचा सकते हैं। उत्तर प्रदेश सरकार ने 2015 में ऐक्ट बनाकर हर

मोटाई की प्लास्टिक पर रोक लगायी पर प्रभावी क्रियान्वयन के अभाव में पॉलीथीन की थैलियाँ अब भी दिखायी पड़ती हैं अर्थात् प्रयुक्त हो रही हैं, हल्की, भारी, पन्नियाँ और उनकी थैलियाँ इस्तेमाल में लायी जा रही हैं। इसलिए केवल कानून बनाने से कुछ नहीं होगा जब तक प्रभावी क्रियान्वयन न हो साथ ही हमें पर्यावरण संरक्षण के लिए अपनी आदतों में भी बदलाव लाना होगा।

समय-समय पर प्रदूषण को नियन्त्रित करने के लिए अन्तरराष्ट्रीय पर्यावरण सम्मेलन आयोजित होते रहे हैं। पर्यावरण सन्तुलन के लिए कार्य योजना बनानी चाहिए तथा उसका कारगर क्रियान्वयन भी सुनिश्चित होना चाहिए। पर्यावरण संरक्षण के लिए 1976 के 42वें संविधान संशोधन में अनुच्छेद 48 को जोड़ा गया। संविधान के अनुच्छेद 47 में पर्यावरण संरक्षण का प्रावधान है। लोग पूजन-सामग्री के अवशिष्ट राख आदि को पॉलीथीन की थैली में भरकर या वैसे ही जल में प्रवाहित कर देते हैं जो एक गलत परम्परा है, इससे प्रदूषण बढ़ता है। इसलिए इसको निस्तारित किये जाने के लिए स्वयंसेवी संस्थाओं द्वारा विशिष्ट प्रबन्धन विभिन्न स्थानों पर किये गये हैं। पीपल के पेड़ का पत्ता जितना ऑक्सीजन एक दिन में उत्सर्जित करता है वह एक मानव के लिए चार दिन की ऑक्सीजन की पूर्ति करता है। प्रदूषण, यातायात के नियमों का पालन न करने से भी बढ़ता है। पेट्रोल-डीजल से चलनेवाले वाहनों से प्रदूषण स्तर में वृद्धि होती है। चालकों में आजकल धैर्य का अभाव दिखायी पड़ता है, जल्दी पहुँचने की चाह में बेतरतीब ढंग से वे अपने वाहन को निकाल ले जाने का वे प्रयास करते हैं जिससे जाम की समस्या उत्पन्न होती है। चौराहे पर लाल सिग्नल के कारण इंजन को स्टार्ट नहीं रखना चाहिए लेकिन लोग ऐसा करते हैं जिससे जहरीला धुआँ निकलता रहता है जो फेफड़े को प्रभावित करता है। इस दृष्टि से यातायात के नियमों का अनुपालन किया जाना पर्यावरण की सुरक्षा के लिए और भी आवश्यक हो जाता है। यथासम्भव प्लास्टिक या उससे बनी चीजों का प्रयोग नहीं करना चाहिए क्योंकि इससे प्रदूषण फैलता है। नदी के किनारे शौच करना भी प्रदूषण की बढ़ोतरी में सहायक है। नाले में कूड़ा-करकट या प्लास्टिक की चीजें न फेंके क्योंकि चोक हो जाने से पानी की निकासी नहीं हो पाती है और पानी कचरे समेत इधर-उधर फैलता है जिससे गन्दगी बढ़ती है और प्रदूषण भी।

डायनासोर का युग करोड़ों साल पहले का माना जाता है। तब धरती बहुत गर्म थी फिर हिम-युग आया। पृथ्वी के वायुमण्डल में विभिन्न गैसें हैं जो सूर्य की रोशनी को धरती तक लाने में सहायक हैं लेकिन कुछ गैसें इसके कुछ भाग को वापस लौटने की प्रक्रिया में व्यवधान डालती हैं, इसे ही ग्रीन हाउस प्रभाव कहा जाता है। औद्योगिक क्रान्ति के पश्चात् वायुमण्डल में कार्बन-डाइ-ऑक्साइड की मात्रा में 40 प्रतिशत से अधिक बढ़ोतरी हो चुकी है। वनों के विनाश से कार्बन-डाइ-ऑक्साइड के अवशोषण में कमी आयी है। समुद्र भी गैसों का अवशोषण करता है। आर्थिक

गतिविधियों में कमी लाने से तथा जीवाश्म ईंधन के स्थान पर नयी तकनीक और ऊर्जा के विकल्प को अपनाने से ग्रीन हाउस गैसों के उत्सर्जन में कटौती लायी जा सकती है। अमरीका में प्रति व्यक्ति उत्सर्जन 20 टन के मुकाबले में भारत में यह औसत 0.8 टन का है। तापमान में वृद्धि, रेगिस्तानी भागों में बढ़ोतरी, वर्षा चक्र में परिवर्तन, समुद्र में अम्लीय तत्त्वों की वृद्धि और हिमनद का पिघलना आदि ये कई चुनौतियाँ हैं जो पर्यावरण को असन्तुलित बनाती हैं।

फिल्म निर्माताओं का पर्यावरण से सम्बन्धित फिल्म निर्माण पर बहुत कम ध्यान गया है। पर्यावरण की आवाज उठानेवाली फिल्मों में सर्वश्रेष्ठ फिल्म पर रजत कमल पुरस्कार दिये जाने का सिलसिला 1989 से आरम्भ हुआ तथा 28 वर्ष पश्चात् 'इरादा' फिल्म को यह सम्मान मिला। 1989 में यह सम्मान असमिया फिल्म 'बोनानी' को मिला था। गिरीश कर्नार्ड की फिल्म 'चेलुवी' को भी यह पुरस्कार मिल चुका है। इरादा फिल्म में पंजाब के औद्योगिक क्षेत्र भटिण्डा की पृष्ठभूमि है जहाँ केमिकल कम्पनी के विषैले केमिकल्स को रिवर्स बोरिंग कर जमीन के अन्दर डाल दिया जाता है, जिससे जल प्रदूषित होता है और कैन्सर की बीमारी फैलती है। इसी प्रकार 'कड़वी हवा' शीर्षक फिल्म को स्पेशल मेन्शन श्रेणी में पुरस्कार मिल चुका हैं जो पर्यावरण के अन्तर्गत ग्लोबल वार्मिंग और सूखें की स्थिति पर प्रकाश डालती है। 2005 में बनी 'शिखर' फिल्म में विस्थापन को पर्यावरण से जोड़ने का प्रयास किया गया है। रेमो डिसूजा ने भी 'द फ्लाइंग जट्ट' शीर्षक फिल्म को पर्यावरण से जोड़ा है। इसके अतिरिक्त गिनी-चुनी फिल्में जैसे लगान, गाइड और जल आदि में भी पर्यावरण के मुद्दे को प्रत्यक्ष या परोक्ष रूप से समेटने का प्रयास किया गया है। बोकारो के एक स्कूल में पर्यावरण पर अनूठा प्रयोग किया गया है। यहाँ बच्चे अभिभावक के रूप में पेड़-पौधों का संरक्षण करते हैं। बच्चों के जन्मदिन पर बच्चे का नाम किसी पेड़ के नाम पर रख दिया जाता है और उस दिन उसी पेड़ के नाम से जन्म-दिनवाले बच्चे को सभी लोग पुकारते हैं। यहाँ पेपर रिसाइकलिंग यूनिट भी है, जिससे ग्रीटिंग कार्ड्स, फोल्डर्स और फाइल आदि बनायी जाती है। पौधों की सेवा बच्चे तीमारदार के रूप में करते हैं। रिसाइकलिंग से विद्यालय को कचरामुक्त बनाया गया है।

मानसून की अनिश्चितता का कारण जलवायु परिवर्तन है जो औद्योगिकीकरण तथा मानवीय कार्य-कलापों के कारण होता है। इससे उपज प्रभावित होती है। तापमान में हो रही बढ़ोतरी हिमनद एवं नदियों को समाप्त कर सकते हैं इसलिए ग्रीन केमिस्ट्री को बढ़ावा देने की आवश्यकता है। ध्वनि की तीव्रता डेसीबल में विभिन्न कार्यों में विभिन्न स्तर की होती है, बातचीत में 40 से 60, गुस्से में बात करने पर 70 से 80, वाहन की ध्वनि 90 से 95, प्रेस की 100 से 105, साइरन की 190 से 200, लाउडस्पीकर की 70 से 80, आर्केस्ट्रा की 100 से 110, मिसाइल एवं राकेट की 180 से 200 डेसीबल होती है। 80 डेसीबल की ध्वनि में अधिक समय तक रहना हानिकारक होता है।

साधारण तौर पर 90 डेसीबल तक की ध्वनि मनुष्य के बर्दाश्त करने की सीमा है। ध्वनि के प्रतिदर्श शान्तिपूर्ण क्षेत्र, आवासीय क्षेत्र, वाणिज्यिक और औद्योगिक क्षेत्रों में दिन और रात में भिन्न-भिन्न होते हैं। ताप का प्रभाव प्राणियों की क्रियाओं और प्रजनन पर होता है, जैविक क्रिया के लिए सामान्य रूप से 10 डिग्री सेल्सियस से 45 डिग्री सेल्सियस की आवश्यकता पड़ती है। वायु के विभिन्न प्रकार हैं जैसे समीर, गेल या झंझा, तूफान और हरीकेन। समीर या ब्रीज की गति 5 से 50 किलोमीटर प्रति घण्टे होती है, झंझा या गेल की 50 से 100, तूफान की 100 से 125 तथा हरीकेन की 125 से अधिक की गति होती है। मिट्टी की विभिन्न किस्में हैं जैसे चिकनी मिट्टी, गाद, बारीक बालू, मोटी बालू, बारीक बजरी और बजरी आदि। इसमें से प्रत्येक का व्यास मिलीमीटर में एक-दूसरे से भिन्न होता है। आजकल ई-वेस्ट या ई-कचरे का आत्मघाती प्रदूषण तन्त्र का जाल फैलता जा रहा है। इस घातक कचरे के आयात पर रोक लगी है। देश में खतरनाक कचरा प्रबन्धन और निगरानी नियम 1989 लागू है लेकिन प्रभावी क्रियान्वयन न होने से कचरा बढ़ता जा रहा है जो चिन्तनीय है। ग्लोबल वार्मिंग के आगामी 200 साल में 15 डिग्री सेल्सियस के बढ़ने की आशंका है जिससे मानव विनाश के कगार पर पहुँच जायेगा। यह लाइलाज नहीं है पर नियन्त्रण हेतु प्रभावी ढंग से कार्य करने की आवश्यकता है। संयुक्त राष्ट्र संघ द्वारा पर्यावरण कार्यक्रम की स्थापना पर्यावरण संरक्षण के लिए की गयी है। विद्यालयों में जून माह में ग्रीष्मावकाश रहता है इसलिए विद्यालय खुलने के पन्द्रह दिन के भीतर पर्यावरण दिवस मना लिया जाता है।

साइकिलिंग के प्रति लोगों को जागरूक कर साइकिल चलाने के लिए प्रेरित करना चाहिए। 'बेनिफिट्स ऑफ साइकिलिंग इन इण्डिया : एन इकोनामिक, एनवायरनमेण्टल ऐण्ड सोशल एसेसमेण्ट' टेरी की रिपोर्ट के अनुसार यदि नियमित रूप से 120 दिन तक प्रतिदिन 3.5 किलोमीटर, साइकिल लोग चलायें तो इससे असामयिक होनेवाली मौतों में लगभग 4756 मौतों को बचाया जा सकता है साथ ही 10 लाख टन तक कार्बन-डाइ-ऑक्साइड के उत्सर्जन से बचा जा सकता है। इससे अर्थव्यवस्था में 1.8 लाख करोड़ रुपये का लाभ होगा जो भारत की जी.डी.पी. का लगभग 1.6 प्रतिशत है। साइकिलिंग से ईंधन में 2700 करोड़ रुपये की बचत होगी और यात्रा के क्षेत्र में 11200 करोड़ रुपये बचेगा। साथ ही वायु प्रदूषण में कमी आने पर स्वास्थ्य पर 24,100 करोड़ बचेगा। शारीरिक गतिविधियों के बढ़ने से 1.4 लाख करोड़ रुपये का लाभ स्वास्थ्य के मद में होगा और 3.5 लाख टन ऊर्जा की बचत होगी। साइकिल के अधिकाधिक प्रयोग से ट्रैफिक में जाम कम होगा तथा ध्वनि प्रदूषण में भी कमी आयेगी। साइकिल चलाने से मांसपेशियाँ और हड्डियाँ मजबूत होती हैं, श्वसन तन्त्र सुधरता है एवं रोगों जैसे डायबिटीज, दिल का दौरा, एवं आघात की सम्भावना में कमी आती है। नीदरलैण्ड में साइकिल का चलन ज्यादा है जिससे वहाँ 6500 असामयिक मौतें कम हुई हैं साथ ही

47 लाख यूरो की बचत भी हुई है। मैक्सिको में साइकिल को बढ़ावा देने से 2.6 लाख डालर का लाभ होने लगा है। नीदरलैण्ड, स्विट्ज़रलैण्ड, स्पेन और चीन के बीजिंग के लोग साइकिल के प्रयोग में विश्व में अग्रणी हैं।

इनसाइक्लोपीडिया ऑफ ब्रिटेनिका में बताया गया है कि पर्यावरण उन सभी बाहरी प्रभावों का समूह है जो जीवों को भौतिक तथा जैविक शक्ति से प्रभावित करते हैं तथा प्रत्येक जीव को घेरे हुए हैं। विश्वकोश में पर्यावरण की परिभाषा में कहा गया है कि इसमें दशाएँ, संगठन तथा प्रभाव सम्मिलित हैं जो किसी जीवन या प्रजाति के जन्म विकास एवं मृत्यु पर प्रभाव डालते हैं। विभिन्न देशों के बीच पर्यावरण सन्धियों की संख्या में लगातार वृद्धि होती जा रही है। पर्यावरण के संरक्षण एवं सुरक्षा के लिए प्रदूषण नियन्त्रण बोर्ड बनाये गये हैं। वर्तमान में हमारे देश में नदियों की सफाई का अभियान जारी है। प्रथम विश्व पर्यावरण दिवस की थीम थी 'हमारी पृथ्वी, हमारा भविष्य, उसे बचाइये'। वर्ल्ड कंजर्वेशन यूनियन ने प्राकृतिक सम्पदा को मनुष्य की संवेदनाओं से जोड़ा है। वर्तमान को संरक्षित कर हम भविष्य की रक्षा कर सकेंगे। अथर्ववेद में 'भूमि सूक्तम्' के जो श्लोक हैं वे पर्यावरण से ही सम्बन्धित हैं। यह खेद की बात है कि विभिन्न राष्ट्रों ने पर्यावरण सम्बन्धी नीतियाँ जो बनायीं उसका प्रभावी क्रियान्वयन सम्भव नहीं हो सका। आवश्यकता है पारिस्थितिकी जीवन और जैविक विविधता को संरक्षित किया जाये तथा जलस्रोतों का यथासम्भव संरक्षण के साथ नवीनीकरण भी किया जाये। परसिस्टेन्स ऑर्गेनिक पोल्यूटेण्ट (पी.ओ.पी.) को विकसित राष्ट्रों ने स्वास्थ्य के लिए हानिकर माना है क्योंकि इसमें विषैले रसायन सम्मिलित हैं। युद्ध कहीं भी हो, पर्यावरण को क्षति पहुँचाते हैं। प्रकृति के पोषक पीटर स्कॉट ने 'ट्री ऑफ लाइफ' पुस्तक में पेड़ों के संरक्षण पर बल दिया है। जीवमण्डल और जीवन तरंगों को संरक्षण की अपेक्षा है। पर्यावरण के प्रति जागरूकता के अभाव में सारे प्रयास उपयोगी नहीं हो पायेंगे और यह जागरूकता तभी बढ़ेगी जब संचार के साधन, प्रशासनिक व्यवस्था एवं मीडिया योगदान देंगे तभी 'वसुधैव कुटुम्बकम्' का सपना साकार हो सकेगा। संयुक्त राष्ट्र (यू एन) ने वर्ष 2018 में सबसे बड़े पर्यावरण सम्मान 'चैम्पियन्स ऑफ द अर्थ' पालिसी लीडरशिप कैटेगरी में भारत के प्रधानमन्त्री नरेन्द्र मोदी को सम्मानित किया है क्योंकि उन्होंने 2022 तक प्लास्टिक के इस्तेमाल को समाप्त करने का बीड़ा उठाया है जो स्तुत्य है। अतः हम सभी को उनसे प्रेरित होकर संकल्पित होना चाहिए कि पर्यावरण की सुरक्षा केवल हमारा दायित्व ही नहीं है अपितु अपने अस्तित्व को बचाने के लिए भी परमावश्यक है। अतः हम सभी को चाहिए कि पर्यावरण संरक्षण हेतु प्रण लें कि हर सम्भव प्रयास हेतु सदैव तत्पर रहेंगे।

❑

स्वच्छता

स्वच्छता, स्वास्थ्य के लिए अपरिहार्य है इसीलिए 'स्वच्छ भारत-स्वस्थ भारत' अभियान प्रारम्भ किया गया है। राष्ट्रपिता महात्मा गाँधी स्वच्छता के प्रबल पक्षधर थे। उनक मानना था कि स्वतन्त्रता से भी अधिक महत्त्वपूर्ण स्वच्छता है। प्रांयः लोग अपने घर को तो साफ रखते हैं लेकिन पास-पड़ोस की स्वच्छता में रुचि नहीं लेते हैं। वास्तव में प्रत्येक व्यक्ति को सफ़ाईकर्मी होना चाहिए इस संकल्प के साथ कि सप्ताह में वह दो घण्टे से लेकर छह घण्टे तक का समय साफ-सफाई के लिए देगा। भारतीय संस्कृति में प्रातः नहा-धोकर उपासना में प्रवृत्त होने का सन्देश निहित है लेकिन वर्जीनिया स्मिथ ने 'क्लीन : ए हिस्ट्री ऑफ पर्सनल हायजीन ऐण्ड प्योरिटी' नामक पुस्तक में तथा कैथरीन एशेनबर्ग ने आन क्लीन : एन अनसैनिटाइज्ड हिस्ट्री' नामक पुस्तक में यह तथ्य उजागर किया है कि 16वीं से 19वीं शताब्दी में पश्चिम में कुछ स्थानों पर स्नान को अभिशाप तथा इसे बीमार होने या रोगों का कारण माना जाता था। स्वच्छता के अभाव में नवजात शिशु असमय में ही काल-कवलित हो जाते हैं तथा बहुत से बच्चे उम्र के लिहाज से छोटे कद एवं कम वजनवाले हो जाते हैं। महात्मा गाँधी की 150वीं जयन्ती को सफल बनाने हेतु वर्ष 2014 से ही स्वच्छता अभियान को प्राथमिकता देकर स्वच्छता के कार्य को गति प्रदान की जा चुकी है। याद रखें कि स्वच्छता को दबाव से नहीं अपितु, कर्त्तव्य मानकर जागरूकता के साथ इसको अपनाना श्रेयस्कर होगा।

एक अनुमान के अनुसार विश्व में 2.5 अरब लोग स्वच्छता के अभाव में रह रहे हैं। उत्तर प्रदेश में भी 'क्लीन यू.पी. ग्रीन यू.पी.' अभियान के अन्तर्गत 2019 तक प्रदेश को खुले में शौच मुक्त करने का अभियान जारी है। उत्तर प्रदेश में 2.1 करोड़ आबादी वर्ष 2016 तक खुले में शौच कर रही थी। इसकी रोकथाम हेतु 'समुदाय प्रेरित सम्पूर्ण स्वच्छता' योजना संचालित की गयी है। खुले में शौच की प्रथा को बन्द करने हेतु कुछ लोग सीटी और टार्च का उपयोग जागरूक करने के लिए कर रहे हैं। यूनिसेफ की ओर से 'स्वच्छता की जागरूकता' का प्रशिक्षण दिया जा रहा है।

भारतीय संस्कृति में स्वच्छता को भक्ति का स्थान दिया गया है। एक अनुमान के अनुसार करीब 65 हजार टन मल खुले में पड़ा रहता है जो विभिन्न माध्यमों से खाने की थाली को दूषित करता है। विश्व में खुले में शौच जाने का सबसे ज्यादा प्रचलन भारत

में है जिससे भोजन और जल दूषित होता है तथा डायरिया, पोलियो, हैजा एवं अन्य विभिन्न बीमारियाँ बढ़ती हैं। स्वच्छता की कमी का प्रभाव गर्भकालीन अवस्था से वयस्क होने तक पड़ता है। वातावरण में मल के कण होने से डायरिया का होना, शिशु के आँतों की अवशोषण क्षमता का कम होना और मुँह से मिट्टी का पेट में जाना आम बात है। अस्वच्छता के कारण कुपोषण होता है। यह मस्तिष्क के विकास को कुप्रभावित करता है जिससे बच्चे के सीखने की क्षमता में कमी आती है। शौच जाने में देर करना या न जाने पर भी स्वास्थ्य पर नकारात्मक प्रभाव पड़ता है। वर्ल्ड बैंक की रिपोर्ट के अनुसार भारत की जी.डी.पी. में 6.4 प्रतिशत घाटा अपर्याप्त अस्वच्छता के कारण होता है।

पाँच साल से कम आयु के बच्चे लगभग 1,40,000 की संख्या में प्रतिवर्ष मरते हैं जिसका कारण कुपोषण, निर्बल विकास और अस्वच्छता है। प्रतिवर्ष 19 नवम्बर को विश्व स्तर पर 'विश्व शौचालय दिवस' मनाया जाता है। यह 2015 से प्रारम्भ किया गया है जिसमें संतत विकास का लक्ष्य निहित है और 2030 तक सभी लोग खुले में शौच जाने से मुक्त हों, यह अभियान जारी है। इसे अन्य विभिन्न अभियान भी सहयोग दे रहे हैं जैसे स्वच्छ भारत मिशन (ग्रामीण), सर्वशिक्षा अभियान तथा राष्ट्रीय पोषण मिशन आदि। शौचालय का इस्तेमाल बीमारियों पर वार करने के समान है। विद्यालयों में बालक-बालिकाओं के लिए पृथक्-पृथक् शौचालय बनवाया जा रहा है सर्वशिक्षा अभियान के अन्तर्गत तथा पेयजल व्यवस्था दुरुस्त की जा रही है। गाँव में साफ-सफाई का दायित्व पंचायती राजविभाग का होता है पर स्वयं भी जागरूक होने की आवश्यकता है। समूह में हाथ धोने की सुविधा, मध्याह्न भोजन व रसोई में पानी की उपलब्धता, कचरा प्रबन्धन, विद्यालय परिसर का सुन्दरीकरण, स्वच्छता व्यवहार, बाल मैत्रिक स्वच्छता अभियान तथा सामुदायिक सहभागिता को बढ़ावा दिया जा रहा है। विश्व में खुले में शौच जानेवाला हर 8वाँ व्यक्ति भारतीय होता है तथा खुले में शौच जानेवाले भारत के व्यक्तियों में हर चौथा व्यक्ति उत्तर प्रदेश से होता है। मानव संसाधन विकास मन्त्रालय द्वारा 'स्वच्छ भारत - स्वच्छ विद्यालय' अभियान ज़ारी है। स्वच्छता सुविधाओं का संचालन और रख-रखाव, व्यवहार परिवर्तन गतिविधियाँ तथा क्षमता विकास को प्राथमिकता दी गयी है। 'मीना की दुनिया' आकाशवाणी कार्यक्रम द्वारा भी लोगों को स्वच्छता के प्रति जागरूक करने का सफल अभियान चलाया जा रहा है। घर चाहे कच्चा हो या पक्का, स्वच्छता से ही अच्छा लगता है। Cleanliness is key to health अर्थात् स्वच्छता ही स्वास्थ्य की कुंजी है।

खुले स्थान पर शौच के लिए जाना स्वच्छता की राह में एक बड़ा व्यवधान है और जो शौचालय बने हैं उनका भी समुचित उपयोग नहीं हो पा रहा है। वर्ष 2014 में देश में 53 प्रतिशत घरों में शौचालय नहीं थे। 69.3 प्रतिशत घरों में शौचालय नहीं थे ग्रामीण क्षेत्र में और हमारे देश भारत में 60 करोड़ लोग खुले में शौच जाते थे। इससे

रेप या यौन उत्पीड़न की घटनाओं में वृद्धि होती है। निर्मल भारत अभियान में पूर्व में दिये जा रहे 3.5 हजार रुपये की धनराशि से बढ़ाकर दस हजार रुपये शौचालय निर्माण हेतु धनराशि कर दी गयी है। नियन्त्रक और महालेखा परीक्षक की 2015 की रिपोर्ट के अनुसार सरकारी कार्यक्रमों के अन्तर्गत 20 प्रतिशत शौचालयों में या तो ताला लगा था या स्टोर रूम के रूप में प्रयुक्त हो रहे थे। नेशनल सैम्पल सर्वे 2015 में 75 जिलों में 75 हजार घरों में शौचालयों का प्रयोग पाया गया। केरल, हिमाचल और सिक्किम आदि राज्य शौचालय के इस्तेमाल में अग्रणी हैं। झारखण्ड एवं तमिलनाडु आदि राज्यों में शौचालय इस्तेमाल करनेवालों का प्रतिशत कम पाया गया। वर्ष 2014 में जहाँ देश के लगभग 40 प्रतिशत लोग शौचालय का इस्तेमाल करते थे वहीं वर्ष 2018 में यह प्रतिशत बढ़कर 90 हो चुका है। देशभर में साढ़े चार सौ से अधिक शहर, लगभग साढ़े चार लाख गाँव और 21 राज्य तथा केन्द्रशासित प्रदेश खुले में शौच से मुक्त हो चुके हैं और इसमें अधिक वृद्धि अपेक्षित है लेकिन इतना अवश्य है कि यह अभियान प्रगति की ओर उन्मुख है। वर्ष 2018 में प्रधानमन्त्री नरेन्द्र मोदी ने वक्तव्य दिया था कि 40 करोड़ से अधिक भारतीयों को अब खुले में शौच के लिए नहीं जाना पड़ता है। चार वर्षों के छोटे-से कालखण्ड में स्वच्छता का दायरा 39 प्रतिशत से बढ़कर 95 प्रतिशत पर पहुँच गया है। शीघ्र ही 25 राज्य खुले में शौच से मुक्त हो जायेंगे तथा लक्ष्य सम्पूर्ण देश को खुले में शौच से मुक्त रखने का है जिसे प्राप्त करने हेतु निरन्तर प्रयास जारी है और वर्ष 2018 तक आठ करोड़ से अधिक शौचालय का निर्माण हो चुका है।

शौचालयों के निर्माण तथा उपयोग करनेवालों की संख्या में बढ़ोतरी से गन्दगी और प्रदूषण में कमी आयी है साथ ही इसके कुप्रभाव से मरनेवालों की संख्या में भी उल्लेखनीय कमी हुई है तथा डायरिया जैसे रोगों में भी कमी हुई है। यूरोपीय देशों की तुलना में जापान काफी जागरूक है। वहाँ होटलों में लोगों को विशेष पोशाक और चप्पलें दी जाती हैं। हमारे देश की भी यह परम्परा रही है कि भोजन करने से पूर्व हम सभी हाथ धो लेते हैं। जूठे खाने पर भी रोक है क्योंकि दूसरों को हम जूठा खाना नहीं देते हैं। घर में प्रवेश करते ही हम जूते-चप्पल उतार देते हैं, जिससे रास्ते की धूल, गन्दगी से बचाव हो सके।

स्वच्छ भारत मिशन की योजना 2 अक्टूबर, 2014 में प्रधानमन्त्री द्वारा शुरू की गयी जिसमें 2019 तक 1.2 करोड़ शौचालयों के निर्माण का लक्ष्य है। इस योजना द्वारा नवम्बर, 2016 तक भारत में स्वच्छता मिशन से स्वच्छता में 57.56 प्रतिशत की सीमा तक बढ़ोतरी हुई। इसके पूर्व 2014 में यह 42.02 प्रतिशत पाया गया। वर्ष 2014 में विश्व में 4.18 करोड़ टन कचरा पाया गया जिसमें 1.6 करोड़ टन ई कचरा एशिया में था जो सर्वाधिक है। ई-कचरा का अर्थ है ऐसे इलेक्ट्रिक या इलेक्ट्रानिक उपकरण जिन्हें

पुनः इस्तेमाल न करके कचरे के रूप में फेंक दिया जाता है, जैसे रेफ्रिजरेटर, हीट पम्प, टी.वी., कम्प्यूटर, एल.ई.डी., वाशिंग मशीन, विद्युत् संचालित चूल्हा, लैपटाप, एअर कण्डीशनर, मोबाइल, कैमरा, प्रिण्टर, फ्लोरोसेण्ट लैम्प, माइक्रोवेव तथा वैक्यूम क्लीनर आदि। यदि प्रति व्यक्ति ई-कचरा को देखा जाये तो हांगकांग का एशिया में पहला स्थान है और वहाँ यह आँकड़ा 21.7 किलोग्राम है। सिंगापुर एवं ताइवान में यह 19 किलोग्राम है। कम्बोडिया, वियतनाम और फिलिपीन्स में प्रति व्यक्ति एक किलोग्राम कचरा वार्षिक प्राप्त होता है। चीन में 2010 में 30 लाख मीट्रिक टन कचरा निकला तथा वर्ष 2015 में यह बढ़कर 67 लाख मीट्रिक टन दर्ज किया गया। अवैध रूप से चीन ई-कचरे का निर्यात भी करता है। ई-कचरे में कैडमियम, पारा, क्रोमियम, लेड, सी.एफ.सी. जैसे रसायन और एसिड मौजूद रहते हैं जो धरती और पानी में मिलकर काफी नुकसान पहुँचाते हैं जिससे फेफड़े, लिवर, किडनी एवं मस्तिष्क सम्बन्धी बीमारियाँ पनपती हैं। संयुक्त राष्ट्र यूनिवर्सिटी की रिपोर्ट के अनुसार 2010 से 2015 के पाँच सालों में ई-कचरे में 63 प्रतिशत की वृद्धि हुई है।

यूरोपीय देश स्वीडन ने कचरा प्रबन्धन में उल्लेखनीय कार्य किया है। यहाँ 1904 में वेस्ट टू एनर्जी संयन्त्र लगा तथा 1975 तक यहाँ 38 फीसदी कचरा रिसाइकिल होने लगा जो 1985 में बढ़कर 99 प्रतिशत हो गया। इस प्रकार यह शून्य कचरा राष्ट्र बन गया है। कचरे से यहाँ विद्युत् उत्पादन कर 8.1 लाख घरों को लाभ पहुँचाया जाता है। यह देश प्रतिवर्ष 7 लाख टन कचरे का आयात अन्य देशों से करता है। कचरे की राख से धातु निकालकर पिघलायी जाती है तथा शेष कचरे का इस्तेमाल सड़क निर्माण में होता है। भूटान और श्रीलंका, स्वीडन से सीख लेकर कचरे के प्रबन्धन में लगे हैं। वर्तमान में विश्व में प्रतिदिन 47 लाख टन कचरा निकलता है जो 2025 तक 60 लाख टन हो जायेगा। भारत में प्रतिदिन 1.4 लाख टन कचरा प्राप्त होता है। स्वीडन में लोग कचरा स्वयं छाँटते हैं तथा अलग-अलग कूड़ेदानों में रखते हैं। गीत के माध्यम से यहाँ लोगों को जागरूक किया जाता है। यहाँ की कुछ कम्पनियाँ पुराने कपड़ों को लाने पर नये कपड़ों की खरीद में छूट देती हैं।

कूड़े के साथ पॉलीथीन जलाने पर डाइऑक्सिन एवं पॉली एरोमेटिक हाइड्रो-कार्बन निकलती है, जिससे हवा जहरीली हो जाती है। इसमें डाइऑक्सिन एवं कार्सिनोजेनिक तत्त्व होते हैं जिनसे कैन्सर होने का खतरा बढ़ता है। कूड़े को निस्तारण न होने से वह सड़ता रहता है जिससे जोलीचेट तरल पदार्थ निकलता है और इसमें भारी धातु होने की वजह से पृथ्वी का जल भण्डार दूषित होता है। कूड़े के डम्पिंग स्थल से लिये गये जल के नमूने में लेड, कैडमियम, नाइट्रेट एवं आर्सेनिक जैसे तत्त्व मानक से अधिक पाये जाते हैं तथा पॉलीथीन से निकलनेवाली एडिटिव भी जलस्रोतों में मिले हैं जो वायु तथा जल दोनों को प्रदूषित करते हैं।

सुप्रीम कोर्ट के आदेशानुसार राज्यों के प्रदूषण बोर्ड देखेंगे कि कल-कारखानों में शोधन यन्त्र लगे हों, जो ऐसा न करें उनकी विद्युत् आपूर्ति रोक दी जाये। नदियों के तट पर संयन्त्र भले ही लगे हों पर वे प्रभावी नहीं हैं। कई जगहों पर वे तभी चलाये जाते हैं, जब अधिकारियों का निरीक्षण होता है। भूमिगत जल भी प्रदूषित हो रहा है लेकिन उसकी रोकथाम के लिए कारगर प्रयास नहीं हो रहे हैं भले ही नियम कुछ भी क्यों न बना दिये जायें। कूड़े के ढेर में भोजन की तलाश में वन्य जीव-जन्तु जैसे बाघ, गुलदार व हाथियों आदि के अन्दर पॉलीथीन उदरस्थ हो जा रही हैं, बन्दर और हिरन आदि भी इससे ग्रस्त हैं।

'वेस्ट वारियर्स' ने पहाड़ों के कूड़े को उठाने तथा रिसाइकिल करने का बीड़ा उठाया है। 'पेपर वेस्ट' नामक कम्पनी कारपोरेट्स और संस्थानों से बेकार कागज एकत्र करती है तथा 'सम्पूर्ण अर्थ' कम्पनी इस वेस्ट मैटीरियल से नयी चीजें बनाती हैं। 1.60 लाख मीट्रिक टन कचरा प्रतिदिन भारत के शहरों से निकलता है। रिड्यूस, रियूज और रिसाइकिल ये तीन उद्देश्य कचरे के नियन्त्रण के हैं। गोबर से बायोगैस बनाने का प्रयास अच्छा है जो गोबर के उपभोग का सर्वश्रेष्ठ समाधान है। 77 प्रतिशत कूड़े से खाद बनायी जा सकती है।

हमारे देश में स्वच्छता से सम्बन्धित एक बड़े बाजार की सम्भावना है क्योंकि 2020 तक यह बाजार 152 अरब डालर तक होना सम्भावित है जिसमें इन्फ्रास्ट्रक्चर प्रचालन तथा रख-रखाव सम्मिलित है तथा इस बाजार में प्रतिवर्ष 15 अरब डालर की वृद्धि सम्भावित है। स्वच्छता मिशन को यदि अपना लिया जाये तो स्वास्थ्य पर पड़नेवाले कुप्रभाव को 45 प्रतिशत तक कम करना सम्भव है। इस मिशन को सफल करके प्रतिवर्ष 32.6 अरब डालर के लगभग बचत की जा सकती है। विश्व स्वास्थ्य संगटन का कथन है कि एक ग्राम मल में एक करोड़ विषाणु हो सकते हैं, दस लाख जीवाणु हो सकते हैं, एक हजार परजीवी तथा सौ अण्डे परजीवियों के हो सकते हैं। ऐसी जगहों को चिह्नित करने की आवश्यकता है जहाँ कूड़े के ढेर पड़े हों या निस्तारण न हो रहा हो अतः कूड़े के निस्तारण की प्रभावी कार्यवाही की जाये। स्वच्छता के लिए तालाबों के जीर्णोद्धार की भी महती आवश्यकता है। जंगल जाना अर्थात् खुले में शौच करने की प्रवृत्ति का पूर्णतया त्याग किया जाये। विद्यालयों में स्वच्छता की शिक्षा दी जाये, स्वच्छता की प्रभातफेरी निकाली जाये, स्वच्छताकर्मियों एवं पर्यावरणविदों को सम्मानित किया जाये।

सेप्टिक टैंक या अच्छे शौचालय यानी शौच के लिए बेहतर प्रणाली का उपयोग करनेवालों की संख्या सीमित है। समय-समय पर सेप्टिक टैंक को खाली कराकर उसकी सफाई कराना जरूरी होता है लेकिन दुर्भाग्यवश हमारे देश के 93 प्रशित सेप्टिक टैंक को कभी खाली नहीं कराया गया। 2011 की एक रिपोर्ट के अनुसार साफ-सफाई की व्यवस्था में वृद्धि होने से 7 से 17 प्रतिशत तक बच्चों में डायरिया के केसेज में कमी दर्ज

की गयी जिससे बच्चों की मृत्यु दर में भी कमी आयी। साफ-सफाई में कमी के कारण हमारे देश की जी.डी.पी. में 106.7 अरब डालर की हानि हुई। यह निष्कर्ष लिक्जिल ग्रूप कारपोरेशन वाटर ऐड तथा ऑक्सफोर्ड इकोनामिक्स की संयुक्त रिपोर्ट 'टू कॉस्ट आफ सैनिटेशन' द्वारा निकाला गया है।

हमारे देश के कुल कचरे के बीस प्रतिशत कचरे का प्रबन्धन 'रैग पिकर्स' अर्थात् कचरा बीननेवालों द्वारा होता है। कचरा बीनना और उसे बेचना कमायी का जरिया भी है। शहरी आबादी के लगभग एक प्रतिशत लोग इससे जीविकोपार्जन करते हैं। वे कचरे से प्लास्टिक, धातु, गत्ते आदि को छाँटकर कबाड़ी के हाथ बेच देते हैं और कबाड़ी रिसाइकिल करनेवालों को बेचते हैं। कचरा बीननेवाले नगरपालिकाओं के कचरा उठाने के खर्च को भी कम करते हैं। पर्यावरण को भी लाभ पहुँचता है क्योंकि रिसाइकिल होने से मीथेन गैस कम बनती है। गीले और सूखे कचरे को अलग करके कचरा एकत्र करनेवालों को दिये जायें, लोगों को प्रशिक्षित किया जाये और एकत्र करने के लिए भण्डार गृह बनाये जायें। सुनिश्चित व्यवस्था के अभाव में कचरा बीननेवालों के स्वास्थ्य पर कुप्रभाव पड़ता है क्योंकि वे विषैली गैसों से प्रभावित होते हैं। सेफ्टी टैंक या सीवर की सफाई के लिए बेल्ट, मास्क, टार्च और बचाव के उपकरण की आवश्यकता होती है पर इनके अभाव में अकुशल कर्मी के द्वारा कार्य किये जाने पर अमोनिया-कार्बन-मोनो-ऑक्साइड, सल्फर-डाइ-ऑक्साइड आदि विषैली गैसों के कारण जीवन से हाथ धोना पड़ता है। पिछले दस वर्षों में केवल मुम्बई में ही ढाई हजार से अधिक सफाईकर्मी मौत के आगोश में जा चुके हैं। 1993 में मैला ढोने तथा शुष्क शौचालयों के निर्माण पर रोक का कानून बनाया गया। मैला ढोने जैसे व्यवसाय का निषेध और पुनर्वास अधिनियम 2013 के खण्ड-7 के अन्तर्गत सेप्टिक टैंकों की सफाई पर प्रतिबन्ध है और मैला ढोना तथा शुष्क शौचालय का निर्माण संविधान की धारा 14, 17, 21 तथा 23 का उल्लंघन है। पर इस कानून का प्रभावी क्रियान्वयन अभी तक नहीं हो सका है। आज भी यह कुप्रथा कुछ जगहों पर जारी है। कानून के मुताबिक एक साल की सजा का प्रावधान है पर दण्डित होते नहीं देखा जा रहा है। पर्यावरण संरक्षण अधिनियम 1986 के अन्तर्गत ई-वेस्ट (मैनेजमेण्ट ऐण्ड हैण्डलिंग) रूल्स 2011 बनाया गया तथा 1 मई, 2012 से लागू हुआ। इसमें यह प्रावधान है कि ई-वेस्ट का कलेक्शन किया जायेगा तथा अलग-अलग करके रिसाइकल भी होगा। राज्य प्रदूषण बोर्ड का दायित्व है कि वह विभिन्न इकाइयों को रिसाइकलिंग, कलेक्शन तथा सैग्रीगेशन के लिए जिम्मेदारी दे।

देश में केवल 10 प्रतिशत ई-कचरे का प्रबन्धन हो रहा है। अक्षय जैन उद्यमी ने फरीदाबाद एन.सी.आर. में 'नमो ई-वेस्ट' के नाम से वर्ष 2016 में स्टार्ट अप की शुरुआत कर स्तुत्य कार्य किया है और 9 हजार टन ई-कचरे का प्रबन्धन इसके द्वारा हो चुका है। वर्तमान में प्रतिदिन 10 टन ई-वेस्ट की तिरसाइक्लिंग हो रही है। 71 तरह के

आइटम सम्प्रति रिसाइकिल हो रहे हैं। ई-कचरे से कापर, स्टील, ब्रास, एल्युमिनियम, लोहा, जिंक, प्लास्टिक, लेड, मर्करी, आर्सेनिक, कैडमियम, सल्फर तथा फॉस्फोरस आदि को अलग-अलग कर दिये जाते हैं तथा प्रबन्धन द्वारा ई-कचरे को उपयोगी बनाया जाता है। दिल्ली एन.सी.आर. में कई जगह ई-वेस्ट के डस्टबिन भी लगाये गये हैं। हरियाणा के फरीदाबाद में 1800-1235-124 पर फोन करें तो घर आकर भी ई-कचरा ले जाने का प्रबन्ध किया गया है। खराब हो चुके लैपटाप, मोबाइल, चार्जर, टी.वी, कम्प्यूटर और बैटरी आदि से प्लास्टिक तथा धातुओं के भागों को विभिन्न तरीके से रीसाइकिल कर उपयोग में आनेवाली वस्तुओं का निर्माण होता है। 2005 में हमारे देश में ई-कचरे की कुल मात्रा 1.47 लाख मीट्रिक टन थी। 2012 में यह बढ़कर 8 लाख मीट्रिक टन हो गयी। इसके 6 वर्ष पश्चात् यह पाँच गुनी हो गयी। ये आँकड़े केन्द्रीय प्रदूषण नियन्त्रण बोर्ड के सर्वेक्षण पर आधारित हैं।

2011 की आर्थिक, सामाजिक और जातिगत जनगणना की आख्या कहती है कि आठ लाख लोग हमारे देश में सिर पर मैला ढोने का कार्य करते हैं। महात्मा गाँधी अपनी गन्दगी स्वयं साफ करते थे और साबरमती आश्रम में रहनेवाले लोग भी। 2011 के आँकड़ों को देखें तो ज्ञात होता है कि भारत में शुष्क शौचालय लगभग 26 लाख थे जिसमें 14 लाख शौचालयों की गन्दगी खुले में बहती रहती थी। जहरीली गैसों के कारण सफाईकर्मी जलन, साँस संक्रमण, हृदय रोग, सिरदर्द एवं उल्टी आदि के प्रकोप के शिकार बनते हैं। इसलिए जरूरी है कि सफाईकर्मी को सेप्टिक टैंक या सीवर की सफाई हेतु समस्त सुविधाएँ मुहैया करायी जायें जिससे दुर्घटना या मौतों से बचाव सम्भव हो सके।

हाइजीन काउन्सिल के शोध से यह निष्कर्ष निकला है कि 92 प्रतिशत घरों में चाकू तथा सब्जी काटने के बोर्ड दूषित मिले, 45 प्रतिशत घरों में फलों का उपयोग करने से पूर्व भली-भाँति धोया नहीं जाता है, 51 प्रतिशत घरों में सब्जी ठीक से धोयी नहीं जाती है साथ ही 44 फीसदी लोग अपने बच्चों के लंचबाक्स को प्रतिदिन धोकर कीटाणुरहित नहीं करते हैं। स्वच्छता के अभाव में कैन्सर, मलेरिया, डेंगू एवं वायरल फीवर का प्रकोप बढ़ता है। कचरा बीननेवाले एक प्रकार से पर्यावरणविद् हैं क्योंकि वे प्रोजेक्ट्स की तुलना में 3.6 गुना अधिक ग्रीन हाउस के गैसों को रोकने का कार्य करते हैं। हम जितनी आसानी से अपने देश में कचरे को इधर-उधर फेंक देते हैं विदेशों में इस प्रकार नहीं फेंक सकते हैं। इसलिए हमें कचरा बीननेवालों या साफ करनेवालों को सम्मान की दृष्टि से देखना चाहिए। विश्व बैंक की रिपोर्ट के अनुसार 93 फीसदी लोग अपने घरों के शौचालय का नियमित उपयोग करते हैं। स्वच्छ भारत केवल अभियान नहीं है अपितु यह जन आन्दोलन है।

राष्ट्रीय स्वच्छता मिशन में कतिपय संस्थाएँ जागरूकता से कार्य कर रही हैं जिसमें राष्ट्रीय प्रौद्योगिक संस्थान हमीरपुर (NIT) प्रमुख है। यहाँ 13 छात्रावास हैं और 729 शौचालय हैं और 121 कूड़ेदान हैं। इस संस्थान ने पाँच गाँवों को स्वच्छता मिशन के अन्तर्गत गोद लिया है, जिसमें सौ सदस्यों की एक टीम गठित की गयी है। संस्थान से बस स्टैण्ड तथा आस-पास के गाँवों में स्वच्छता बरकरार रखने का संकल्प लेकर निरन्तर स्वच्छता अभियान को गति दी जा रही है। 500 किलोग्राम कचरे से 30 किलोग्राम बायोगैस का उत्पादन किया जा सकता है। स्वच्छता सर्वेक्षण में शैक्षणिक संस्थानों में मणिपाल विश्वविद्यालय दूसरे स्थान पर है। जयपुर शहर से 32 किलोमीटर दूर जयपुर-किशनगढ़ हाइवे पर यह स्थित है। दिन में तीन-चार बार सफाई की जाती है। बायोगैस रसोई के काम आती है। यहाँ सोलर पैनल से 850 किलोवाट बिजली बनती है। यह संस्थान स्वच्छता, पर्यावरण और जल संरक्षण का उत्कृष्ट उदाहरण है। पास-पड़ोस के गाँवों में इस संस्थान की ओर से स्वच्छता शिविर लगाया जाता है। यहाँ 34 प्रशिक्षित उद्यान कर्मचारी हैं। चार जल संरक्षण ढाँचे हैं जिसमें 21 हजार किलोलीटर जल का संचय होता है। यहाँ सीवेज ट्रीटमेण्ट प्लाण्ट हैं तथा कई आर ओ वाटर प्लाण्ट भी लगे हैं। भारत सरकार द्वारा 3500 शिक्षण संस्थानों का सर्वेक्षण 11 मानकों पर किया गया जिसमें ए.बी.ई.एस.आई.टी. का महत्त्वपूर्ण स्थान है। इसके 20 एकड़ के क्षेत्रफल में 5 हजार वृक्ष लगे हैं तथा 204 आटोमैटिक फ्लशवाले शौचालय हैं। यहाँ वाटर ट्रीटमेण्ट प्लाण्ट और रेन वाटर हार्वेस्टिंग के कई प्लाण्ट लगे हैं। इस संस्थान ने एक जूनियर हाईस्कूल को स्वच्छ रखने के लिए गोद लिया है। यहाँ कागज, पॉलीथीन, खाद्य पदार्थ तथा पेड़ों की पत्तियों के लिए पृथक्-पृथक् कूड़ा निस्तारण संयन्त्र लगे हैं। नौ छात्रों पर एक शौचालय का औसत है। रेन वाटर हार्वेस्टिंग प्लाण्ट की क्षमता तीन लाख साठ हजार लीटर है। यहाँ सोलर सिस्टम से गीजर चलते हैं जिसमें प्रतिदिन एक लाख लीटर पानी गर्म किया जा सकता है। रसोई के कर्मचारी कैप व एप्रेन पहनकर काम करते हैं तथा रसोई के उपकरणों की प्रतिदिन जाँच होती है। पढ़ाई के लिए कागज का इस्तेमाल न करके साफ्टवेयर का इस्तेमाल होता है। इसी प्रकार हिमांचल प्रदेश के सलोन में चितकारा विश्वविद्यालय में स्वच्छता सर्वेक्षण में उत्कृष्ट स्थान प्राप्त किया है। यहाँ स्वच्छता मानकों पर आधारित प्रतिदिन रिपोर्ट तैयार की जाती है। पेयजल के लिए वाटर प्यूरीफायर लगे हैं, पानी की गुणवत्ता की जाँच होती है तथा उपयोग किये गये पानी के शोधन हेतु सीवरेज ट्रीटमेण्ट प्लाण्ट लगे हैं। सूखे एवं गीले कूड़े के लिए अलग-अलग प्लाण्ट लगे हैं। यहाँ बर्मी कम्पोस्ट प्लाण्ट है। प्रयुक्त कागजों को रिसाइकिल कर फाइल कवर, प्रिण्टिंग लेटर तथा हैण्डबैग आदि वस्तुएँ बनायी जाती हैं।

2200 छात्र यहाँ अध्ययनरत हैं, 500 का स्टाफ है जिसमें 100 सफाई कर्मचारी हैं तथा 300 आधुनिक शौचालय हैं। स्वच्छता के प्रति जागरूकता लाने हेतु समय-समय पर शिविर भी लगते हैं। ग्रामीणों को भी स्वच्छता के प्रति जागरूक किया जाता है। सफाई और हरियाली की रोजाना मानिटरिंग होती है। प्रतिवर्ष सैकड़ों पौधे लगाये जाते हैं वर्ष 2008 के स्थापना के समय से जिससे पर्यावरण संरक्षण में वृद्धि हो। स्वच्छता रैंकिंग में पंजाब यूनिवर्सिटी का उल्लेखनीय स्थान है। इसका क्षेत्रफल 550 एकड़ है जिसमें हरित एरिया 40 प्रतिशत है तथा पेड़ों की संख्या लगभग 5372 है। छात्रावास में सात छात्रों पर एक टायलेट का औसत है तथा संस्थान में 42 विद्यार्थियों पर एक टायलेट का औसत है। पाँच-पाँच घण्टे के लिए दो बार पानी की आपूर्ति होती है। गीले और सूखे कचरे को अलग-अलग प्लाण्ट में भेजा जाता है। ओवरहेड टैंक की क्षमता 14 लाख लीटर है। अवशेष भोजन को सुअर फार्म में भेजा जाता है। जैविक कचरे से खाद बनायी जाती है। बायोमेडिकल वेस्ट को अलग करके विशेष प्लाण्ट में भेज दिया जाता है। यूनिवर्सिटी ने पाँच गाँवों को गोद लेकर स्वच्छता सम्बन्धी अभियान के प्रति लोगों में जागरूकता भी लायी जा रही है जो सराहनीय है। ये उत्कृष्ट संस्थाएँ अन्य संस्थानों के लिए प्रेरणास्रोत हैं स्वच्छता अभियान की सफलता हेतु।

केन्द्रीय रेल एवं कोयला मन्त्री पीयूष गोयल ने वर्ष 2018 में बताया है कि ट्रेनों के कोचों में 1.5 लाख से अधिक बायो-टॉयलेट स्थापित हो चुके हैं तथा भारतीय रेलवे में 27 ऐसे हरित कॉरीडोर हैं जहाँ ट्रेनों से कोई उत्सर्जन नहीं है। भारतीय रेलवे के प्रवर्तन नियम 2012 जो रेलवे परिसरों में स्वच्छता को प्रभावित करनेवाले कार्यकलापों के लिए जुर्माना से सम्बन्धित हैं' को सुदृढ़ किया गया है तथा लम्बी दूरी की ट्रेनों में 'क्लीन माई कोच' सेवा प्रदान की गयी है। रद्दी एवं कचरे के निपटान की व्यवस्था 650 से अधिक स्टेशनों पर उपलब्ध है और 300 से अधिक स्टेशनों पर स्वच्छ वातावरण की निगरानी हेतु सी.सी.टी.वी. का उपयोग किया जा रहा है। भारतीय रेलवे के 14 लाख से अधिक कर्मचारी तथा कोल इण्डिया के तीन लाख से अधिक कर्मचारी स्वच्छता अभियान में लगे हैं। सैनिटेशन कवरेज जो पहले 38.7 प्रतिशत वर्ष 2014 के प्रारम्भ में था वह 2018 यानी चार वर्षों में 93 प्रतिशत हो गया है। वर्ष 2015 से स्टेशनों की स्वच्छता रैंकिंग निश्चित अवधि पर निर्धारित की जा रही है जिससे स्वच्छता एवरेज स्कोर में 18 प्रतिशत की वृद्धि हुई है। कूड़े से ऊर्जा संयन्त्र की स्थापना के लिए 8 स्टेशनों को चिह्नित कर कार्य आरम्भ हो चुका है। इस प्रकार प्राथमिकता के स्तर पर स्वच्छता अभियान को गति दी जा रही है। स्वच्छता का पालन करने से शरीर नीरोग होता है तथा समाज में बढ़ती बीमारियों पर नियन्त्रण स्थापित होता है। स्वच्छता से मन प्रसन्न होता है, एकाग्रता बढ़ती है और मानसिक शक्ति का विकास होता है। भौतिक और आध्यात्मिक जीवन के दो स्वरूप हैं और इसकी सफलता में स्वच्छता का महत्त्वपूर्ण योगदान है।

उत्तर प्रदेश सरकार की योजना है कि ग्राम पंचायतों के विद्यालयों में बाल मन्त्रिमण्डल का गठन करके नियमितं बैठकें होंगी और स्वच्छता ही सेवा के मूलमन्त्र द्वारा परिवार के सदस्यों में घरों के आसपास साफ-सफाई के प्रति जागरूकता लायी जायेगी। स्वच्छता अभियान की दृष्टि से राजकीय पी.जी.गर्ल्स कॉलेज, जो चण्डीगढ़ के सेक्टर, ग्यारह में स्थित है, का उच्च स्थान है। यह कॉलेज परिसर 35 एकड़ में है। यहाँ 7.1 के अनुपात से 90 शौचालय छात्रावास में हैं जिसमें 550 से अधिक छात्राएँ हैं तथा 4 हजार छात्राएँ कॉलेज में अध्ययनरत हैं। यहाँ वाश बेसिन और गीजर की पर्याप्त व्यवस्था है। सायं 3.30 से प्रातः 9 बजे तक छात्रावास में जलापूर्ति होती है। एक लाख लीटर की क्षमतावाला टैंक यहाँ पर है। स्वच्छता मानक के अनुरूप है। वाटर प्यूरीफायर से शुद्ध पेयजल उपलब्ध होता है। पड़ोस के गाँवों को गोद लेकर लोगों को स्वच्छता के प्रति जागरूक करने का अभियान इस संस्था ने चला रखा है। छत्तीसगढ़ का अम्बिकापुर देश का पहला शहर है जहाँ कोई डम्पिंग यार्ड नहीं है। इसे सर्वश्रेष्ठ माडल के रूप में राष्ट्रीय पुरस्कार मिला है। पहले का डम्पिंग यार्ड अब सुन्दर पार्क में परिवर्तित हो गया है। यहाँ पर लगभग 500 महिलाएँ घर-घर जाकर कचरा इकट्ठा करती हैं तथा 17 एस. एल. आर. एम. सेण्टर पर पहुँचाती हैं। गीले कचरे की खाद बनती है तथा सूखे कचरे को रिसाइकिल कर कबाड़ के रूप में बेच दिया जाता है। मध्यप्रदेश के इन्दौर शहर का स्थान स्वच्छता की दृष्टि से अत्यन्त उच्च है। स्वच्छता के लिए जरूरी है कि सीवर सिस्टम दुरुस्त हो। कूड़े के ढेर से ड्रेनेज सिस्टम ध्वस्त होता है। स्थानीय निकायों द्वारा स्वच्छता के क्रियान्वयन में सक्रिय भागीदारी अपेक्षित है।

विश्व की यूनिसेफ संस्था ने मीना संचार पहल की शुरुआत 1995 में की तथा उत्तर प्रदेश में 1998 से मीना दिवस 24 सितम्बर को प्रारम्भ किया गया। इसके विविध कार्यक्रम पर्यावरण एवं हाथ की धुलाई के प्रति बच्चों को जागरूक करने से सम्बन्धित होते हैं। 15 अक्टूबर को विश्व हाथ धुलाई दिवस मनाया जाता है जिसमें 'वाश फ्रेण्डली' के महत्त्व को स्वच्छ जल, स्वच्छता और सफाई सम्बन्धी व्यवहार के रूप में देखा जा सकता है। बच्चों में स्वच्छता के संस्कार डालने से वे वयस्क होने पर अपने आचरण द्वारा इसको सार्थक करेंगे और स्वच्छता मिशन में आशातीत प्रगति होगी। हाथ न धोने से सम्भव है कि हाथ पर रोगाणु मौजूद हों और उनके फैलने से विभिन्न बीमारियों जैसे अतिसार, तीव्र श्वसन संक्रमण आदि रोगों की आशंका बढ़ जाती है। एक अनुमान के अनुसार साबुन से हाथ धोने पर 29 से 48 प्रतिशत तक डायरिया पर नियन्त्रण स्थापित किया जा सकता है। शौचालय का उपयोग जब भी करें, हाथ साबुन से जरूर धोयें। खाना पकाते समय और परोसने से पूर्व नाक साफ करने के बाद छींक आने के बाद हाथों को यथासम्भव धोना चाहिए। यूनिसेफ ने सर्वशिक्षा अभियान के साथ तालमेल

बैठाकर 'प्रथम ग्लोबल हैण्ड वाशिंग डे' 15 अक्टूबर, 2008 को ग्रामीण स्कूलों में मनाया। एक अनुमान के अनुसार 6 से 7 लाख बच्चों की प्रतिवर्ष भारत में दस्त के कारण मृत्यु हो जाती है जिसका प्रमुख कारण अस्वच्छता ही है। बच्चों में स्वास्थ्यकर व्यवहार की आदत का निर्माण जरूरी है। नियमित रूप से हाथ धोते रहने से जीवन स्तर की गुणवत्ता में सुधार होगा और टी.एस.सी. अर्थात् सम्पूर्ण स्वच्छता अभियान को बढ़ावा मिलेगा साथ ही एस.एस.एच.ई. यानी स्कूल स्वच्छता एवं स्वास्थ्य शिक्षा समृद्ध होगी। 19 नवम्बर को वर्ल्ड टॉयलेट डे मनाया जाता है। अंग्रेजी शब्द TOILET का शाब्दिक अर्थ है श्रृंगार या साज-सज्जा की कला अथवा शैली। इसके विभिन्न अर्थ हैं जैसे बाथरूम या बाउलशेप्ड बाथरूम फिक्सचर जिसमें पानी होता है और फ्लश करने का माध्यम है। सरकार फिर चाहे केन्द्रीय सरकार हो या राज्य सरकार अपने स्वास्थ्य मिशन के अन्तर्गत लोगों को प्रेरित करती है कि हर घर में टॉयलेट निर्मित रहे। खुले स्थान में शौच करने से प्रदूषण फैलता है। शौचालय के नियमित उपयोग का अर्थ है स्वच्छता और सफाई सम्बन्धी व्यवहार की आदत का निर्माण।

सोच, संसाधन और सख्ती देश की स्वच्छता के लिए आवश्यक हैं। कहीं भी थूक देने या सरे राह कूड़ा फेंकने की आदत को त्यागना होगा। जर्मनी, न्यूयार्क, नीदरलैण्ड और बेल्जियम में कण्टेनर डिपाजिट कानून बने हैं। सिंगापुर में कहीं भी कूड़ा फेंकने पर दो सौ डालर का अर्थदण्ड लगता है, ब्रिटेन में 2500 पौण्ड का अर्थदण्ड लगता है, अमरीका और आस्ट्रेलिया में भी इसी प्रकार के नियम हैं। कूड़े के रूप में सर्वाधिक फेंका जानेवाला सामान सिगरेट के टुकड़े हैं। वर्ष भर में विश्व में 4.5 ट्रिलियन टुकड़े सिगरेट के फेंके जाते हैं और इसके नष्ट होने में कई साल लग जाते हैं। अतः कूड़े के फेंकने पर कठोर कार्रवाई की जानी चाहिए। महात्मा गाँधी ने लगभग सौ वर्ष पूर्व बनारस हिन्दू विश्वविद्यालय में स्वच्छता के लिए आवाज उठायी थी अपने सम्बोधन में। आम जनता की बढ़ती भागीदारी के चलते स्वच्छ भारत मिशन का जन आन्दोलन बन जाना प्रशंसनीय है।

हमारे देश में आज भी महिला शौचालयों की संख्या पुरुष शौचालयों से काफी कम है जबकि आबादी की दृष्टि से स्त्री व पुरुष लगभग समान हैं। वर्ष 2012 में चीन में महिलाओं ने 'ऑक्यूपाई मेन्स टॉयलेट' अभियान शुरू करके पुरुषों के शौचालयों पर कब्जा करना शुरू कर दिया था। महिलाओं के लिए शौचालयों की कमी से तब समस्या और बढ़ जाती है जब वे मन्थली पीरियड्स से गुजर रही हों, क्योंकि रास्ते में चेंज करने की जगह आसानी से नहीं मिल पाती है। केरल में ई-टॉयलेट का एक सराहनीय प्रयास हुआ जब फ्लशिंग, क्लीनिंग आदि की सुविधाएँ प्रारम्भ की गयीं। सिक्किम पूर्वोत्तर राज्य में 2003 में ही स्वच्छता मिशन की शुरुआत की गयी। सुप्रीम कोर्ट ने कहा है कि भारत

एक दिन कूड़े के ढेर में दब जायेगा। वह दिन दूर नहीं जब दिल्ली के गाजीपुर में कचरा निपटान स्थल पर 73 मीटर से अधिक ऊँचे कूड़े का ढेर कुतुबमीनार की ऊँचाई को भी मात करेगा। फिर वहाँ विमान को बचाने के लिए लाल बत्ती का इस्तेमाल करना होगा। हम आदेश देते रहते हैं लेकिन ठोस अपशिष्ट प्रबन्धन नियमों को लागू नहीं किया गया। हर दिन हमारे देश में एक लाख टन से अधिक कूड़ा एकत्र हो जाता है। ठोस कचरा प्रबन्धन नियम-2016 को कानून के रूप में लागू किया गया। इसके अन्तर्गत सार्वजनिक स्थलों या जलीय क्षेत्रों में ठोस कचरा फेंकने पर प्रतिबन्ध लगाया गया तथा उपयोगकर्त्ता शुल्क कचरा एकत्र करनेवालों को मिलेगा। कचरे का अपक्षय समय अलग-अलग चीजों के लिए जो अनुमानित है उसके अनुसार प्लास्टिक बोतल के लिए 450 साल, पॉलिस्टरीन कप के लिए 50 साल, प्लास्टिक परतवाला पेपर कप के लिए 30 साल, पेपर टॉवल के लिए 2 से 4 सप्ताह, मोम लगे दूध के कार्टन के लिए 3 महीने, सिगरेट के टुकड़े के लिए 1 से 3 साल, डिस्पोजेबल नेपी के लिए 450 साल, प्लास्टिक बैग के लिए 20 से 1000 साल तथा ऐल्युमिनियम केन के लिए 80 से 200 साल समय लगता है। कचरे के निस्तारण की समुचित व्यवस्था का आज भी अभाव है। कूड़ेदान की व्यवस्था भी देश में असन्तोषजनक है। रसोई के कचरे से खाद बनाना सम्भव है। महात्मा गाँधी का यह कथन सटीक है कि हर आदमी को खुद का सफाईकर्मी होना चाहिए। मन्दिरों में चढ़नेवाले फूल प्रायः कीटनाशकों से युक्त होते हैं और ये नदियों को प्रदूषित करते हैं। हमारा कर्त्तव्य है कि घर की तरह सार्वजनिक स्थलों को भी स्वच्छ रखें। स्वच्छता के प्रति हम सकारात्मक सोच रखें तभी हम अपने कल्याण स्तर को बेहतर बना सकते हैं। स्वच्छता और साफ-सफाई का ध्यान रखने से रोग व्याधि से पर्याप्त सीमा तक मुक्ति मिलेगी, तन-मन सुन्दर बनेगा साथ ही धन भी बचेगा। हम सभी का दायित्व है कि स्वच्छता मिशन के प्रति जागरूक हों, सार्थक योगदान दें तभी स्वच्छ भारत-स्वस्थ भारत का सपना साकार होगा।

❑

हिमालय की रक्षा, जीवन की सुरक्षा

पर्वतीय अंचल प्राकृतिक सुषमा, सौन्दर्य, शान्ति और मनमोहकता के भण्डार हैं। यह देवभूमि और तपोभूमि के रूप में प्राचीन काल से गौरवमयी परम्परा के रूप में विख्यात हैं। विगत दशकों से प्रकृति के अत्यधिक दोहन से इसके नैसर्गिक स्वरूप को गम्भीर क्षति पहुँची है, जिससे पारिस्थतिकी असन्तुलन में निरन्तर वृद्धि हुई है और मानव विनाश के कगार की ओर उन्मुख हुआ है। हिमालय के ग्लेशियर सालाना 5 से 20 मीटर की रफ्तार से पिघल रहे हैं। इस प्रकार हिमालय क्षेत्र में स्थित 248 ग्लेशियर का पिघलना जारी है। मात्रा 18 ग्लेशियर ऐसे हैं जिनका विस्तार जारी है। वर्तमान में हिमालय का पर्यावरणीय असन्तुलन एक चुनौती है। हिमालय हमारे देश का प्रहरी भी है। इससे निकलनेवाली नदियाँ, विद्यमान वनस्पति, प्राकृतिक सम्पदा और जैव विविधता हमारे लिये वरदान है। जुओलॉजिकल सर्वे ऑफ इण्डिया ने अपनी रिपोर्ट 'फानल डायवर्सिटी ऑफ इण्डियन हिमालय' में बताया है कि हमारे देश के कुल क्षेत्रफल का 12 प्रतिशत हिमालय का क्षेत्र है तथा देश में सम्पूर्ण जीव प्रजातियों का 30.16 प्रतिशत हिमालय के क्षेत्र में पाया जाता है। भारत में लगभग 1,00,762 जीव प्रजातियाँ हैं, इसमें 30,377 प्रजातियाँ या उप प्रजातियाँ हिमालय क्षेत्र में है। एक अनुमान के अनुसार इस क्षेत्र में 280 स्तनधारी, 200 सरीसृप, 940 प्रकार के पक्षी, 80 उभयचर प्रजातियाँ और 316 मत्स्य प्रजातियाँ हैं।

पर्वत के क्षरण, भूस्खलन, सूखा, बाढ़, अवैध एवं अनियोजित ढंग से वनों के कटाव की घटनाएँ प्रायः दृष्टिगत होती रहती हैं। इसका मूल कारण प्रकृति के सन्तुलन में मानव द्वारा अविवेकपूर्ण हस्तक्षेप है। हम जिस परिवेश में रहते हैं, यह चतुर्दिक् वातावरण ही पर्यावरण है। जहाँ तक पर्वतीय खेत्र के पर्यावरण का प्रश्न है यह प्राकृतिक सम्पदा व वन्य जीवों पर आधारित है। पारिस्थितिकी असन्तुलन की समस्या विश्वव्यापी बन गयी है। जितना अधिक पर्वत श्रृंखलाओं को संरक्षित किया जाये पर्यावरण की दृष्टि से अच्छा है। मीजो अमरीकन बायोटिक श्रृंखला से सम्बन्धित एक सन्धि 1994 में की गयी जो सात देशों से सबन्धित है। कस्तूरी, मृग की नाभि में होती है और कस्तूरी मृग सम्पूर्ण हिमालय क्षेत्र में पाये जाते हैं। भारत सरकार एवं वर्ल्ड कंजर्वेशन यूनियन (आई.यू.सी.एन.) ने केदारनाथ अभयारण्य में 'संकटग्रस्त हिरण कार्यक्रम' की योजना

संचालित की है। पहाड़ी बकरी या हेमिगेट्स जेमलाहिक्स कश्मीर से भूटान तक के क्षेत्र में तीन से चार हजार फीट की ऊँचाई पर पायी जाती है। शिकार से बचाने तथा संरक्षण के लिए पर्वतों पर पार्क बनाये जाने की योजनाएँ प्रारम्भ की गयी हैं।

धरती तो माँ है और वन हमें जीवन प्रदान करते हैं। मानव, वन और पशु इन तीनों का परस्पर घनिष्ठ सम्बन्ध है तथा भारतीय संस्कृति में इनका महत्त्वपूर्ण स्थान है। प्रमुख राष्ट्रीय मार्ग के दोनों ओर वृक्ष लगे दिखायी देते हैं। धार्मिक कामों में पीपल, बिल्ब, कदली, आम, आँवला, वट, दाड़िम, नीबू और अखरोट आदि वृक्षों की उपयोगिता है। पूर्व में उत्तर प्रदेश सरकार ने, जब उत्तराखण्ड का निर्माण नहीं हुआ था, नीति निर्धारित की थी एक तिहाई भूमि का वनीकरण करने के सम्बन्ध में जिसमें पर्वतीय क्षेत्र का प्रतिशत मैदानी क्षेत्र की अपेक्षा कई गुना था। इसके लिए वृक्षारोपण अभियान चलाया गया लेकिन समुचित देख-रेख के अभाव में यह दिखावा ही सिद्ध हुआ। आज जहाँ पेड़ लगाये जाते हैं कालान्तर में वे गड्ढे मात्र रह जाते हैं। वस्तुतः चेतना की कमी उत्तरदायी है इसके लिए। जल और वायु दोनों जीवन के लिए आवश्यक तत्त्व हैं। इनको शुद्ध रूप में प्राप्त करने हेतु वनों का संरक्षण और संवर्द्धन नितान्त आवश्यक है। वर्तमान में सम्पूर्ण भू-भाग के अनुपात में जितना वन होना चाहिए उससे कहीं कम भू-भाग में वन उपलब्ध हैं। वनों के विस्तार में विद्यालय, ग्राम पंचायत, वन विभाग और विभिन्न संस्थाओं अर्थात् हर स्तर पर इसमें योगदान अपेक्षित है। इससे भूमि पर जनसंख्या का दबाव कम होगा, विभिन्न समस्याएँ सुलझेंगी तथा आर्थिक प्रगति भी होगी।

आवागमन हेतु सड़कों के निर्माण में डाइनामाइट के प्रयोग से होनेवाले कटाव पर समुचित ध्यान नहीं दिया गया। विभिन्न खानों जैसे चूना और मैग्नेसाइट तथा काष्ठ उद्योग के लिए वनों का अन्धाधुन्ध विनाश किया गया। जंगलों को साफ कर कृषि योग्य भूमि अवैध रूप से बना ली गयी जिससे पर्यावरण में असन्तुलन बढ़ता जा रहा है, पहाड़ वीरान होते जा रहे हैं तथा हरियाली लुप्त होती जा रही है। वैसे भी हिमालय की निर्माण प्रक्रिया जारी है। हिमालय राष्ट्र का प्रहरी होने के साथ सौन्दर्य का प्रतीक है। यह हमारे सांस्कृतिक जीवन को अनुप्राणित करने में सहयोगी है। विभिन्न नदियों का उद्गम स्थल यहीं है। हिमालय के पश्चिम से निकलनेवाली नदियाँ तथा तिब्बत से निकलनेवाली सहायक नदियाँ सिन्धु नदी बेसिन में मिलती हैं और ये भारत से पाकिस्तान जाकर अरब सागर मे गिरती हैं। ये नदियाँ हैं झेलम, चेनाब, व्यास, सतलज और रावी। गंगा, हिमालय के गंगोत्तरी ग्लेशियर से निकलकर 2525 किलोमीटर का सफर तय करती है। ये नदियाँ करोड़ों लोगों की जीविका का साधन भी हैं। पर्यावरण की सुरक्षा के अभाव में जनजीवन को खतरा उत्पन्न हो गया है। प्रदूषण से पारिस्थितिकी असन्तुलन की स्थिति व्याप्त होती है। प्रदूषण के विभिन्न स्वरूप हैं यथा जल प्रदूषण, वायु प्रदूषण, ध्वनि प्रदूषण एवं सामाजिक प्रदूषण।

पर्वत प्राकृतिक वायुमण्डल की नैसर्गिक निधि हैं। ऐसी मान्यता है कि धरती की छत को देश के उपमहाद्वीपीय मैदानी भागों को हिमालय की पर्वतमाला अलग करती है तथा हिमालय का निर्माण इण्डियन टेक्नोटिक प्लेट के यूरेशियन प्लेट के टकराने से हुआ है। इस पर्वतमाला में 50 से अधिक चोटियाँ हैं जो 7200 मीटर से ज्यादा ऊँची हैं। विश्व-भर में चौदह ऐसी चोटियाँ हैं जो आठ हजार मीटर से अधिक ऊँची हैं तथा इनमें आठ चोटियाँ इसी क्षेत्र में पायी जाती हैं। औद्योगिकीकरण से कल-करखानों का विकास होता है जिससे वायु प्रदूषण होता है। वायुमण्डल में ओजोन की कमी से चर्म कैन्सर तक होने का खतरा हो जाता है। वृक्षों से ऑक्सीजन की प्राप्ति होती है। यदि कल-कारखानों एवं ईंधन हेतु वनों को साफ किया जाता रहा तो ऑक्सीजन की कमी से भौतिक शक्ति में कमी होने के साथ-साथ श्वास तन्त्र भी प्रभावित होने लगता है। पेड़ों के कटाव से भूमि की जल धारण की क्षमता में कमी आती है, जलस्रोत प्रभावित होता है तथा बाढ़ की विभीषिका से जन-जीवन अस्त-व्यस्त हो जाता है। नमी की कमी से सूखे की स्थिति उत्पन्न हो जाती है। कारखानों के कचरे एवं विसर्जित सामग्री आदि के जल में मिलने से आँत सम्बन्धी बीमारी और पीलिया आदि विभिन्न रोग हो सकते हैं। वाहन एवं लाउडस्पीकर आदि के अत्यधिक प्रयोग से ध्वनि प्रदूषण हो रहा है, इससे व्यक्ति की कार्यक्षमता में कमी आती है साथ ही निर्धारित सीमा से अधिक शोर होने से व्यक्ति बहरा हो सकता है और तनावग्रस्त भी।

पर्यावरण के सन्तुलन में ह्रास होने से विगत सौ वर्षों में कार्बन-डाइ-ऑक्साइड की मात्रा में काफी बढ़ोतरी हुई है। एक अनुमान के अनुसार पारिस्थितिकी असन्तुलन के फलस्वरूप यदि नौ डिग्री सेल्सियस तापक्रम में वृद्धि हो जाये तो सागर तल पन्द्रह से बीस मीटर ऊँचे हो जायेंगे, समुद्रतटीय नगर डूब जायेंगे, रेगिस्तान बढ़ेगा और ऋतु चक्र बदल जायेगा। सामाजिक प्रदूषण से सांस्कृतिक परम्पराओं को क्षति पहुँचती है। नशीले द्रव्यों के सेवन एवं धूम्रपान से समाज में अनाचार की वृद्धि हो रही है और नैतिक मूल्य समाप्त हो रहे हैं। इसके मूल में जनसंख्या वृद्धि भी एक प्रमुख कारण है। यह क्षोभ का विषय है कि भौतिक आवश्यकता की वृद्धि के साथ मनुष्य प्रकृति के विनाश की ओर अग्रसर है। पर्यावरण सन्तुलन बनाये रखने के लिए जन चेतना और जन सहयोग की वर्तमान सन्दर्भ में नितान्त आवश्यकता है। पर्यावरणविद् पद्मविभूषण सुन्दरलाल बहुगुणा का चिपको आन्दोलन तथा महिलाओं में वनों की कटान के विरुद्ध जागृति वन संरक्षण हेतु सराहनीय है और यही मानव धर्म है। उनका कथन है कि हिमालयी वनों से प्रतिवर्ष 6.96 लाख करोड़ रुपये की पर्यावरण सेवाएँ मिल रही हैं। गंगा, ब्रह्मपुत्र और सिन्धु नदियों का विस्तार देश के क्षेत्रफल के 40 प्रतिशत से अधिक हिस्से पर है तथा 63 प्रतिशत जलीय संसाधन इन नदियों से प्राप्त होते हैं। हिमालयी क्षेत्र 2400 किलोमीटर

की लम्बाई तथा 300 किलोमीटर की चौड़ाई में फैले हैं और 8.5 करोड़ की आबादी इससे प्रभावित होती है। प्राकृतिक संसाधन के दोहन से पर्यावरणीय संरक्षण में असन्तुलन व्याप्त है।

हिमालय के कारण हमारी सभ्यता और संस्कृति अक्षुण्ण है। पर्यावरणविद् चण्डीप्रसाद भट्ट ने बताया है कि हिमालयी क्षेत्र के इको डेवलपमेण्ट के लिए एम. एस. स्वामीनाथन ने सुझाव दिया था हिमालयी क्षेत्र के लिए इको डेवलपमेण्ट कमीशन बनाने का किन्तु इसका क्रियान्वयन सही ढंग से नहीं हो पाया। प्राकृतिक वनस्पति एवं वन्यजीव को संरक्षण प्रदान करने से पारिस्थितिकी सन्तुलन में सहयोग मिलेगा। हिंसक जीव अन्य वन्य जीवों के मध्य नियन्त्रण स्थापित करने में मदद देते हैं। हरित क्रान्ति का अर्थ फसलों को उगाना और वनों का विकास है। पक्षी एवं मित्र कीट वृक्ष के परागीकरण में सहायता प्रदान कर वंश वृद्धि भी करते हैं, जिससे भूमि की उर्वरा शक्ति बढ़ती है। वन, जल को संचित करते हैं, गर्मी के प्रभाव को कम करते हैं तथा भोजन, वस्त्र एवं आवास की समस्या का निराकरण करते हैं। वनों से कच्ची सामग्री, पशुओं के लिए चारा, स्वास्थ्य वृद्धि हेतु जड़ी-बूटी एवं ओषधि निर्माण में सहायता देते हैं। इसके विकास में इससे सम्बन्धित साहित्य, चलचित्र तथा स्वयंसेवी संस्थाओं के सहयोग का उपयोग जन जागृति के लिए किया जाना चाहिए।

पर्वतीय क्षेत्र के प्राकृतिक सोते जीवन के लिए उपयोगी रसायन उपलब्ध कराते हैं। वृक्षों से भूमि की उर्वरा शक्ति कायम रहती है। सामुदायिक कार्य-योजना और वन महोत्सव के अन्तर्गत वृक्षारोपण को प्रभावी बनाने का प्रयास आवश्यक है। पेड़ वर्षा की तीव्रता को स्वयं रोककर उसके भूमि पर प्रभाव को कम कर देते हैं जिससे बाढ़ में कमी आती है। पेड़ के न होने पर वर्षा, भूमि का कटाव कर अपने साथ बहा ले जाती है जिससे नदी का तल ऊँचा होता है और इस प्रकार जलक्षरण और भूक्षरण से बाढ़ एवं अन्य प्राकृतिक प्रकोप की सम्भावना बढ़ जाती है। वनों पर आधारित कुटीर उद्योग एवं ग्रामीण उद्योगों को प्रश्रय दिया जाना चाहिए जिससे अधिकांश व्यक्तियों को जीविकोपार्जन का आधार मिलेगा। इससे पर्वतीय क्षेत्र की प्रमुख समस्या प्रतिभा पलायन में भी निश्चित रूप से कमी आयेगी। वन दैनिक आवश्यकताओं की पूर्ति तो करते ही हैं साथ ही मौसम में सन्तुलन भी स्थापित करते हैं। वास्तव में वन हमारे जीवन की समृद्धि के आधारस्तम्भ हैं। पर्यावरण असन्तुलन के कारण 133 कशेरुकी जीवों का अस्तित्व विनाश के कगार पर है साथ ही 43 स्तनधारी प्रजातियाँ और पक्षियों की 52 प्रजतियों पर भी खतरा मँडरा रहा है।

पर्यावरण से सम्बन्धित सुरक्षा विषयक राष्ट्रीय समिति के अनुसार वनों के कटाव से पर्वतीय क्षेत्रों में मिट्टी का बहाव तेजी से हुआ है और सम्पूर्ण वन भूमि का एक चौथाई

भाग कटाव की चपेट में आ गया है। वन विभाग के अन्तर्गत कुमाऊँ के वन क्षेत्र का केवल चालीस प्रतिशत भाग है। प्रसन्नता का विषय है कि सघन वनीकरण, चरागाह और भूमि विकास की ओर ध्यान दिया जाने लगा है साथ ही प्रकृति के शोषण के बिना उत्पादन पर बल दिया जाने लगा है फिर भी इस दिशा में अभी और काफी प्रयास अपेक्षित हैं। राष्ट्रपिता महात्मा गाँधी ने मशीनीकरण के विरुद्ध कुटीर उद्योगों को प्रोत्साहन दिया जो पर्यावरणीय सन्तुलन के औचित्य को अभिव्यक्त करते हैं। आज प्रौद्योगिकी के लाधवीकरण की आवश्यकता है जिससे चेतना का विकास हो और नैतिक मूल्यों का भी। हमें अपने को पर्यावरण के अनुकूल ढालना चाहिए और वह इस रूप में हो कि प्राकृतिक संसाधनों का उचित उपयोग सम्भव हो सके। हमें बगीचों में सब्जियों का उत्पादन करना चाहिए। उद्योगों से होनेवाली गैसों एवं जहरीले धुएँ पर रोक लगाने की आवश्यकता है। पर्यावरण सम्बन्धी शिक्षा को पाठ्यक्रम में समुचित स्थान दिया जाना चाहिए क्योंकि शिक्षा का अर्थ उत्तम पर्यावरण के निर्माण में सहयोग देना भी है।

फूलों की घाटी को विश्व धरोहर के रूप में मान्यता मिली हुई है जहाँ पर्यटक प्रतिवर्ष पर्याप्त संख्या में इसके सौन्दर्य को देखने आते हैं। इस घाटी में नन्दा देवी राष्ट्रीय पार्क भी है। यह घाटी समुद्रतल से साढ़े बारह हजार फीट की ऊँचाई पर चमोली जिले में स्थित है तथा 87.5 वर्ग किलोमीटर में फूलों की घाटी का विस्तार है। जैव विविधता की दृष्टि से यहाँ 500 से अधिक प्रजाति के फूल हैं तथा दुर्लभ प्रजाति के जीव-जन्तु भी पाये जाते हैं। हिमालय का विस्तार छह राज्यों में फैला है और वे राज्य हैं अरुणाचल प्रदेश, पश्चिम बंगाल, हिमांचल प्रदेश, उत्तराखण्ड, सिक्किम और जम्मू-कश्मीर। ट्रांस हिमालय और हिमालय दोनों का क्षेत्रफल कुल मिलाकर 3.95 लाख वर्ग किलोमीटर है। संयुक्त राष्ट्र संघ के माध्यम से वैज्ञानिकों ने पर्यावरण की समस्या को युद्ध की समस्या की अपेक्षा अधिक महत्त्वपूर्ण व्यक्त किया है। मानव की दोहन और शोषण की प्रवृत्ति के कारण प्राकृतिक भण्डारों का, जिसमें वन, कृषि, भूमि और खनिज आदि सम्मिलित हैं, द्रुत गति से ह्रास हो रहा है। नगरीय सभ्यता के विकास ने भी वनों को गम्भीर क्षति पहुँचायी है। कृषि योग्य भूमि की बढ़ोतरी ने भी वनों के सफाये में महत्त्वपूर्ण भूमिका अदा की है। आणविक अस्त्र-शस्त्रों के उत्पादन की होड़ के फलस्वरूप कचरों की वृद्धि ने समुद्री जीवन को कुप्रभावित किया है।

अण्टार्कटिका और आर्कटिक के पश्चात् हिमालयी क्षेत्र में सबसे बड़ा हिम भण्डार है तथा इसमें 12 हजार घन किमी जल संरक्षित है तथा इस क्षेत्र में लगभग पन्द्रह हजार ग्लेशियर्स हैं। यहाँ कई झीलें हैं जो हिमालय के उत्तर में स्थित हैं। मानसरोवर झील का विस्तार 410 वर्ग किलामीटर में है। कल-कारखानों के धुएँ और जहरीली गैसों के कारण होनेवाले वायु प्रदूषण से जन स्वास्थ्य गम्भीर रूप से प्रभावित हो रहा है साथ ही

औद्योगिकींकरण से जल प्रदूषण बढ़ा है। हाल में गंगा के जल को स्वच्छ करने का अभियान सरकार ने प्रारम्भ किया है जो एक सराहनीय कदम है। पर्वत प्राकृतिक भण्डार के अक्षय स्रोत हैं। वे हमारी प्राकृतिक आवश्यकताओं की पूर्ति करने में सक्षम हैं। आवश्यकताओं को सीमित करने के प्रयास से पर्यावरण सम्बन्धी सन्तुलन स्थापित करने में सहयोग मिलेगा। वर्तमान प्रयास यदि आँकड़ों तक ही सीमित रहे, जमचेतना और जागृति नहीं उत्पन्न हुई तो अपेक्षित लक्ष्य की पूर्ति सम्भव नहीं हो पायेगी। लोक शिक्षण से लोक शक्ति में वृद्धि होती है इसलिए इसको बढ़ावा देने का प्रयास होना चाहिए।

भारतीय संस्कृति प्रकृति की पोषक रही है, सांस्कृतिक मूल्यों की रक्षा यदि हम करें तो वन सम्पदा को अक्षुण्ण बनाये रख सकते हैं, जिससे पर्यावरण के सन्तुलन की स्थापना में लाभ पहुँचेगा। पर्वतीय क्षेत्र के निवासियों की आर्थिक विपन्नता दूर करने के बहाने, प्राकृतिक सम्पदाओं का दोहन किया जा रहा है, उद्योगों का विस्तार किया जा रहा है, पेड़ों की कटान से पहाड़ नंगे हो रहे हैं जिससे भूस्खलन, भूक्षरण, मौसम में परिवर्तन, जलक्षरण, बाढ़ व सूखे की विभीषिका से जन जीवन त्रस्त हो गया है। इन सबके फलस्वरूप चिपको आन्दोलन ने न केवल वनों का बचाव किया अपितु जल और मिट्टी के संरक्षण का भी कार्य किया जो स्तुत्य है। महिलाओं की जागृति ने इसके मूल स्रोत को बरकरार रखने के रूप में अपूर्व योगदान दिया है। सरकार द्वारा नियोजन सम्बन्धी जो भी कार्यक्रम चलाये जायें उसमें वनों की सुरक्षा, चारा, ईंधन, मिट्टी और जल आदि को मद्देनजर रखने की महती आवश्यकता है तभी जनजीवन की सुरक्षा हो सकेगी। मानव शरीर के आवश्यक तत्त्वों की सुरक्षा के अभाव में जनजीवन कदापि खुशहाल नहीं हो सकता, यहाँ तक कि बाँध और जलाशय के निर्माण पहाड़ों की सुरक्षा के लिए खतरे बनते जा रहे हैं अतः इन योजनाओं की प्रक्रिया पर गम्भीरतापूर्वक पुनर्विचार करने की आवश्यकता है। पर्यावरण की सुरक्षा के लिए घर और स्कूल में पौधशाला की ओर ध्यान देना होगा, पर्यावरण को पाठ्यक्रम में उचित स्थान देना होगा जिससे हरियाली में बढ़ोतरी हो और वनों का संवर्द्धन भी। हमें चाहिए कि हम प्रकृति से प्रेम करें जिससे पर्यावरण सन्तुलन स्थापित हो और सांस्कृतिक मूल्यों एवं धरोहर की रक्षा हो सके।

पर्यावरण की सुरक्षा के लिए वन आधारस्तम्भ है, इसीलिए संयुक्त राष्ट्र संघ ने प्रति बच्चा एक पेड़ लगाने का आह्वान किया है। गौतम बुद्ध का सन्देश है कि प्रत्येक व्यक्ति को प्रत्येक पाँच वर्षों में एक पेड़ लगाना चाहिए। यदि हम इस सन्देश का अनुसरण करें तो यह मानव धर्म का पालन होगा। वन नीति के क्रियान्वयन की सफलता केवल सरकारी प्रयास पर नहीं बल्कि जन सहयोग पर निर्भर है। पेड़ वास्तविक अर्थ में समस्त सुखों के स्रोत हैं। वृक्ष सन्तान की अपेक्षा अधिक फलदायक हैं क्योंकि पुत्र, सुपुत्र भी हो सकता है और कुपुत्र भी पर वृक्ष पीढ़ी-दर-पीढ़ी हमें लाभ पहुँचाते हैं। वृक्षारोपण

द्वारा सांस्कृतिक परम्पराओं की रक्षा होती है। शोर-शराबे की अधिकता से ध्वनि प्रदूषण होता है जो व्यक्ति को चिड़चिड़ा, पागल, झक्की, तनावयुक्त और बहरा बना देता है। आज आवश्यकता प्रकृति और मानव-जीवन में सामंजस्य स्थापित करने की है। वनों का कटाव आगामी दस वर्षों के लिए पूर्णरूपेण बन्द कर देना चाहिए और इस बीच केवल वनों का संवर्द्धन किया जाये। निर्धारित अनुपात से जब अधिक वन हो जायें तभी सोच-समझाकर इस दिशा में कोई कदम इस प्रकार उठाया जाये जिससे पर्यावरण सन्तुलन में कोई क्षति न पहुँचे। उत्तम पर्यावरण स्वास्थ्य वृद्धि में सहायक है, अतः इसका संरक्षण करना हमारा सर्वोपरि कर्त्तव्य है। प्रकृति के उन्मुक्त वातावरण में अध्यात्म, योग, धर्म और दर्शन की प्रगति स्वाभाविक रूप में होती है।

प्रसिद्ध विचारक ब्रायसन का कथन है कि जिस तरह पर्यावरण दूषित हो रहा है और जनसंख्या बढ़ रही है इससे विश्व में अकाल की स्थिति अवश्य आयेगी। मानव को अपने अस्तित्व की रक्षा के लिए अपरिहार्य रूप में पर्यावरण की सुरक्षा के लिए समर्पित होना पड़ेगा क्योंकि इसके सिवा कोई विकल्प भी नहीं है। मनुष्य पर्यावरण का उपभोक्ता नहीं बल्कि उसी का एक अंग है। यदि वह पर्यावरण को असन्तुलित करेगा तो उसके जीवन को गम्भीर खतरा बना रहेगा।

हिमालय के क्षेत्र में कई प्राकृतिक झरने हैं तथा कुल क्षेत्रफल में लगभग छह सौ बाँध हैं। यह क्षेत्र भूकम्प के प्रति संवेदनशील है। यहाँ पनबिजली योजनाएँ विद्युत् उत्पादन हेतु संचालित हैं, जिससे पर्यावरण सन्तुलन का जोखिम बढ़ा है। यहाँ ओषधीय वनस्पतियाँ प्रचुर मात्रा में हैं। रामायण-काल में मेघनाद द्वारा अस्त्र प्रहार से लक्ष्मण जब मूर्च्छित या मरणासन्न हो गये थे तो सुषेण वैद्य की सलाह पर संजीवनी बूटी पवनपुत्र हनुमान लाये थे जिससे लक्ष्मण मूर्च्छा से बाहर आ सके थे। हमारे देश का अतीत गौरवपूर्ण रहा है। खुशहाली और सम्पन्नता के लिए विख्यात होने का मूल कारण पर्यावरण का सन्तुलित होना था। आज देश की आबादी का एक बड़ा हिस्सा गरीबी रेखा के अन्तर्गत अभावग्रस्त है इसलिए जनसंख्या वृद्धि पर उचित नियन्त्रण स्थापित करके ही मानव और प्रकृति के मध्य उचित आनुपातिक सम्बन्ध रखा जा सकता है। आज के बच्चे देश के कल के नागरिक होंगे, विकास का दायित्व उन पर निर्भर होगा इसलिए उन्हें पर्यावरण की शिक्षा अनिवार्य रूप में देने से उनमें चेतना का प्रादुर्भाव होगा और वे पर्यावरण की सुरक्षा हेतु कृतसंकल्प हो सकेंगे। प्रौढ़ शिक्षा में वन शिक्षा के कार्यक्रम को अपनाना लाभकारी होगा। प्रकृति के वैभव को बढ़ाने में प्रत्येक नागरिक को योगदान देना चाहिए, क्योंकि पर्यावरण से हम अपने भावी जीवन को निरापद बना सकेंगे।

सम्पूर्ण प्राणिमात्र के लिए वन सम्पदा अपरिहार्य है, इसलिए इसके विनाश का मानव को कोई अधिकार नहीं है। निर्धारित अवधि के लिए वनों के कटाव पर एकदम

रोक लगा देनी चाहिए। घास एवं झाड़ियों की वृद्धि के प्रयास हमें करना चाहिए, जिससे भू क्षरण में कमी हो सके। अनुत्पादक कृषिवाले भूभाग पर पेड़ों को उगाने का प्रयास उपयोगी होगा। शासन द्वारा दुग्ध देनेवाले पशुओं की नल्स का सुधार किया जाना चाहिए। भूमि संरक्षण वन प्रभाग की वृद्धि होने से वनों का समुचित विकास होगा। जीवों और पर्यावरण का पारस्परिक सम्बन्ध पर्वतीय क्षेत्र में अधिक स्पष्ट रूप में देखने को मिलता है। हमें निर्धारित ढंग से औद्योगिकी क्षेत्रों के निकट हरी पट्टियाँ विकसित करनी चाहिए। ढलानों पर सीढ़ीदार पट्टियाँ बनाकर हम पानी के बहाव की तीव्रता को कम कर सकते हैं। वन भूमि पर नहीं अपितु रिक्त भूभाग पर बगीचे लगाने का प्रयास करना चाहिए। पारिस्थितिकी विज्ञान की उपेक्षा करना स्वयं के अस्तित्व की उपेक्षा के समान होगा। प्राकृतिक सम्पदा की रक्षा स्वयं की रक्षा है और इसका विकास जन-जन का विकास है। पर्यावरण से सम्बन्धित समस्याओं के निराकरण द्वारा ही हम अपने भविष्य को निरापद बना सकेंगे। इसके लिए शासन स्तर से अपेक्षित प्रयास के साथ ही प्रत्येक नागरिक को इसमें योगदान देना होगा जिससे पर्यावरण सम्बन्धी सन्तुलन स्थापित हो सके और मानवता की सुरक्षा भी तभी सम्भव है। प्रतिवर्ष 9 सितम्बर को हिमालय दिवस मनाया जाता है। हिमालयन इनवायरनमेण्टल ऐण्ड कंजर्वेशन आर्गनाइजेशन (हेक्सो) के संस्थापक डॉ. अनिल प्रकाश जोशी का कथन है कि पर्वतराज हिमालय का ऋण उसके प्राकृतिक स्वरूप को सहेजकर ही चुकाया जा सकता है और तभी हिमालय की रक्षा से हमारे जीवन की सुरक्षा के लक्ष्य को साकार किया जा सकेगा।

❑

समुद्र

जल के कारण ही पृथ्वी का रंग अन्तरिक्ष से नीला दृष्टिगत होता है जिससे इसे नीला ग्रह की संज्ञा दी जाती है। पृथ्वी के 71 प्रतिशत क्षेत्र पर जलमण्डल और लगभग 29 प्रतिशत क्षेत्र पर स्थलमण्डल है। जलमण्डल में 1,46,00,00,000 घन कि.मी. जल है। यदि समस्त पृथ्वी को समतल कर दिया जाये तो पृथ्वी 3650 मीटर गहरे जल में डूब जायेगी। जलमण्डल का 97.3 प्रतिशत भाग महासागरीय है शेष 2.7 प्रतिशत भाग पर हिमनद, नदी, तालाब, झील एवं भूमिगत जल है। महासागरीय जल का तापमान माइनस 5 से 33 डिग्री सेल्सियस तक है। सागरीय जल में सोडियम क्लोराइड, मैग्नेशियम, पोटैशियम और कैल्शियम आदि खनिज धुले हैं। समुद्रतल से अधिकतम गहराई 11,033 मीटर है। विश्व में पाँच महासागर हैं जिनके नाम प्रशान्त महासागर, अटलाण्टिक महासागर, आर्कटिक महासागर, हिन्द महासागर तथा अण्टार्कटिक महासागर हैं। समुद्र में लहरें उत्पन्न होने का कारण है सतह पर बहनेवाली हवा और चन्द्रमा जिससे ज्वार उत्पन्न होता है तथा समुद्र के भीतर भूकम्प उत्पन्न होता है।

हिन्द महासागर और प्रशान्त महासागर, अलास्का की खाड़ी में मिलते हैं लेकिन इनका पानी आपस में नहीं मिलता है क्योंकि प्रशान्त महासागर का पानी ज्यादातर ग्लेशियर से आता है तथा हल्का नीला होता है, जबकि हिन्द महासागर का पानी नमक एवं लवणों के कारण गहरा नीला होता है। हिन्द महासागर में पृथ्वी के पानी का 20 प्रतिशत पानी है तथा इसका नाम हमारे देश के नाम पर है। ग्रीष्म में इस सागर का बहाव पूर्व तथा शीत में अफ्रीका की ओर होता है।

यदि महासागर मन्थन हो तो सिगरेट के टुकड़े, फूड पैकिंग, प्लास्टिक की बोतलें, स्ट्रा, कप और प्लेट, बोतलों के ढक्कन तथा प्लास्टिक बैग आदि चीजें मिलेंगी। प्लास्टिक महासागरों को गहरा नुकसान पहुँचा रही है। माइक्रोप्लास्टिक 5 मिलीमीटर से भी अधिक पतली होती है। इसका निर्माण बड़ी प्लास्टिक के खत्म होने पर होता है। माइक्रोबीड्स से भी माइक्रोप्लास्टिक बनती है। इसका उपयोग टूथपेस्ट और फेसवाश में होता है। मछली पकड़ने के लिए नाव और जाल का उपयोग किया जाता है। मछली पकड़ने से सम्बन्धित उपकरण जो समुद्र में गिर जाते हैं वे गन्दगी फैलाते हैं। समुद्री जीव इन गन्दगियों को कई बार खा जाते हैं जिससे उन्हें भारी क्षति पहुँचती है। प्लास्टिक के

द्वारा समुद्र में विद्यमान ऑक्सीजन को भी क्षति पहुँचती है। कचरा प्रबन्धन का अभाव, प्रदूषित नदी और नाले आदि भी समुद्र के जल को प्रदूषित करते हैं, जिसका दुष्प्रभाव समुद्री जीवों पर भी पड़ता है। 8 जून 2009 से प्रतिवर्ष 'ओशन डे' मनाया जाता है, जिसका उद्देश्य है प्लास्टिक प्रदूषण को रोकना तथा स्वस्थ महासागर के निर्माण में योगदान। यही थीम वर्ष 2018 में ओशन डे की निर्धारित की गयी। प्रत्येक वर्ष ओशन डे की कोई-न-कोई थीम रखी जाती है। महासागर दिवस का तात्पर्य है खाद्य सुरक्षा, पारिस्थितिकी सन्तुलन, सामुद्रिक संसाधनों के अन्धाधुन्ध उपयोग पर नियन्त्रण तथा जलवायु परिवर्तन पर प्रकाश डालना आदि।

भूमण्डल पर जो कार्बन-डाइ-ऑक्साइड उत्सर्जित होती है उसका एक बड़ा अंश समुद्र द्वारा सोख लिया जाता है जिससे समुद्री जल खारा हो जाता है अर्थात् अम्लयुक्त। वर्तमान में पर्यावरण असन्तुलन के कारण पृथ्वी पर कार्बन-डाइ-ऑक्साइड की मात्रा में निरन्तर बढ़ोतरी हो रही है जिससे समुद्रीय जल में रहनेवाली तीस प्रतिशत के लगभग प्रजातियों के अस्तित्व को गम्भीर खतरा उत्पन्न हो चुका है और यह खतरा सम्पूर्ण समुद्री क्षेत्र पर व्याप्त है। इसलिए विभिन्न देशों की सरकारें, संस्थाएँ और संगठन समुद्री पर्यावरण को बचाने के लिए प्रयासरत हैं जिससे समुद्री जीवों की रक्षा की जा सके और पर्यावरण को भी बचाया जा सके। इस सम्बन्ध में शोधकर्त्ता भी प्रयासरत हैं जिसमें लन्दन के शोधकर्त्ता डॉ. जेसनहाल स्पेन्सर प्रमुख हैं। विश्व बैंक भी इस दिशा में सार्थक प्रयास कर रहा है। समुद्री जल में एसिडिटी की मात्रा बढ़ती जा रही है जो मानवीय गतिविधियों का परिणाम है और यह प्रवाल भित्तियों व समुद्र में रहनेवाली प्रजातियों के लिए हानिकर है।

महासागर में असीम जैव विविधता है। जलीय जैव विविधता के अन्तर्गत मछली को ही यदि लिया जाये तो इसकी तीस हजार से अधिक प्रजातियाँ हैं। आर्चर फिश पौधों पर बैठे कीड़ों को थूककर मारती है। कुछ कीड़े उल्टे तैरते हैं, इन्हें बैक स्वीमर्स या बोटबग्स भी कहते हैं। ऐसे जीव नोटोनेक्टाइड परिवार के होते हैं जिनकी लगभग 200 प्रजातियाँ हैं। दरियाई घोड़ा या हिप्पो को हिप्पोपोटामस कहते हैं। इस शब्द की व्युत्पत्ति ग्रीक भाषा से हुई है जिसमें हिपोस का अर्थ है घोड़ा तथा पोटोमोस का अर्थ है नदी। लगभग 600 प्रकार के समुद्री प्राणी अपने शरीर से प्रकाश उत्पन्न करते हैं जिसमें प्रमुख हैं प्रोटोजोआ, स्पंजी मक्खियाँ, जेलीफिश, कुस्टासींस, कोइलेण्ट्रोरस, एंगलर फिश, लैण्टर्न फिश तथा पोलीकेक्टस आदि। विश्व का खतरनाक जीव समुद्री वास्प (Sea Wasp) है। यह एक प्रकार की जेली फिश है, इसके स्पर्श अंग या टेण्टेकल्स (Tentacles) से रगड़ खाने पर पाँच मिनट में मृत्यु हो सकती है। यह 4 से 10 सेण्टीमीटर लम्बी और 10 सेण्टीमीटर तक ऊँची होती है। सबसे बड़ा समुद्री पक्षी श्वेत

पक्षी (Albatross) होता है। इसके पंख 3.5 मीटर या 10 फीट 4 इंच तक फैलते हैं। पिटोहुई चिड़िया की चोंच एवं नाखूनों में जहर होता है। फ्लाइंग फिश की लम्बाई 45 सेण्टीमीटर तक होती है तथा जहाज के डेक पर यह पहुँच जाती है। शंख जलीय प्राणियों के कवच होते हैं। इस प्रकार के जीवों को मोलस्क कहा जाता है। इसकी प्रजातियाँ लगभग 60 हजार हैं। इलेक्ट्रिक कैट फिश 350 वोल्टेज की तरंगें उत्पन्न करती हैं। शार्क मछलियों का राजा होता है। इसकी इम्बाई एक फुट से पचास फीट तक हो सकती है। सबसे सुन्दर मेको शार्क मछली होती है। प्लास्टिक कचरे एवं विषैले रसायन आदि से ये जीव कुप्रभावित हो रहे हैं। इसमें विशालकाय जीव तथा छोटे जीव हैं साथ ही वनस्पतियाँ भी। ह्वेल एवं ड्रैगन जैसी दिखनेवाली मछलियाँ, लैम्प जैसी दिखनेवाली मछलियाँ, पारदर्शी मछलियाँ, स्टार फिश, चमकीली मछलियाँ, जैलीफिश, रंग बदलनेवाली मछलियाँ, समुद्री सर्पों की हजारों प्रजातियाँ, आक्टोपस, लाखों प्रकार की बैक्टीरिया, कीड़-मकोड़े, केकड़े एवं झींगे की प्रजातियाँ आदि यहाँ मिलती हैं साथ ही कोरल, रंगीन शैवाल, कई भुजाओंवाले पौधे, रेंगते फूल जो कमल जैसे दखते हैं, ब्लडरेड, समुद्र फैनी आदि वनस्पतियाँ भी मिलती हैं। समुद्र में सुरंगें या गुफाएँ होती हैं जो पानी और ऑक्सीजन से पूर्ण रहती हैं, चट्टानों से टकराकर लहरें उनमें सूराख उत्पन्न कर देती हैं। समुद्र में पर्वत भी होते हैं, जिनकी ऊँचाई एक से तीन किलोमीटर तक हो सकती है। ज्यादातर पहाड़ समुद्र के अन्दर डूबे रहते हैं। महासागर, पृथ्वी के मौसम को प्रभावित करते हैं। सागर का पानी खारा होता है जो समुद्री धाराओं के बहाव का मुख्य कारण होता है। गोवा में राष्ट्रीय समुद्र विज्ञान संस्थान है, जहाँ जलवायु परिवर्तन तथा मौसमी घटनाओं आदि विषयक अध्ययन होते रहते हैं।

प्रतिवर्ष 80 लाख टन प्लास्टिक समुद्र में फेंका जाता है अर्थात् प्रति मिनट एक ट्रक के बराबर कचरा समुद्र में विसर्जित होता है। एक अनुमान के अनुसार 2.36 लाख टन समुद्र में प्लास्टिक कचरा मौजूद है। समुद्र में 5 लाख करोड़ प्लास्टिक के टुकड़े विद्यमान हैं। समुद्र में पहुँचनेवाले प्लास्टिक का 95 फीसदी केवल दस नदियों से आते हैं और इन दस नदियों में से आठ नदियाँ एशिया की हैं। प्लास्टिक कचरा यदि इसी प्रकार बढ़ता रहा तो 2050 तक समुद्र में मछलियों से अधिक प्लास्टिक हो जायेगा। नीदरलैण्ड ने समुद्र साफ करने का कारगर प्रयास आरम्भ किया है रबड़ का बड़ा अवरोधक लगाकर। 2020 तक प्रशान्त महासागर में सौ किलोमीटर लम्बा अवरोधक लगाया जायेगा जो लगभग 7 करोड़ किलोग्राम का होगा।

ध्वनि तरंगों से समुद्र की गहराई की नाप की जाती है। फैदोमीटर (Fathometer) द्वारा पराश्रव्य ध्वनि तरंगें (Ultrasonic Wave) उत्पन्न होती हैं जो 20 हजार हर्ट्ज से अधिक होती हैं। समुद्र के पानी को ध्वनि के वेगमान से गुणा करने के पश्चात् समुद्र की गहराई ज्ञात होती है। गहराई की दृष्टि से क्रमशः प्रशान्त महासागर और हिन्द

महासागर पहले और दूसरे स्थान ऊपर हैं तथा तीसरे स्थान पर अटलाण्टिक महासागर है। सबसे उथला या कम गहराईवाला बाल्टिक सागर है। समुद्र की गहराइयों में उतरने के लिए गहराई मापक नौका अर्थात् विशेष प्रकार के यान को प्रयुक्त किया जाता है जिसे बैथीस्कैफे (Bathescaphe) कहते हैं। इसका निर्माण ऑगस्ट पिकार्ड ने किया था बाद में उनके पुत्र जॉक पिकार्ड (Gacques Picard) ने इसको परिवर्द्धित किया।

समुद्र की गहराई को विभिन्न श्रेणियों में वर्गीकृत किया गया है जिसमें सर्वप्रथम लाइटजोन है जिसे एपिपिलेजिक कहते हैं, इसकी गहराई 200 मीटर तक होती है। तापक्रम 12 से 20 डिग्री सेल्सियस होता है। ज्यादातर समुद्री जीव इसी हिस्से में विचरण करते हैं। दूसरा भाग ट्विलाइट जोन है जिसका नाम मेसोपिलेजिक भी है। इसकी गहराई 200 से 1000 मीटर तक है, तापमान 4 से 13 डिग्री सेल्सियस होता है। इस भाग में रोशनी घटने लगती है जब कि 200 मीटर तक की गहराई में रोशनी समुचित रहती है। तीसरा जोन मिडनाइट या बेथिपिलेजिक है जो 1000 से 4000 मीटर तक की गहराई को माना जाता है। इस भाग में केवल समुद्री जीवों से उत्पन्न रोशनी देखी जा सकती है। चौथा भाग लोअर मिडनाइट जोन या एबिसल है। यह भाग चार से छह हजार मीटर की गहराईवाला होता है और तापमान लगभग शून्य होता है। इसे ट्रेंच या हाडल जोन कहते हैं। यहाँ समुद्री जीवों की सम्भावना कम होती है। मारियाना ट्रेंच की गहराई 10.9 किलोमीटर आँकी गयी है। यह प्रशान्त महासागर में स्थित है और इसकी लम्बाई 2250 किलोमीटर तथा चौड़ाई 69 किमी. है। यहाँ जल का दबाव, वायुमण्डल के दबाव से हजार गुना अधिक होता है। परमाणु कचरा डालने के लिए यह स्थान उपयुक्त है पर उथल-पुथल या होनेवाले परिवर्तनों जैसे भूकम्प आदि से यह कचरा ऊपर भी आ सकता है। अन्तरराष्ट्रीय कानून के मुताबिक सागर में कचरा डालने का निषेध है। अन्तरराष्ट्रीय समुद्री कानून के अनुसार देश के समुद्री तट से 300 किलोमीटर अथवा 200 नॉटिकल मील तक का क्षेत्र इक्सक्लूसिव इकोनामिक जोन (इ.इ.जेड) घोषित है तथा वह देश इस क्षेत्र की प्राकृतिक सम्पदा के दोहन के लिए अधिकृत है।

समुद्र तथा इसमें निहित संसाधनों का अध्ययन ओशनोग्राफी के अन्तर्गत किया जाता है। बायोमेडिकल तथा मौसम परिवर्तन आदि समस्याओं का निराकरण समुद्र की असीमित गहराइयों में निहित है। समुद्र विज्ञान में समुद्र की विभिन्न क्रियाओं, जीव-जन्तुओं और समुद्री वनस्पतियों का अध्ययन किया जाता है। ओशनोग्राफी या मरीन साइन्स के कोर्स के पश्चात् मरीन बायोलाजिस्ट, फिजिकल ओशनोग्राफर, केमिकल ओशनोग्राफर, ज्योलॉजिकल ओशनोग्राफर, कोस्टल ऐण्ड ओशन इंजीनियर, मरीन पालिसी एक्सपर्ट या रिसर्चर के रूप में सेवाएँ दी जा सकती हैं।

एक अनुमान के अनुसार साढ़े तीन करोड़ से अधिक लोग समुद्रतटीय इलाके में रहते हैं तथा लगभग दो करोड़ व्यक्तियों की जीविका मछली आदि से चलती है।

डब्ल्यू.डब्ल्यू.एफ. के वैज्ञानिक डॉ. तण्डी एवार्डी का कथन है कि समुद्र और उसके किनारे का इकोसिस्टम मानव के लिए आवश्यक है। ऐसा कहा जाता है कि साढ़े तीन खरब वर्ष पूर्व पृथ्वी पर समुद्र में ही जीवों की उत्पत्ति हुई थी। समुद्र में तेल उत्खनन का कार्य होता है। तेल के रिसने या समुद्री जल में मिलने से समुद्र का पारिस्थितिकी तन्त्र कुप्रभावित होता है, जल जीवों की श्वास क्रिया में अवरोध होता है तथा वनस्पतियाँ भी प्रदूषित होती हैं। विश्व पर्यावरण कांग्रेस ने प्रकाशित परिपत्र में समुद्र संरक्षण की आवश्यकता का उल्लेख किया है। डॉ. जी.एम.ओझा ने हिन्द महासागर में ह्वेल सेंक्चुरी बनाने की संस्तुति की। हमारे प्राचीन ग्रन्थ ऋग्वेद में समुद्र को जन्मदाता बताया गया है क्योंकि महासागर ही बादल का निर्माण करते हैं तथा ब्रह्माण्ड को जीवन प्रदान करते हैं। भूमध्य सागर में अठारह देशों की बेसिन है जिनके नाम हैं ट्यूनीशिया, अल्जीरिया, फ्रान्स, मोरक्को, यूगोस्लाविया, ग्रीस, मोनेको, माल्टा, लीबिया, स्पेन, इटली, अल्बानिया, साइप्रस, लेबनान, सीरिया, टर्की, मिस्त्र, तथा इजरायल। दो भूमि के बीच स्थित समुद्र को मेडिटेरियन समुद्र या भूमध्य सागर कहा जाता है। 1975 में बार्सीलोना सम्मेलन में सोलह देशों ने प्रतिभाग किया था जिसमें समुद्र संरक्षण पर बल दिया गया। स्वेजनहर से विश्व के 5 प्रतिशत तेल का यातायात होता है। तूफानी हवाओं के कारण मृदा क्षरण होता रहता है। समुद्री जीव में कोरल या प्रवाल अथवा मूँगा एवं प्रवालभित्ति अर्थात् कोरल रीफ अत्यन्त आकर्षक होते हैं। प्रवालभित्ति को संरक्षण देने का तात्पर्य है समुद्री पर्यावरण को संरक्षण देना। समुद्र पारिस्थितिकी संरक्षित क्षेत्र या 'नो टेक जोन' पर्यटन स्थल भी बन जाते हैं और 'द इण्टरनेशनल कोरल रीफ इनिशिएटिव' (आई.सी.आर.इ.) वैश्विक स्तर पर इनके संरक्षण का कार्य करता है।

यूनिवर्सिटी ऑफ कोलोराडो के शोधकर्त्ताओं ने प्रोसीडिंग्स ऑफ नेशनल अकादमी ऑफ साइन्सेज में प्रकाशित शोध में बताया है कि पूर्वानुमान था कि सन् 2100 तक समुद्र के जल का स्तर 30 सेण्टीमीटर तक बढ़ जायेगा लेकिन ग्लोबल वार्मिंग के कारण यह कहा जा सकता है कि 65 सेण्टीमीटर तक समुद्र के जल के स्तर में वृद्धि हो सकती है। अलनीनो द्वारा समुद्री जल के तापमान में वृद्धि तथा हवाओं के बदलते रुख प्रमुख कारक हैं समुद्री जल के स्तर की वृद्धि में। समुद्र का जलस्तर प्रतिवर्ष 10 मिमी की दर से बढ़ सकता है। इस वृद्धि दर को मद्देनजर रखा जाये तो सन् 2100 तक समुद्र के जल के स्तर में भारी परिवर्तन होगा जिससे तटीय क्षेत्रों के डूबने की सम्भावना बढ़ जायेगी। ग्रीन हाउस गैसों के उत्सर्जन की मात्रा में हो रही बढ़ोतरी के कारण जल एवं वायु के तापमान में भी वृद्धि हो रही है। विगत 25 वर्षों का आकलन यदि करें तो समुद्री जलस्तर 7 सेण्टीमीटर बढ़ा है। बर्फ के पिघलने से भी जलस्तर बढ़ रहा है। अमरीकी

एवं यूरोपीय उपग्रह टोपैक्स तथा पोसीडन तथा अमरीका के उपग्रह जेसन-1 से लेकर जेसर-3 तक की मदद से अलनीनो एवं ज्वालामुखी पर हो रहे, प्रभावों का अध्ययन जलवायु के मॉडल पर किया गया है। समुद्र के जल का स्तर यदि इसी प्रकार बढ़ता रहा तो इस सदी के अन्त तक मियामी, मुम्बई, वाशिंगटन और शंघाई जैसे शहरों में तथा बाँग्ला देश और श्रीलंका जैसे समुद्रतटीय देशों में बाढ़ की विनाशलीला देखने को मिलेगी तथा इन जगहों के कई हिस्से जलप्लावित हो जायेंगे। ग्रीनलैण्ड और अण्टार्कटिका में बर्फ के पिघलने की गति में वृद्धि हो रही है जो चिन्ताजनक है। अमरीकी अन्तरिक्ष एजेन्सी नासा के अनुसार अलनीनो के कारण अण्टार्कटिका में प्रतिवर्ष दस इंच बर्फ पिघल रही है क्योंकि इसके द्वारा गर्म पानी का बहाव अण्टार्कटिका की ओर हो रहा है। विगत तेईस वर्षों में 4.6 मीटर के लगभग अण्टार्कटिका की बर्फ पिघली है। यद्यपि अलनीनो के प्रभाव के कारण अण्टार्कटिका में बर्फबारी हो रही है पर मौजूद बर्फ के पिघलने से इस बर्फबारी का लाभ नहीं मिल पा रहा है। मध्य और पूर्वमध्य प्रशान्त महासागर का जल, जो औसत से अधिक गर्म हो रहा है, गर्म होने की प्रक्रिया को अलनीनो का नाम दिया गया है। इसके कारण बर्फबारी, बाढ़ और सूखे की समस्याएँ भी बढ़ रही हैं।

अण्टार्कटिका की तरह आर्कटिक में भी विगत तीन दशक से बर्फ पिघल रही है तथा यह पूर्वापेक्षा आधी हो गयी है। अमरीकी काउन्सिल की रिपोर्ट 'स्नो, वाटर, आइस, पर्माफ्रोस्ट इन द आर्कटिक' में बताया गया है कि पूर्वानुमान था कि 2070 तक आर्कटिक की बर्फ समाप्त हो जायेगी लेकिन बदलते परिवेश में सम्भव है कि 2040 तक में बर्फ पूर्णरूप से पिघल जाये। ध्रुव और उष्णकटिबन्धीय क्षेत्र के तापमान में अन्तर होने की वजह से पृथ्वी के विभिन्न क्षेत्रों में हवाएँ चलने से बेमौसम लू चलने की विषम स्थिति उत्पन्न हो सकती है। आर्कटिक के क्षेत्र में ग्रीनलैण्ड के बर्फ में जो दस प्रतिशत पृथ्वी का मीठा पानी है वह भी कुप्रभावित होगा। समुद्र के जलस्तर के बढ़ने से तथा प्रशान्त महासागर में अलनीनो के प्रभाव के कारण भारतीय मानसून भी कुप्रभावित होगा। बर्फ से ढकी मिट्टी की परत को पर्माफ्रास्ट कहते हैं, इसमें जैव पदार्थ भी विद्यमान हैं। बर्फ पिघलेगी तो जैव पदार्थ गर्मी के कारण जलकर कार्बन-डाइ-ऑक्साइड या मीथेन के रूप में वातावरण में मिल जायेंगे और ग्लोबल वार्मिंग भी बढ़ेगी। समुद्र का जल बर्फ की तुलना में गहरे रंग का होता है जिसे कारण वह ज्यादा गर्मी का अवशोषण करता है। बर्फ के पिघलने से पानी की गर्मी को समुद्र सोखेगा जिससे बर्फ पिघलने की गति जारी रहेगी। आर्कटिक काउन्सिल एक सरकारी फोरम है जिसके आठ देश सदस्य हैं और उनके नाम हैं - अमरीका, स्वीडन, फिनलैण्ड, आइसलैण्ड, नार्वे, रूस, कनाडा तथा डेनमार्क। भारत और चीन पर्यवेक्षक देशों में हैं।

इण्डोनेशिया की राजधानी जकार्ता सबसे अधिक आबादीवाले द्वीप जावा का शहर है, जिसकी जनसंख्या लगभग एक करोड़ है। यह शहर समुद्र से घिरा है। समुद्र के जलस्तर में जहाँ एक ओर वृद्धि हो रही है वहीं दूसरी ओर इसकी जमीन बैठती जा रही है। यह शहर डूबने के कगार पर है क्योंकि अत्यधिक जलदोहन से इसकी जमीन खोखली होने के कारण धँस रही है। इस शहर की जमीन प्रतिवर्ष 25 सेण्टीमीटर धँस रही है और यह सिलसिला 1990 से प्रारम्भ है। लगभग 40 अरब डालर के निवेश की आवश्यकता इस शहर को बचाने हेतु है। बहुमंजिला इमारतों के निर्माण से भी खोखली जमीन पर दबाव बढ़ रहा है। यहाँ तेरह नदियाँ हैं तथा जमीन का स्तर समुद्र स्तर से चार मीटर नीचे हो गया है। इसको बचाने के लिए विशालकाय समुद्री दीवार और ग्रेट गरुड़ द्वीप का निर्माण किया जाना आवश्यक हो गया है। संयुक्त राष्ट्र द्वारा 'द ग्लोबल इनवायरनमेण्ट आउट लुक सी.ई.ओ.-6' की रिपोर्ट के अनुसार समुद्र के बढ़ते जलस्तर से दस देश जो प्रभावित होंगे उनमें भारत का स्थान शीर्ष पर है। मुम्बई और कोलकाता के चार करोड़ भारतीयों पर समुद्र जलस्तर बढ़ने से खतरा बढ़ा है। क्लाइमेट सेण्ट्रल की रिपोर्ट में बताया गया है कि समुद्र के जल का स्तर यदि एक मीटर बढ़ा तो भारत का 14 हजार वर्ग किलोमीटर क्षेत्र डूब सकता है साथ ही इस खतरे का प्रभाव बाँग्लादेश, चीन, फिलिपीन्स और थाईलैण्ड आदि देशों पर भी पड़ेगा।

विगत पचास वर्षों में ग्लोबल वार्मिंग की वजह से समुद्र में ऑक्सीजन का स्तर दो प्रतिशत कम हुआ है। हमारे देश की तटीय रेखा की लम्बाई 7516 किलोमीटर है। समुद्र के किनारे स्थित देशों में मछली वहाँ के निवासियों का मुख्य आहार है और पर्याप्त संख्या में लोगों की जीविका मछलियों पर निर्भर है। इस व्यवसाय पर निर्भर लोगों की जीविका पर संकट उपस्थित हो गया है इसलिए कतिपय विशेषज्ञों का मानना है कि अगला युद्ध मछलियों के कारण हो सकता है। जर्मनी की जिओमार हेमहोल्ज सेण्टर फार ओशन रिसर्च के अनुसार ग्लोबल वार्मिंग के कारण समुद्री जीवों की संख्या कम हुई है तथा इससे एक अरब लोगों के आहार हेतु भीषण समस्या उत्पन्न हो गयी है। समुद्र में मछलियों के लिए अपेक्षित ऑक्सीजन 5 से लेकर 15 मिलीग्राम / मिलीलीटर है तथा वर्ष भर में विश्व में लगभग 10 करोड़ मीट्रिक टन मछलियाँ पकड़ी जाती हैं। मछलियों की लगभग 900 प्रजातियाँ हैं जिनको आहार के रूप में मनुष्य सेवन करता है। जितना कार्बन उत्सर्जित होता है उसके लगभग 30 प्रतिशत भाग को समुद्र अवशोषित कर लेता है। ऐसा अनुमान है कि इस शताब्दी के अन्त तक ऑक्सीजन के स्तर में सात प्रतिशत तक की गिरावट आ सकती है। ऑक्सीजन में जितनी कमी हो रही है उसका 40 प्रतिशत भूमध्य रेखा पर स्थित प्रशान्त महासागर में पायी गयी है। बिना ऑक्सीजनवाले समुद्री जल के स्तर में

1960 की तुलना में चार गुने की बढ़ोतरी हुई है। केवल प्रशान्त महासागर में ही नहीं अपितु आर्कटिक में भी ऑक्सीजन की मात्रा में उल्लेखनीय कमी पायी गयी है।

ग्लोबल वार्मिंग की वजह से समुद्री जलस्तर में वृद्धि हो रही है। यह समुद्री प्रदूषण है। अनुमान है कि इस सदी के अन्त तक 4 डिग्री सेल्सियस तक धरती के तापक्रम में बढ़ोतरी हो सकती है जिसका कुप्रभाव मत्स्य पालन, पर्यटन और समुद्र-तट पर पड़ेगा। याद रखें कि ऑक्सीजन, जो हम सभी की प्राणवायु है, की आपूर्ति में समुद्र का उल्लेखनीय योगदान है इसलिए अन्तरराष्ट्रीय संस्थाएँ और विभिन्न देशों की सरकारों के साथ हम सभी को समुद्री प्रदूषण के निवारण और ग्लोबल वार्मिंग को कम करने के प्रति सतत जागरूक रहकर योगदान देना होगा तभी समुद्री पर्यावरण और जलीय जीव-जन्तुओं के संरक्षण के दायित्व की सार्थकता भी सम्भव होगी।

❑

पृथ्वी

पृथ्वी हमारी माँ है। जन्मभूमि को माँ का दर्जा दिया गया है। वैसे भी मानव शरीर, क्षिति, पावक, जल, गगन और समीर से बना है। जिस धरती पर हमने जन्म लिया है, उसके संरक्षण के प्रति हमारा दायित्व भी है। पृथ्वी की तीन सतहें हैं ऊपर पपड़ी (Earth Cust) फिर मैण्टल (Mantle) तथा केन्द्रीय क्रोड़ (Core)। पृथ्वी की संरचना को समझने के लिए जापानी शोधकर्त्ता पृथ्वी की परत मैण्टल तक पहुँचने का प्रयास कर रहे हैं। इस खोज से भूकम्प जैसे प्राकृतिक आपदाओं के सम्बन्ध में जानकारी में वृद्धि होगी। पृथ्वी की पहली परत क्रस्ट है तथा दूसरी पर मैण्टल है। यह शोध जापान एजेन्सी फॉर मरीन-अर्थ साइन्स ऐण्ड टेक्नोलाजी (जे.ए.एम.एस.टी.ई.सी.) द्वारा होगी जिसमें पृथ्वी की प्लेटों के बारे में जानकारी मिलेगी। 2030 में समुद्र-तल से सात किलोमीटर नीचे तक खुदाई करने का लक्ष्य है। ऐसा अनुमान है कि मण्टल की मोटाई कई किलोमीटर है तथा उसका तापमान 900 से लेकर 4000 डिग्री सेल्सियस तक हो सकता है।

पृथ्वी हमारी है इसलिए इसे बचाने की बारी भी हमारी ही है। 71 फीसदी पृथ्वी पर जल है, 29 फीसदी भूभाग पर भूक्षेत्र है तथा वर्तमान जनसंख्या 7 अरब से अधिक है। आज प्राकृतिक संसाधनों का अत्यधिक दोहन हो रहा है। पर्यावरण असन्तुलित होता जा रहा है, जिससे आपदाएँ बढ़ती जा रही हैं। कहा जाता है कि लगभग चार अरब साठ करोड़ वर्ष पृथ्वी का जन्म हुआ। प्रारम्भ में यह आग का गोला थी, घूमते-घूमते सूर्य से इसकी दूरी बढ़ी और पृथ्वी का तापमान कम हुआ। पिघले पदार्थ ऊपर आये पृथ्वी की परत पर जिससे पर्वत और घाटियाँ बनीं। 57 करोड़ वर्ष पूर्व जीवाणु उत्पन्न हुए। गर्म गैस ठण्डे होकर बादल बने जिससे पृथ्वी जलमग्न हुई और सागर बने। 34.5 करोड़ वर्ष पूर्व जल जीवों की उत्पत्ति हुई। भूमध्य व्यास 12,756 किलोमीटर है। ध्रुवीय व्यास 12,714 किलोमीटर है। पृथ्वी का कुल क्षेत्रफल 31 करोड़ वर्ग किलोमीटर है। 1969 में सेनफ्रान्सिस्को में यूनेस्को का सम्मेलन हुआ। अमरीकी पर्यावरणविद् जॉन मैक्कोनल तथा अमरीकी सीनेटर गेलार्ड नेल्सन ने पृथ्वी-दिवस की संकल्पना की और वर्ष 2009 से संयुक्त राष्ट्र ने 22 अप्रैल को अन्तरराष्ट्रीय मदर अर्थ डे मनाये जाने की घोषणा की। अनुमान है कि प्रतिवर्ष 91 से लेकर 258 अरब डालर का वैश्विक अवैध व्यवसाय पर्यावरण से सम्बन्धित होता है और प्रतिवर्ष इस प्रकार के अपराध में वृद्धि हो रही है।

पर्यावरणीय अपराध में अवैध मत्स्य व्यवसाय, अवैध खनन, घातक कचरे का अवैध व्यवसाय, वन्य जीवों का अवैध शिकार व वनसम्पदा को क्षति आदि हैं। कार द्वारा 41 हजार किलोमीटर चलने पर जितना कार्बन-डाइ-ऑक्साइड का उत्सर्जन होता है उतने का अवशोषण एक एकड़ में विद्यमान वृक्ष कर लेते हैं। सुनियोजित ढंग से वृक्ष और झाड़ियाँ लगाये जाने से आर्थिक लाभ तो होता ही है, एयरकण्डीशनर की आवश्यकता में कमी भी आती है। ग्लोबल वार्मिंग से पृथ्वी पर खतरे बढ़े हैं। एक डिग्री सेल्सियस 33.8 डिग्री फारेनहाइट के समकक्ष होता है। वातावरण में बढ़ते औसत तापमान से उत्पादन में कमी होती है, वर्षा में वृद्धि होती है, नदियों के बहाव में कमी आती है और वन में अग्नि के कारण प्रभावित क्षेत्रफल में वृद्धि होती है।

जलवायु में अनिश्चितता का मुख्य कारण ग्लोबल वार्मिंग है। प्रत्येक वर्ष पृथ्वी-दिवस के लिए कोई थीम बनायी जाती है लोगों में जागरूकता लाने के लिए। इस दिवस को मनाये जाने के मूल में पर्यावरण संरक्षण का मूलभाव निहित है। अन्धाधुन्ध रेत के खनन होने से अन्तरराष्ट्रीय पत्रिका 'द इकोनामिक्स' की रिपोर्ट के अनुसार भविष्य में रेत दुर्लभ हो जायेगी। खनन किये जानेवाले सभी पदार्थों में 85 प्रतिशत खनन रेत के लिए होता है। रेत का उपयोग निर्माण कार्यों, काँच बनाने, उपकरणों के उत्पादन और जमीन से तेल निकालने के लिए होता है। समुद्र के स्तर में वृद्धि होने से रेत की आवश्यकता अधिक मात्रा में होगी। रेत का उपयोग जितना विश्व में होता है उसका 50 प्रतिशत उपयोग सिर्फ चीन में होता है। रेगिस्तान की रेत अधिक चिकनी होती है तथा ट्रान्सपोर्टेशन में व्यय भी अधिक होगा, इसलिए इसका व्यावसायिक उपयोग नहीं होता है। विकल्प के तौर पर निर्माण सामग्री को रिसाइकिल किया जा सकता है। कंक्रीट को रिसाइकिल कर रेत की कमी आंशिक तौर पर दूर होगी। घास, मिट्टी और लकड़ी आदि का उपयोग घरों के निर्माण में कम होती रेत की समस्या को हल करने की दिशा में प्रक्रिया अपनायी जा सकती है। समुद्र-तट से यदि रेत कम होती है तो पर्यावरण को नुकसान होगा तथा समुद्री तूफान को रोकने में कठिनाई होगी। अतः रेत खनन के लिए कानून ऐसे बनें जिससे इसका अवैध व्यापार रुके और सीमित मात्रा में खनन हो।

पेरिस जलवायु समझौते के क्योटो प्रोटोकॉल के दूसरे लक्ष्य को हमारे देश ने स्वीकार कर लिया है। इसमें 1990 की तुलना में ग्रीन हाउस गैसों को उत्सर्जन में 18 प्रतिशत कम करने का लक्ष्य रखा गया है। पहले लक्ष्य में कार्बन-डाइ-ऑक्साइड, मीथेन, सल्फर हेक्साफ्लोराइड तथा नाइट्रस ऑक्साइड जैसी ग्रीन हाउस गैसों को पाँच प्रतिशत कम करने की बात कही गयी थी। ऐसा करके पृथ्वी को बचाने की पहल की जायेगी। भूजल के दोहन से धरती सूख रही है और पेयजल की कमी से टैंकरों द्वारा पानी का विक्रय किया जा रहा है। जल के दोहन से भूजल का स्तर 150 फीट से 200 फीट तक

चला गया है। पूर्व वैज्ञानिकों का मानना था कि सुद्र ग्रहों के पृथ्वी से टक्कर होने से पानी की प्राप्ति हुई क्योंकि टकराहट से बर्फ जमी और उसके पिघलने से पानी मिला। आयरलैण्ड यूनिवर्सिटी के कॉलेज डबलिन के वैज्ञानिकों का मानना है कि पृथ्वी की दूसरी परत मैण्टल में रासायनिक अभिक्रिया के फलस्वरूप पानी बना। इसका अर्थ है कि पृथ्वी में ही पानी बना। इन वैज्ञानिकों का कथन है कि अपर मैण्टल में विद्यमान क्वार्ट्ज के अन्तर्गत हाइड्रोजन और सिलिका के बीच दबाव और ज्यादा तापमान में रासायनिक अभिक्रिया से पानी का निर्माण हुआ।

मोबिलाइज द अर्थ का अभिप्राय है कि हमें पृथ्वी संरक्षण के प्रति कटिबद्ध हो जाना चाहिए। प्रदूषण के विभिन्न स्वरूपों जल प्रदूषण, वायु प्रदूषण, ध्वनि प्रदूषण और सामाजिक प्रदूषण से आमजन सन्त्रस्त हैं। इसमें जल और वायु प्रदूषण पृथ्वी से घनिष्ठ रूप से सम्बन्धित हैं। अमरीकी अन्तरिक्ष एजेन्सी नासा के अनुसार फरवरी, 2016 इसके पूर्व के 115 सालों में सबसे गर्म रहा। जल के भीषण संकट से बुन्देलखण्ड और मराठवाड़ा आदि जूझ रहे हैं। ट्रेनों से पानी पहुँचाने की व्यवस्था का विकल्प अपनाना पड़ा। आज वेटलैण्ड सूख रहे हैं तथा जरूरतों के लिए वनों को साफ किया जा रहा है। आज धरती की पुकार है कि जलवायु परिवर्तन जैसी समस्याओं का निराकरण किया जाये जिससे भावी पीढ़ियों को सुरक्षित किया जा सके। धरती के लिए पेड़ अपरिहार्य हैं अतः आज आवश्यकता है कि पौधे लगाने के अभियान को विस्तार दिया जाये। धरती को सुरक्षित रखने के लिए विभिन्न उपायों को अपनाना होगा यथा पेड़-पौधे लगाये जायें, एल.ई.डी. बल्बों का अधिक इस्तेमाल हो, इकोफ्रेण्डली बैग्स के उपयोग को बढ़ावा दिया जाये, तालाब एवं झीलों को साफ-सुथरा रखें तथा पुनर्जीवित करें, वर्षा के पानी का संचय हो साथ ही जहाँ तक हो सके पानी की फिजूलखर्ची को रोका जाये। पेड़ों के लगाने की एक तकनीक मियावाकी है जिससे पेड़ तेजी से बढ़ते हैं। ऐसी प्रजाति के पौधों को लगाने की प्रक्रिया को वरीयता दी जाये जिसके अस्तित्व के सुरक्षित होने तथा विकसित होने की सम्भावना अधिक हो। अरुण कृष्णमूर्ति ने इनवायरनमेण्ट लिस्ट फाउण्डेशन ऑफ इण्डिया (ई.एफ.आई.) की स्थापना कर देश भर की 31 झीलों और 23 तालाबों को रिस्टोर करने का स्तुत्य कार्य किया है।

समुद्र और स्थल से सम्बन्धित जैव विविधताओं में स्थलीय जैव विविधता, समुद्रीय जैव विविधता से कई गुना अधिक है। पृथ्वी पर पाँच हजार से अधिक स्तनधारी प्रजातियों में से हजार से अधिक प्रजातियों पर उनके अस्तित्व के समाप्त होने की आशंका बढ़ती जा रही है। इसी प्रकार का खतरा वनस्पतियों पर भी मँडरा रहा है। एक अनुमान के अनुसार यदि पर्यावरण संरक्षण के ठोस और कारगर उपाय नहीं किये गये तो वर्ष 2050 तथा तीस प्रतिशत वनस्पतियों के नष्ट होने की सम्भावना है। पृथ्वी को सँवारने या सहेजने

की अपेक्षा आज ज्यादातर लोग उसे तहस-नहस करने में जुटे हैं, कारण है कि जरूरतों को पूरा करने के लिए प्राकृतिक संसाधनों का अत्यधिक दोहन करना। कंक्रीट के जंगल विस्तार पा रहे हैं, हरियाली नष्ट हो रही है, खनन से इकोसिस्टम पर कुठाराघात हो रहा है, सीवेज व औद्योगिक प्रदूषण की भरमार है तथा पक्षियों एवं पशुओं के अस्तित्व पर खतरा मँडरा रहा है। हमें पृथ्वी के लिए पेड़ की महत्ता को समझना होगा। रासायनिक उर्वरकों के बढ़ते प्रयोग से पृथ्वी की उर्वरा शक्ति का ह्रास हो रहा है। पृथ्वी पर मौजूद समस्त जीवों की उत्पत्ति पृथ्वी से ही हुई है। प्रकृति का नियम है परिवर्तन लेकिन यह परिवर्तन बेहतरी के लिए होना चाहिए न कि विनाश के लिए।

प्रकृति में सन्तुलन बना रहे तथा अपेक्षित परिवर्तन होते रहें। आज जल की समस्या, ग्लोबल वार्मिंग की समस्या तथा बीमारियाँ आदि विभिन्न समस्याएँ बढ़ती जा रही हैं। प्राकृतिक आपदाओं का विस्तार हो रहा है। इन सभी पर अंकुश तभी लग सकता है जब प्रकृति के संरक्षण को हम महत्त्व दें। हमारी संस्कृति उपभोक्तावादी कभी नहीं रही अपितु संरक्षणवादी रही है। सभी जीवों के अस्तित्व का विलीनीकरण पृथ्वी में ही होना है। जल के अपव्यय के कारण ही महाराष्ट्र सरकार को आई. पी. एल. के क्रिकेट मैचों को महाराष्ट्र से बाहर कराने का निर्णय देना पड़ा। प्रकृति ने हमें ओजोन की छतरी प्रदान की है इसलिए उसे विनष्ट होने से बचाना है। हमें पैदल या साइकिल की आदत डालनी चाहिए बजाय इसके कि डीजल व पेट्रोलवाले वाहनों का प्रयोग करें। हरित पट्‌टी का विकास एवं विस्तार हमें करना होगा। भारतीय वन सर्वेक्षण की एक रिपोर्ट के अनुसार उत्तर प्रदेश की राजधानी लखनऊ में 17 वर्ग किलोमीटर की हरियाली बढ़ी है साथ ही आजमगढ़ में 28 वर्ग किलोमीटर की हरियाली की वृद्धि हुई है। हरित पट्‌टी के विकास का यह प्रयास प्रशंसनीय है। जितना ही बड़ा घना जंगल होगा उतना ही बड़ा ऑक्सीजन का हब बनेगा तथा कार्बन-डाइ-ऑक्साइड अवशोषित होगी। वर्तमान में पेड़ लगाने का अभियान प्रभावी ढंग से जारी है।

एक पेड़ वर्ष भर में तीन से लेकर दस किलोग्राम कार्बन-डाइ-ऑक्साइड का अवशोषण करता है। छोटी दूरी को यदि हम पैदल चलकर पार करें तो इससे कार्बन उत्सर्जन में कमी आयेगी। यदि 50 पेड़ लगाये जायें तो आगामी सौ वर्षों तक 180 से लकर 500 किलोग्राम तक कार्बन-डाइ-ऑक्साइड पेड़ सोख लेंगे। विभिन्न उपायों से जल के उपयोग की मात्रा में कमी लाकर कार्बन-डाइ-ऑक्साइड की मात्रा में कमी लायी जा सकती है तथा इसी प्रकार एल. ई. डी. बल्बों के प्रयोग को बढ़ावा देने से कार्बन-डाइ-ऑक्साइड के उत्सर्जन में कमी होगी। रीजनल क्लाइमेट माडल पर आधारित आकलन के अनुसार भविष्य में वर्षा में वृद्धि होगी। 1961 से 1990 तक के आँकड़ों के आधार पर यह निष्कर्ष निकाला गया है कि वर्षाकाल अर्थात् जून से सितम्बर के बाद भी वर्षा

होगी तथा जाड़े में तापमान में वृद्धि होने से गर्मी की अनुभूति होगी। इस प्रकार विभिन्न मौसमों में तापमान बढ़ेगा, वर्षा का औसत स्तर परिवर्तित होगा, बारिश में तापमान में वृद्धि होगी तथा जाड़े में लगभग 4.5 डिग्री सेल्सियस तक तापमान बढ़ सकता है। वर्ष 2050 तक वर्षा 15 से 20 प्रतिशत तक बढ़ सकती है तथा 2080 तक 25 से 35 प्रतिशत तक वर्षा में वृद्धि हो सकती है, वर्ष 2050 तक तापमान दो डिग्री एवं 2080 तक लगभग 4.5 डिग्री सेल्सियस तक बढ़ सकता है। नदियों के प्रवाह में कमी आयी है और प्रदूषण में पर्याप्त वृद्धि हुई है।

पर्यावरणविदों और वैज्ञानिकों ने पर्यावरण सुरक्षित करने के प्रति हम सभी को आगाह किया है। अतः हम सभी का दायित्व है कि पृथ्वी को संरक्षित करें। यह तभी सम्भव होगा जब हम कर्त्तव्यों का निर्वहन करें तभी पृथ्वी और समस्त जीव-जन्तु संरक्षित रह सकेंगे। बढ़ते प्रदूषण से धरती असुरक्षित हो रही है। पर्यावरणविद् जसवीर सिंह शीरी का कथन है कि हम ग्रीन कन्ज्यूमर बनकर पर्यावरण संरक्षण में योगदान दे सकते हैं। इसके लिए तीन आर अर्थात् रीयूज, रीसाइकिल तथा रिड्यूस का ध्यान रखना होगा। डिस्पोजेबल रेजर के स्थान पर मशीन रेजर, पेपर नैपकिन की जगह पर कपड़े के बने नैपकिन, लिक्विड सोप आदि के उपयोग को बढ़ावा दें तथा जहाँ तक सम्भव हो प्लास्टिक या उससे बनी चीजों का उपयोग न करें। कूड़े को इधर-उधर न फेंककर डस्टबिन में डालें तथा कूड़ा इकट्ठा करनेवाले को दें, सब्जियों को बर्तन में धोयें तथा बचे पानी को गमले में डालें। प्रकृति से दूर होने पर विभिन्न प्रकार के रोग हमें घेर लेते हैं इसलिए जरूरी है कि हम धरती से अपना लगाव कम न होने दें। दीवारों पर सिन्थेटिक पेण्ट का उपयोग न करें और सिन्थेटिक गद्दों का भी उपयोग न करें। समाज सेविका और विकास संस्था की अध्यक्ष श्वेता चोपड़ा ने जालन्धर में पाँच हजार पेड़ों को लगाकर सराहनीय कार्य किया है। आर्गेनिक डिटर्जेण्ट्स के उपयोग को बढ़ावा देना चाहिए रासायनिक डिटर्जेण्ट्स की तुलना में। पर्यावरण की रक्षा तभी सम्भव है जब हम धरती से जुड़ें अर्थात् जड़ों से जुड़ाव करें, इससे हम पृथ्वी को सम्भावित तबाही से बचा सकेंगे।

पृथ्वी पर फसलों के उगाने में जैविक एवं रासायनिक खादों का उपयोग किया जाता है। रासायनिक खादों का प्रभाव तभी अच्छा होता है जब जैविक खादों का भी प्रयोग उसके साथ किया जाये। यूरिया खाद का काफी अंश व्यर्थ हो जाता है। रासायनिक खाद का लम्बे समय तक उपयोग खेत की उर्वरा शक्ति पर कुप्रभाव डालता है। केंचुआ किसान के लिए खाद के निर्माण और कम्पोस्ट खाद में वरदान है। जैविक खाद पृथ्वी को उर्वरा बनाये रखते हैं। ये पृथ्वी के प्रहरी हैं। जैविक खाद को अपनाने से पर्यावरण का संरक्षण भी होता है, जिसका अर्थ पृथ्वी का संरक्षण भी है। वनों के दोहन से विगत वर्षों में वन क्षेत्र में कमी आयी है। विगत पचास वर्षों में कीटनाशकों का उपयोग लगभग 52 गुना

बढ़ा है। 1950 में देश में 0.55 किलो उर्वरक का उपयोग प्रति हेक्टेयर होता था लेकिन अब 91 किलो उर्वरक का प्रयोग होता है।

वृक्ष पृथ्वी के आभूषण हैं। गन्ने की खोई से डिस्पोजेबल थाल का निर्माण किया जा सकता है वैसे भी गन्ने की खोई (टेबल वेथर) से बनाये जाने का कार्य कुटीर उद्योग के रूप में प्रारम्भ हो चुका है। अवैध खनन से धरती की परत पतली हो जाती है जिससे भूकम्प का खतरा बढ़ता है। खनन से पृथ्वी की उर्वरा शक्ति को नुकसान पहुँचता है। सरकारी विभाग धरती का सन्तुलन बिगाड़ने में खनन के मामले में प्राइवेट बिल्डर्स और रिअल स्टेट कम्पनियों से आगे हैं। पहले छायादार वृक्ष सड़क के किनारे होते थे, जिससे ठण्डक का अहसास होता था लेकिन पेड़ों के कटने से अब सड़कें गर्म होती जा रही हैं। आवासीय समितियाँ, कृषि भूमि को आबादी में मिलीभगत से दर्ज करा लेती हैं जिससे हरियाली लुप्त होती जा रही है और वीरानगी बढ़ती जा रही है। हम जो कार्बन-डाइ-ऑक्साइड निःसृत करते हैं, वनस्पतियाँ उसको ग्रहण करके बदले में हमें ऑक्सीजन देती हैं जो हमारी प्राण-वायु हैं। अमरीका के कृषि वैज्ञानिक पाब्लो का कथन है कि भारत में प्रतिवृक्ष पर सोलह व्यक्ति ऑक्सीजन के लिए निर्भर हैं। एक हेक्टेयर वन औसतन तीन मीट्रिक टन अशुद्ध वायु को सोखते हैं तथा बदले में एक मीट्रिक टन शुद्ध वायु प्रदान करते हैं। वर्ष 2015 की वार्षिक वन रिपोर्ट में बताया गया है कि पेड़ों और वनों के क्षेत्र में 5,081 वर्ग किलोमीटर की वृद्धि हुई है तथा पेड़ों से आच्छादित भूमि के क्षेत्रफल में 1,306 वर्ग किलोमीटर की बढ़ोतरी हुई है। इससे प्रतीत होता है कि पर्यावरण के प्रति पूर्वापेक्षा जागृति बढ़ी है। राष्ट्रीय वायु गुणवत्ता सूचकांक आठ प्रदूषकों पर विचार करता है। राष्ट्रीय परिवेशीय वायु गुणवत्ता मानक बारह प्रदूषकों पर आधारित है। एक परिपक्व पेड़ नये पौधे की अपेक्षा 30 प्रतिशत अधिक प्रदूषण नष्ट करता है।

पृथ्वी के अन्धाधुन्ध दोहन से पर्यावरण असन्तुलन में वृद्धि हो रही है। ग्लोबल वार्मिंग तथा जलवायु में हो रहे परिवर्तनों से सूखा, गर्मी, अतिवृष्टि तथा ओलावृष्टि आदि की स्थितियाँ उत्पन्न हो रही हैं जिससे जलस्रोतों में निरन्तर कमी हो रही है तथा फसलों की उपज भी कुप्रभावित हो रही है। कार्बन उत्सर्जन की मात्रा में वृद्धि हो रही है जिससे तापमान बढ़ता जा रहा है। वर्तमान स्थिति यह है कि उत्तरी ध्रुव की बर्फ पिघल रही है तेजी से जिससे आनेवाले वर्षों में वहाँ बर्फ की मात्रा में भारी कमी हो जायेगी, जिससे समुद्र के जलस्तर में वृद्धि होगी तथा छोटे-छोटे द्वीप जलप्लावित हो जायेंगे। एक अनुमान के अनुसार इस शताब्दी के अन्त तक 1450 टिलियन टन बर्फ पिघलकर समुद्र में विलीन हो जायेगी, जिससे पृथ्वी के घूर्णन जो 24.83 डिग्री है, में बदलाव आयेगा और हम सभी विनाश की ओर अग्रसर होंगे। जल और विद्युत् के अपव्यय को रोककर संरक्षण के प्रति जागरूक होने से ही पृथ्वी को राहत पहुँचाना सम्भव होगा। जल संरक्षण करके और

बिजली की खपत कम कर तथा पृथ्वी पर हरियाली लाने के लिए अधिक-से-अधिक वृक्षारोपण करके पर्यावरण सन्तुलन में योगदान देना सम्भव होगा।

पृथ्वी के प्राकृतिक संसाधनों का वर्ष भंर में जितना उपयोग होता है उसकी आपूर्ति में डेढ़ साल लग जाता है। एक अनुमान के अनुसार जरूरतें पूरी करने के निमित्त हमें 1.4 पृथ्वी की और आवश्यक्ता है जो असम्भव है। प्राकृतिक संसाधन यदि दोगुना हो जाये तभी हमारी जरूरतें पूरी होना सम्भव है। वर्ल्ड वाइल्ड लाइफ की लिविंग प्लेनेट की रिपोर्ट के अनुसार एक औसत अमरीकी की जीवन-शैली को ही विश्व की आबादी के लिए मानक मांन लिया जाये तो हमें पाँच पृथ्वी की और आवश्यकता होगी और यदि ब्रिटिश शैली को मानक बना लें तो 2.75 पृथ्वी की जरूरत होगी। पृथ्वी के प्राकृतिक संसाधनों का 44 प्रतिशत हिस्सा का उपयोग अमरीका और चीन द्वारा होता है तथा शेष में समस्त विश्व। वर्ष 1880 की तुलना में कार्बन उत्सर्जन से पृथ्वी का तापमान एक डिग्री से अधिक बढ़ चुका है और प्रतिवर्ष लगभग 32 हजार किलोमीटर भूमि रेगिस्तान बनती जा रही है जिसके कारण पृथ्वी का लगभग बीस प्रतिशत हिस्सा रेगिस्तान बन चुका है।

यदि हम पृथ्वी का संरक्षण करना चाहते हैं तो हमें भोजन की बर्बादी को रोकना होगा, जमीन के उपजाऊपन को बढ़ाना होगा और कीटनाशकों के बजाय जैविक खादों के उपयोग को बढ़ावा देना होगा। घरों में किचन गार्डेन लगाने के लिए लोगों को प्रेरित करना होगा, जल का संरक्षण करना होगा साथ ही अधिक-से-अधिक पेड़ लगाने होंगे। हमें चाहिए कि खरीदारी की आदत कम करें स्वयं के लिए बेकार हो चुकी चीजों को दूसरों को दान दें, निजी वाहनों के बजाय सार्वजनिक वाहनों का उपयोग करें तथा रिसाइकिल उत्पादों का उपयोग करें जिससे कूड़ा कम हो सके साथ ही बिजली की खपत कम करें तभी हम पृथ्वी का संरक्षण कर सकेंगे।

❑

जल संरक्षण

जल सभी प्राणियों के लिए एक अमूल्य निधि है। भूजल का वर्तमान में अन्धाधुन्ध दोहन हो रहा है जिससे धरती की कोख सूखने लगी है और भूजल का स्तर गिरता जा रहा है। यह स्थिति अवैध खनन से भी अधिक भयावह है। सबमर्सिबल द्वारा बेहिसाब भूजल का उपयोग किया जा रहा है साथ ही जल की बिक्री का अवैध व्यवसाय बढ़ता जा रहा है। ट्राली की जगह चार से पाँच हजार लीटर की क्षमतावाले टैंकरों में पानी भर कर व्यवसाय किया जा रहा है और बिल्डरों द्वारा निर्माण किये जानेवाले बिल्डिंगों में प्रयुक्त होने के लिए बेचा जा रहा है। जल के बिना जीवन सम्भव नहीं है अतः जल जीवन के लिए अपरिहार्य है। पृथ्वी पर पीने योग्य पानी की कमी से जीवन के अस्तित्व पर खतरा मँडरा रहा है। वैसे भी क्षिति, पावक, जल, गगन और समीर ये पाँच तत्त्व हैं जो शरीर का निर्माण करते हैं। जल संरक्षण वर्तमान की महती आवश्यकता है। जब तब सूखे की महामारी के चपेट में आने से जल का संकट अप्रत्याशित रूप से बढ़ता है। इस सूखे के जिम्मेदार विभिन्न कारक हैं जैसे जनसंख्या वृद्धि, वृक्षों एवं जंगलों की कटान, विलुप्त हो रहे तालाबों का अस्तित्व तथा फैलते कंक्रीट के जंगल आदि। केवल जलकल विभाग को ही जल के विक्रय का अधिकार है लेकिन अन्य लोगों द्वारा अवैध ढंग से पानी की बिक्री होते रहने के बावजूद कठोर कार्यवाही नहीं हो पा रही है। फुटपाथ पर यदि छिद्रयुक्त टाइल्स का उपयोग किया जाये तो वर्षा ऋतु में पानी रिसकर भूगर्भ में समा जायेगा जिससे थोड़ी-बहुत राहत अवश्य मिल सकती है। इसलिए विकास इकोफ्रेण्डली होना चाहिए जिससे पर्यावरण को क्षति कम पहुँचे। याद रखें जल संरक्षण हमारा भविष्य सुरक्षित रखता है इसलिए जल है तो कल है।

अन्तरराष्ट्रीय संस्था वाटर एड के अनुसार भारत में छह करोड़ से अधिक लोगों को साफ पानी नहीं मिल पा रहा है और यह संख्या किसी भी देश की तुलना में सर्वाधिक है। विश्व में 66.3 करोड़ लोगों को स्वच्छ जल उपलब्ध नहीं हो पा रहा है और इसमें 52.2 करोड़ लोग ऐसे हैं जो ग्रामीण क्षेत्रों में रहते हैं। एक अनुमान के अनुसार विश्व में 9,087 अरब क्यूबिक मी. प्रतिवर्ष इस्तेमाल होता है। हमारे देश में 67 प्रतिशत लोग ग्रामीण क्षेत्रों में रहते हैं तथा इन ग्रामीण लोगों में 7 फीसदी लोगों को स्वच्छ जल नहीं मिल पा रहा है। 6.3 करोड़ लोग देश में साफ पानी से वंचित हैं और यह संख्या ब्रिटेन

की जनसंख्या के बराबर है। विश्व में 1.8 अरब लोग दूषित पानी का सेवन करने को विवश हैं। इस दूषित पानी के सेवन के कारण प्रतिवर्ष 8.42 लाख लोग मरते हैं। जनसंख्या में हो रही वृद्धि के कारण वर्ष 2030 तक के लिए अनुमान है कि वर्तमान की तुलना में जल की माँग में 50 प्रतिशत की बढ़ोतरी हो जायेगी। सीवेज और औद्योगिक इकाइयों से प्रतिवर्ष 330 किमी घन दूषित जल निकलता है जिसमें 167 किमी घन दूषित जल चीन, भारत, अमरीका, इण्डोनेशिया, ब्राजील, जापान और रूस के सीवेज और औद्योगिक इकाइयों से दूषित जल निकलता है। विश्व के 80 प्रतिशत लोगों द्वारा उत्सर्जित दूषित जल 261 किमी घन है लेकिन विकसित देशों द्वारा केवल 8 प्रतिशत दूषित जल का शोधन किया जाता है। दूषित जल का शोधन अधिक होगा स्वच्छ जल की खपत उसी के अनुपात में कम होगी।

कतिपय देशों में नाइजीरिया, डेमोक्रेटिक रिपब्लिक आफ कांगो, पापुआ, न्यूगीनिया, चीन, हैती, रूस और इथोपिया आदि देश ऐसे हैं जहाँ दूषित जल का इस्तेमाल ज्यादा होता है। स्वच्छ जल की कमी से पानी के लिए दूर-दराज के क्षेत्रों में जाना पड़ता है, प्राकृतिक आपदाओं के कारण गन्दगी का विस्तार होता है तथा डायरिया से प्रतिवर्ष काफी संख्या में बच्चों की मौत हो जाती है। दूषित जल के शोधन में जो देश अग्रणी हैं उनके नाम हैं नीदरलैण्ड, सिंगापुर, स्वीडन, इजरायल और अमरीका का कैलीफोर्निया। नीदरलैण्ड में जीव एरोबिक प्रक्रिया द्वारा कार्बनिक गन्दगी को निकाल दिया जाता है। सिंगापुर में समुद्री जल का शोधन किया जाता है, स्वीडन दूषित जल का उपयोग बायोगैस के लिए करता है, इजरायल में सीवेज जल का शोधन कर सिंचाई में इस्तेमाल होता है और कैलीफोर्निया प्रतिदिन जलशोधन द्वारा 3 करोड़ लीटर स्वच्छ जल का उत्पादन करता है।

जल की समस्या दिनोंदिन बढ़ती जा रही है, इसके लिए कहीं-न-कहीं हम स्वयं उत्तरदायी हैं। वर्षा के जल का हम भली-भाँति यदि संचयन कर लें तो जलसंकट काफी हद तक दूर हो सकता है। आज पक्की सड़कें और कंक्रीट के बढ़ते उपयोग के कारण वर्षा जल रिसकर गहराई तक नहीं जा पा रहा है जबकि पहले भूमि के कच्ची होने से यह सुविधा थी पर वर्तमान में यह जलस्तर गिरता जा रहा है। पृथ्वी के धरातल का जो जल भूमि के नीचे चला जाता है उसे भूगर्भजल कहा जाता है। वर्षा जल के अलावा हिमावृत सतह, जल के भण्डार जैसे नदी, झील का पानी रिसकर भूमि में समाता रहता है। भारत का क्षेत्रफल 32.8 करोड़ हेक्टेयर है जिसके 51 प्रतिशत भाग में खेती होती है और कृषि योग्य भूमि के 52 प्रतिशत भाग पर ही सिंचाई की समुचित व्यवस्था है। यह सिंचाई नहर, कुएँ, तालाब, झील, जलाशय, नलकूप एवं वर्षाजल द्वारा होती है। मानव शरीर का साठ प्रतिशत भाग जल होता है। जल संचयन के साधनों का विकास बहुत जरूरी है। प्रतिवर्ष

दस जून को भूगर्भ जल-दिवस मनाया जाता है। इस सम्बन्ध में लोगों में जागरूकता उत्पन्न करने के लिए उत्तर प्रदेश सरकार द्वारा भूजल सप्ताह 16 से 22 जुलाई तक मनाया जाता है जिससे विद्यालयों के छात्र-छात्राएँ इस कार्यक्रम से जुड़ सकें। विविध कार्यक्रमों के अन्तर्गत परिचर्चा, वाद-विवाद, निबन्ध एवं चित्रकला प्रतियोगिता, स्लोगन लेखन, पोस्टर, संवाद या गोष्ठी, कठपुतली शो, नाटक, होर्डिंग और बैनर्स आदि के माध्यम से जल संचयन और जल संवर्द्धन के प्रयास किये जाते हैं।

विश्व स्वास्थ्य संगठन के अनुसार पेयजल का pH मान 7 से 8.5 के बीच होना चाहिएं। जलसंकट से निजात पाने के लिए हमें वर्षाजल का सम्पूर्ण रूप से संचयन करना होगा। इसके लिए जरूरत है तालाब, पोखर, बावड़ी की पुनर्स्थापना हो, नाले साफ कराये जायें और व्यवस्था हो कि उसमें सीवर का पानी न जाये, भूमिगत टैंक बनाये जायें और रेन हार्वेस्टिंग सिस्टम लागू किया जाये। जल संसाधन से हम जितना पानी प्रयुक्त करते हैं उतना ही हमें रिचार्ज या संचय करना होगा तभी हम अपनी जरूरतें पूरी कर सकते हैं। दिल्ली में 100 वर्गमीटरवाले क्षेत्र के मकानों में रेन हार्वेस्टिंग सिस्टम को 2005 में अनिवार्य किया गया लेकिन प्रभावी क्रियान्वयन नहीं हो सका है। इस दृष्टि से चेन्नई में यह प्रणाली कारगर ढंग से जारी है। केवल छतों तक सीमित नहीं रहना चाहिए रेन हार्वेस्टिंग के लिए बल्कि झीलों और तालाबों का संरक्षण भी किया जाना चाहिए।

बूँद-बूँद से घड़ा भरता है इसलिए यह सोचना निरर्थक है कि हमारे द्वारा जल बचाने से क्या होगा? सभी अपने दायित्व का निर्वहन करेंगे तो स्वाभाविक है कि उत्तम परिणाम होगा। वैज्ञानिकों का कथन है कि 1.38 अरब घन किमी पृथ्वी पर कुल जल की मात्रा है जिसमें 1.05 करोड़ घन किमी स्वच्छ भूजल है। केन्द्रीय सरकार ने अटल भूजल योजना बनायी है, जिसका उद्देश्य है कि चार हजार क्यूबिक मीटर जल की उपलब्धता वर्षा के माध्यम से की जाये। वर्ष 1951 में प्रतिव्यक्ति जल की उपलब्धता जहाँ 5177 घनमीटर थी वहीं 2025 तक यह उपलब्धता 1341 घनमीटर रह जायेगी। पृथ्वी पर उपलब्ध सम्पूर्ण जल का 97.5 प्रतिशत भाग खारा जल है केवल 2.5 प्रतिशत ही स्वच्छ जल है। 2120 घन किमी नदी का जल विद्यमान है। हमारे देश में नमामि गंगे योजना के अन्तर्गत 2525 किमी लम्बी गंगा को स्वच्छ, निर्मल और अविरल करने का लक्ष्य निर्धारित किया गया है। वर्ष 2016 में सात राज्यों में पहला चरण आरम्भ किया गया और दिसम्बर 2017 में गंगा ग्राम योजना का शुभारम्भ हुआ है। उत्तर प्रदेश के 45 जिलो में 143 से अधिक जलपंचायतों का गठन किया जा चुका है। जल के अपव्यय को रोकना होगा। यदि नल से प्रति सेकण्ड पानी की एक बूँद लगातार टपके तो वर्ष भर में 2700 गैलन पानी नष्ट हो जायेगा। औसतन नल से प्रति मिनट 20 लीटर पानी निकलता है इसलिए हमें चाहिए कि नल का यथासम्भव सीमित प्रयोग करें। वर्षा का 60

से 70 प्रतिशत पानी बहकर समुद्र में विलीन हो जाता है, इसको संरक्षित करना होगा। प्रतिव्यक्ति जल भण्डारण क्षमता 1000 घनमीटर पानी होना चाहिए पर हमारे देश में यह सिर्फ 209 घनमीटर है जिससे ज्ञात होता है कि जल भण्डार, क्षमता कम है। हमारे देश में वर्ष 1991 में जल उपलब्धता जहाँ 2209 घनमीटर थी वह 2011 में कम होकर 1545 घनमीटर हो गयी और 2050 तक 1139 घनमीटर हो जायेगी। एक किलो चावल उत्पन्न करने में एक हजार से लेकर तीन हजार लीटर पानी खर्च होता है और एक दिन का खाना उगाने के लिए दो हजार से पाँच हजार लीटर पानी की आवश्यकता होती है। पीने के लिए एक दिन में दो से लेकर चार लीटर पानी की आवश्यकता प्रति व्यक्ति होती है।

एक अनुमान के अनुसार प्रतिदिन प्रत्येक व्यक्ति के लिए 40 लीटर जल की आवश्यकता होती है और बदतर स्थिति में भी 15 लीटर जल प्रति व्यक्ति आवश्यक है। ग्लोबल वार्मिंग के कारण सूखेग्रस्त इलाकों में वृद्धि हो रही है, जिससे पेयजल और पशुओं के लिए चारा आदि की समस्याएँ बढ़ रही हैं। तालाब सूखते जा रहे हैं और उन्हें पाटकर अवैध निर्माण भी हो रहा है। एक ओर पेयजल की समस्या है स्टेशनों पर यात्रियों के लिए वहीं दूसरी ओर ट्रेनों की धुलाई के लिए बड़ी मात्रा में पानी खर्च किया जा रहा है। उत्तर प्रदेश के लखनऊ स्टेशन का ही उदाहरण लें तो यहाँ 15 हजार लीटर पानी ट्रेनों की धुलाई पर रोजाना खर्च होता है इसलिए आवश्यकता है पानी के शोधन की जिससे जल बचाया जा सके। हमें चाहिए कि अपने-अपने घरों में टंकियों में होनेवाले ओवर फ्लो को रोंकें, यथासम्भव जमीन को कच्चा रखें जिससे पानी रिस सके। फर्श धोने, सड़क भिगोने और वाहन धोने आदि में पानी का उपयोग जरूरत भर ही किया जाये।

अब तक दो विश्वयुद्ध हो चुके हैं। जल की बढ़ती समस्या से यह आशंका बलवती होती है कि तीसरा विश्वयुद्ध कहीं जल के लिए ही न हो। प्रदूषित जल के उपयोग से कितने ही लोगों को बीमार हो जाने के कारण असमय ही कालकवलित होना पड़ता है। अनुमानतः विश्व के 40 फीसदी लोग जलसंकट से ग्रस्त हैं और 2025 तक लगभग दो तिहाई आबादी इस समस्या से ग्रस्त हो सकती है। जलसंकट से कुपोषण की समस्या उत्पन्न होती है और खाद्यान्न की समस्या बढ़ती है। समस्या के निराकरण के लिए भूगर्भ जल संरक्षण अनिवार्य है। स्वच्छ जल का 60 फीसदी ग्लेशियरों और पर्वत की चोटियों से 10 फीसदी नदियों और पृथ्वी की सतह से तथा 30 फीसदी भूजल के रूप में उपलब्ध है। भूजल का 0.5 प्रतिशत हिस्से का ही उपयोग हम पेयजल के रूप में कर पाते हैं। जल संरक्षण न हो पाने के कारण केवल 18 प्रतिशत ही हम पेयजल के रूप में कर पाते हैं। जल प्रबन्धन को जल कानून और जल संरक्षण तथा रिसाइकिलिंग

से बेहतर बताया जा सकता है। खेत में प्रयुक्त होनेवाले जल का 75 प्रतिशत भूजल ही होता है जो ट्यूबवेल से हमें प्राप्त होता है। भूजल के अत्यधिक दोहन से धरती वीरान होती जा रहीं है, उर्वरा शक्ति का क्षय हो रहा है और रेगिस्तान के क्षेत्र में वृद्धि होती जा रही है। इस सबके लिए जल संरक्षण की संस्कृति को बढ़ावा देना होगा। पृथ्वी की सतह पर बहते पानी को एकत्र किया जा सकता है। भवनों के छत पर रेन हार्वेस्टिंग सिस्टम लागू किया जाये तथा उसे पाइप के सहारे टैंक आदि में संरक्षित किया जाये। कर्नाटक और केरल में कई स्थानों पर महिलाएँ साड़ी से वर्षा जल का संचय करती हैं। वे साड़ी को ही कैचमेण्ट एरिया बना लेती हैं। इससे जल शुद्ध होता है और रोजाना की जरूरतें पूरी होती हैं। धरती के जल को विभिन्न तरीकों से रिचार्ज किया जाता है। नलकूपों द्वारा रिचार्जिंग की जा सकती है। इसमें छत के पानी को एकत्र कर नलकूपों तक पहुँचाया जाता है, गड्ढे खोदकर, खाईं बनाकर, कुएँ खुदवाकर और रिसाव टैंक का निर्माण कर जल संचयन हो सकता है। थार जैसे रेगिस्तानी क्षेत्र में कुण्डसरकुण्डी के द्वारा पानी रिचार्ज किया जाता है। इसमें जमीन के अन्दर ढका हुआ कुण्ड बनाया जाता है। इसका कैचमेण्ट एरिया तश्तरी की तरह होता है तथा टैंक का केन्द्र चौतरफा ढलान पर होता है। कुण्ड का शीर्ष ढक्कन से बन्द किया जाता है, पानी के आनेवाले मुहानों पर तार की जाली लगायी जाती है, जिससे पानी छनकर आता है। ढक्कन खोलकर पानी निकाला जाता है। मेघालय आदि स्थानों पर बाँस के सहारे सिंचाई की जाती है। इसके द्वारा प्रति मिनट 18 से 20 लीटर पानी लाया जा सकता है। हिमाचल प्रदेश में कुल प्रणाली से ग्लेशियर का पानी गाँवों तक पहुँचाया जाता है। ग्लेशियर के अग्रभांग से कुल द्वारा पहाड़ की ढलान से तलहटी तक पानी लाया जाता है। अन्य प्रचलित प्रणालियों में कृत्रिम ग्लेशियर, चौका सिस्टम और स्नो सैण्ड फिल्टर प्रणाली आदि हैं। हमारे देश के राष्ट्रपति भवन में आवश्यकता के 35 प्रतिशत भाग की आपूर्ति भूजल से होती है। गहरे रिचार्ज शाफ्ट बनाने, कुओं के रिचार्जिंग और रेन वाटर हार्वेस्टिंग सिस्टम से यहाँ भूजल स्तर पूर्वापेक्षा कुछ ऊपर आ गया है।

पर्यावरण चक्र अलनीनो का प्रकोप जब होता है तो उसका प्रभाव भारतीय उपमहाद्वीप पर भी पड़ता है जो दो वर्ष तक बना रहता है जिससे बारिश कम होती है और सूखे की त्रासदी बढ़ती है। महाराष्ट्र का मराठवाड़ा क्षेत्र और उत्तर प्रदेश व मध्य प्रदेश का बुन्देलखण्ड क्षेत्र सूखे की चपेट में आते रहते हैं जिसका मुख्य कारण जल संसाधनों का दुरुपयोग होना है। वर्षा ऋतु में बारिश से प्राप्त होनेवाला जल यदि संरक्षित न किया जाये तो बर्बाद हो जाता है। पहले गाँवों में तालाब हुआ करते थे और ये जल भण्डारण के स्रोत होते थे पर अब तो तालाब विलुप्त होते जा रहे हैं। नहरों का रख-रखाव भी यथोचित ढंग से नहीं हो पाता है। हम भूमिगत जल पर ही निर्भर होते जा रहे हैं जिससे

भूजल का स्तर गिरता जा रहा है। वर्षा की कमी और सूखे के कारण ग्रामीण अर्थव्यवस्था जर्जर होती जा रही है। कई देश ऐसे हैं जहाँ हमारे देश से भी कम वर्षा होती है लेकिन वे जल प्रबन्धन अच्छे ढंग से करते हैं जिससे उनके समक्ष जल की विकट समस्या नहीं उत्पन्न होती है। यदि मौसम चक्र में बदलाव तथा भूगर्भ जलस्तर गिरने की यही स्थिति जारी रही तो एक अनुमान के अनुसार 2050 तक पेयजल का आयात तक करना पड़ सकता है। इस संकट का सामना करने हेतु समुचित योजना बनानी चाहिए साथ ही उसका प्रभावी क्रियान्वयन भी होना चाहिए और यह तभी सम्भव है जब प्रदूषण के बुनियादी कारणों का उन्मूलन हो। आज भी नदियों में बेखौफ खनन और वनों का सफाया जारी है, जिससे तापमान बढ़ रहा है और मौसम चक्र में परिवर्तन भी। समय-समय पर कारगर योजनाओं को क्रियान्वित करके ही भयावह खतरे को कम किया जा सकता है।

सर्वाधिक जलसंकट से विश्व के 20 पीड़ित शहरों में, 5 शहर भारत के भी शुमार हैं और इन शहरों के नाम हैं टोकियो, दिल्ली, मैक्सिको सिटी, शंघाई, चोंगकिंग, लीमा, लन्दन, बुहान, तियानजिन, चेन्नई, बेंगलुरु, बीजिंग, कराची, कोलकाता, लास एंजिल्स, रियोडीजेनरिओ, मास्को, इस्ताम्बुल, शेनडोन और हैदराबाद। मानव ने नदियों को दूषित तो किया ही है साथ ही जलस्रोतों को भी नहीं छोड़ा है। वर्षा का 47 प्रतिशत पानी नदियों में जाता है और वे समुद्र में मिल जाती हैं। विश्व बैंक ने अपनी रिपोर्ट में बताया है कि कई फैक्ट्रीज ऐसी हैं जो एक बार में जमीन से इतना पानी खींच लेती हैं, जितना एक महीने में एक गाँव पानी जमीन से नहीं निकाल पाता है। उत्तर प्रदेश के 26 जिले ऐसे हैं, जहाँ हैण्डपम्प के पानी में आर्सेनिक की विषाक्तता पायी जाती है तथा 49 जिलों में आर्सेनिक प्रदूषण का खतरा मौजूद है। गिरते जलस्तर के कारण हैण्डपम्प पानी के साथ बालू भी निकाल रहे हैं जिससे हर दूसरे साल नलकूपों को दोबारा बोरिंग करानी पड़ती है। वर्ष 1985 तक में लखनऊ में जहाँ 70 नलकूपों से पानी की आपूर्ति होती थी वहीं अब यह संख्या हजारों में हो गयी है। पूर्वी उत्तर प्रदेश के कई जिलों में जलप्लावन की समस्या है। इन जगहों पर जलस्तर तीन मीटर तक गहरा है जिसके कारण 40 लाख हेक्टेयर क्षेत्र प्रभावित हैं। बारिश के पानी को यदि 50 प्रतिशत भी संचित कर लिया जाये तो जलसंकट की समस्या काफी कम हो जायेगी।

उत्तर प्रदेश की राजधानी लखनऊ के गोसाईगंज में तालाबों के अनोखे नाम हैं जैसे नन्द-भौजी, बीबी, नउआ, बैठका तुर्की, हनुमान, बनिया, निरहुआ, लाखा, पिडोरहा, गुड़िया एवं मछरिस आदि। नन्द-भौजी तालाब में नहाते समय नन्द और भौजी डूब गयी थीं, हनुमान तालाब का नाम सन्तों ने रखा था। बीबी तालाब जिस गाँव में है वह गाँव पहले अमेठी रियासत में था। इस तालाब का निर्माण हबीबुल निशा और अंजुमन निशा के दादा ने करवाया था और नाम बीबी तालाब रखा गया। तुर्की तालाब मुगलकालीन है। कहा जाता है कि इसमें बड़ी मछलियाँ पायी जाती थीं पर पानी कम हो जाने पर गायब

हो जाती थीं। नागपंचमी के दिन गुड़िया जिस तालाब के किनारे पीटी जाती थी उसका नाम गुड़िया तालाब पड़ गया। इसी प्रकार जिस तालाब से कच्चे घरों की पुताई के लिए पिण्डोर मिलता था उसका नाम पिण्डोरहा रखा गया।

देश में प्रतिवर्ष लगभग 4 हजार घनमीटर वर्षा होती है तथा नदियों के पानी को उपयोग में लाने के लिए बड़े बाँध, बैराज तथा अन्य जलाशयों की संख्या लगभग 5 हजार हैं। भूमिगत जल का लगभग 70 प्रतिशत भाग का उपयोग सिंचाई के लिए होता है और इससे उत्पन्न मोटी धार खेत की मिट्टी को काट देती है साथ ही जमीन की उर्वरा शक्ति कुप्रभावित होती है। यदि बैलपम्प का इस्तेमाल हो तो जल संरक्षण तो होगा ही पर्यावरण भी सुरक्षित रहेगा। सी.डी.आर.आई. (केन्द्रीय ओषधि अनुसन्धान संस्थान) के पूर्व डिप्टी डायरेक्टर डॉ. एन. एन. मेहरोत्रा ने रहट से होनेवाली पारम्परिक सिंचाई के तर्ज पर बैलपम्प का प्रयोग किया। उन्होंने बोरिंग में पम्प फिटकर बैल की सहायता से चलाया। इसमें खर्च भी कम आता है और पानी तेजी से निकलता है। सौ फीट गहरी बोरिंग से बैलपम्प के द्वारा एक घण्टे में 12 हजार लीटर पानी निकलता है और पाँच एकड़ जमीन को दो घण्टों में सींचा जा सकता है। भारत सरकार ने नमामि गंगे के लिए 2037 करोड़ रुपये की धनराशि आवण्टित की तथा इसे 2020 तक पूरा करने का लक्ष्य निर्धारित किया गया है। सात राज्यों में 231 परियोजनाएँ वर्ष 2016 में आरम्भ की गयीं जिसके अन्तर्गत घाटों का निर्माण और सौन्दर्यीकरण, सीवेज ट्रीटमेण्ट प्लाण्ट का निर्माण, सफाई योजनाएँ, जल प्रदूषण का निवारण, बायोडायवर्सिटीज सेण्टर का निर्माण और कचरा प्रबन्धन जैसी चीज़ें शामिल हैं साथ ही पेड़-पौधे लगेंगे और कई रिअल टाइम वाटर क्वालिटी मॉनीटरिंग स्टेशन बनेंगे। नेशनल एक्वीफायर मैनेजमेण्ट परियोजना भी संचालित की जा रही है जो डेलीबोर्न जियोफिजिकल सिस्टम पर आधारित हैं। 47 परियोजनाएँ पूरी हो चुकी हैं शेष जारी हैं।

गंगा के प्रवाह का क्षेत्र देश के 26 प्रतिशत क्षेत्रफल में है तथा 43 फीसदी भारत के लोग पानी के लिए गंगा पर निर्भर हैं। अटल भूजल योजना जून, 2018 से प्रारम्भ है, इस योजना से उत्तर प्रदेश, मध्य प्रदेश, महाराष्ट्र, हरियाणा, कर्नाटक और राजस्थान के लोग लाभान्वित होंगे। राष्ट्रीय जल अभियान के द्वारा 20 प्रतिशत जल का संरक्षण किया जा सकता है। गंगा का जल संसाधनों में 28 फीसदी तक का योगदान है। भूजल संरक्षण के लिए नेशनल एक्वीफायर मैनेजमेण्ट परियोजना जारी है और हैलीबोर्न जियोफिजिकल सर्वे सिस्टम की तकनीक को अपनानेवाला हमारा देश विश्व का 7वाँ देश है। इससे 2017 से 2022 तक 14 लाख वर्ग किमी क्षेत्रफल में मैपिंग किये जाने का लक्ष्य रखा गया है। पृथ्वी के 71 फीसदी सतह पर जल विद्यमान है। पीने योग्य जल का 68 प्रतिशत बर्फ व ग्लेशियर के रूप में है तथा एक तिहाई पृथ्वी की सतह के नीचे है तथा दो प्रतिशत जल झीलों व नदियों के रूप में उपलब्ध है।

राष्ट्रीय जल अभियान में जल के कुशलतम उपयोग को 20 प्रतिशत तक बढ़ाने का लक्ष्य रखा गया है। मध्यप्रदेश की केन और उत्तर प्रदेश की बेतवा नदी को जोड़ा जायेगा। जिससे 64.35 लाख हेक्टेयर भूमि की सिंचाई होगी तथा 4.9 करोड़ क्यूबिक मीटर पेयजल उपलब्ध हो सकेगा। अनुमान है कि 2120 घनकिमी जल नदियों में है तथा 1.76 लाख घनमीटर जल झीलों में उपलब्ध है। विगत सत्तर वर्षों में जलस्रोतों की संख्या उत्तर प्रदेश में 8.22 लाख रह गयी है और 68 हजार से अधिक जलस्रोत नष्ट हो चुके हैं। तालाबों को अवैध कब्जे से मुक्त कराने का प्रयास जारी है।

जल की महत्ता निर्विवाद है। महाकवि तुलसीदास ने कहा है -

''जल बिनु रस कि होई संसारा''

जीवन लीला जल से संचारित होती है और अस्थियाँ जल में प्रवाहित होती हैं। कवि रहीम की निम्न पंक्तियाँ अवलोकनीय हैं -

''रहमिन पानी राखिए, बिन पानी सब सून,
पानी गये न उबरे, मोती, मानुस, चून।''

जल में अमृत है, जल में ओषधि है, और जल ही आदि सृष्टि है। जल ऐसा पेय है जिसका कोई विकल्प नहीं है। जल जीवन और सृष्टि का आधार है। जल सृष्टि की प्राण रेखा और अमर तत्त्व है। जल की ममतामय गोद में जीवन की सुरक्षा है। ज्यादातर सभ्यताएँ नील, गंगा, सिन्धु, फरात एवं अन्य नदियों के समीप ही पल्लवित हुईं। जब जल इतना महत्त्वपूर्ण है तो इसका उपयोग हमें सोच-समझकर ही करना चाहिए। वाशिंग मशीन की पूरी क्षमता लायक कपड़े धोने से हर महीने 4500 लीटर पानी बचाया जा सकता है और बिजली की बचत बोनस होगी। फुहारे से नहाने की जगह बाल्टी और लोटे से नहाने पर एक औसत परिवार द्वारा हर दिन 150 से 200 लीटर पानी की बचत की जा सकती है। ब्रश करते समय यदि नल की टोंटी बन्द कर दी जाये तो हर माह लगभग 200 लीटर पानी बचाया जा सकता है। घर में जितना पानी इस्तेमाल होता है उसका 30 प्रतिशत फूल-पौधों को पानी देने तथा लान को सीचने आदि में खर्च किया जाता है। एक कप काफी की मात्रा के लिए लगभग 140 लीटर पानी की आवश्यकता पड़ती है।

राष्ट्रीय जलनीति 2012 में स्पष्ट है कि जल वितरण से विलग होकर सरकार निगरानी का कार्य करेगी। जल परियोजना से प्रभावित परिवार को विकास में सहभागी बनाया जायेगा। जल संगठनों को कानूनी अधिकार देकर जलवितरण की निगरानी होगी। विकासशील देशों में केवल 86 प्रतिशत लोगों को पेयजल उपलब्ध है। सब सहारा अफ्रीका के क्षेत्र में 61 प्रतिशत लोगों को इसकी उपलब्धता है। 97 प्रतिशत ग्रामीणों को पाइप द्वारा जलापूर्ति निम्न विकसित दइेशों में नहीं हो पाती है। जलसंकट की वृद्धि से हमारा जीवन प्रभावित हो रहा है लेकिन केवल सरकार ही दोषी नहीं है, समाज की

उदासीनता भी जिम्मेदार है। आज नदियाँ नाले के रूप में होती जा रही हैं, ताल-तलैया, पोखर और नदियाँ सूखती जा रही हैं। लोगों को जल पाने के लिए रात्रि जागरण करना पड़ रहा है। कई स्थानों पर और कुछेक क्षेत्रों में तो जल पाने के लिए मीलों का सफर तय करना पड़ रहा है। कहा जाता है कि अंग्रेजों के आगमन के पूर्व देश के 5 लाख गाँवों में 25 लाख तालाब थे। जलसंकट से राहत मिलना तभी सम्भव है जब हम भूजल भण्डार बढ़ा लेंगे। आज जो जलसंकट दृष्टिगत हो रहा है उसका उत्तरदायी मनुष्य खुद है। टैंकर से पानी की आपूर्ति हो रही है जो जरूरतों को पूरा करने के लिए अपर्याप्त है। विगत पचास वर्षों में हिमालयी ग्लेशियरों का क्षेत्र एक चौथाई कम हुआ है। प्रत्येक बीस वर्ष में जल खपत दो गुनी होती जा रही है। 65 प्रतिशत उद्योग जलसंकट से ग्रस्त हैं। सर्वाधिक वर्षावाले स्थान चेरापूँजी में भी जलसंकट है साथ ही बुन्देलखण्ड आदि कई क्षेत्रों में और जैसलमेर आदि कई कम वर्षावाले क्षेत्र के लोग जो जीवनयापन कर ले रहे हैं वह जल प्रबन्धन के कारण ही। प्राचीन काल में जल प्रबन्धन हमारे देश में सुचारु रूप से जारी था। पुरातत्त्व विभाग द्वारा खुदाई में प्राप्त अवशेषों से इसका प्रमाण मिलता है। पानी के बाजार को बढ़ाने का षड्यन्त्र किया जा रहा है। सरकार कहती है कि जिसकी भूमि उसका जल नहीं होगा। इससे तो समाज में जलसंकट और भी गहरायेगा। हमारे देश में लीकेज, चोरी एवं अन्य कारणों से पचास प्रतिशत जल का अपव्यय या हानि हो रही है। प्रकृति की इस देन को कमोडिटी माना जा रहा है। पानी पर प्यासे के हक की प्राथमिकता से प्रबन्धतन्त्र दूर होता जा रहा है। अभी भी देर नहीं हुई है। जलनीति का सही ढंग से निर्माण हो और उसका क्रियान्वयन भी। केवल सरकारी तन्त्र से यह समस्या हल होनेवाली नहीं है। राजनीतिक इच्छाशक्ति के साथ जनचेतना और जागृति विकसित करने की आवश्यकता है। जल भण्डारण के बगैर जल समस्या दूर नहीं हो सकती है। इसलिए इस भूगर्भ जल-दिवस पर हम सभी का दायित्व है कि जल-संरक्षण के प्रति दृढ़ प्रतिज्ञ हों। घटते भूजल स्तर को भण्डारण द्वारा ही जलस्तर को ऊपर लाना सम्भव होगा। विभिन्न उपायों के क्रियान्वयन करने से ही जलसंकट की समस्या का हल निकलेगा।

तालाबों की मिट्टी को खेत में डालने से खेतों की जलसंचय शक्ति में इजाफा होगा तथा जहाँ पानी बढ़ रहा हो उसे सीमेण्ट और खाद के खाली बोरों में मिट्टी तथा पत्थर भरकर बन्द किया जा सकता है। नये तालाब बनवाये जायें जिससे जल की उपलब्धता बढ़े और कृषि उत्पादन में वृद्धि हो। नदियों की सफाई होने से जल प्रदूषण में निश्चित ही कमी आयेगी। जल आपूर्ति हेतु पाइप लाइन टूटने या क्षतिग्रस्त होने से पानी बहने लगता है। सड़क की खोदाई के कारण भी पाइप लाइन क्षतिग्रस्त हो सकती है तथा जहाँ अनावश्यक रूप से पानी की बर्बादी हो रही हो उसकी शिकायत की जानी चाहिए जिससे अनावश्यक रूप से बहते पानी को रोका जा सके मरम्मत करके पाइप

लाइन की। जो लोग पानी का अपव्यय करते हैं उनके विरुद्ध समुचित कार्रवाई होनी चाहिए। जिला प्रशासन द्वारा जल संरक्षण को बढ़ावा दिया जाना चाहिए जिससे नागरिक भी इसमें योगदान दे सकें। उत्तर प्रदेश की राजधानी लखनऊ में कलेक्ट्रेट स्थित जनसुविधा केन्द्र में जल संरक्षण हेतु एक फोल्डर बनाया गया है जिसमें लोग जल के अपव्यय सम्बन्धी शिकायतें दर्ज कर सकते हैं। उपज आवश्यकता इस बात की है कि जल संरक्षण को अभियान बनाया जाये जिससे जल संरक्षण के तौर-तरीकों में ढिलाई बरतने के स्थान पर सक्रियता दिखायी जाये। जल संरक्षण के अभियान में केन्द्र सरकार, राज्य सरकार, सम्बन्धित एजेन्सियाँ, पर्यावरण संगठन तथा आम नागरिक अर्थात् सभी को इस अभियान में योगदान देना अभीष्ट होगा। जो भी तालाब बचे हैं, उनको गहरा किया जाये, नये तालाब खोदे जायें साथ ही कुओं और नहरों तथा परम्परागत जलस्रोतों पर ध्यान देने की आवश्यकता है। जल प्रदूषण को दूर करके ही जल प्रदूषण से होनेवाली बीमारियों से बचा जा सकता है।

जल अपव्यय को आर्थिक विपन्नता से जोड़कर देखने से हम पानी की बर्बादी को बचा सकते हैं। नल को खुला नहीं छोड़ना चाहिए। नहाने, बर्तन धोने एवं कपड़े धोने आदि दैनिक कार्यों में पानी का उपयोग किफायती ढंग से होना चाहिए। जल ही जीवन है अतः जीवन की भाँति जल को भी सँभालकर उपयोग करना चाहिए। जल का सम्बन्ध प्रकृति से है इसलिए इसके महत्त्व को समझने के लिए हम सभी को प्रकृति प्रेमी होना चाहिए। पृथ्वी पर जल सीमित है, हम इसका निर्माण नहीं कर सकते हैं पर संरक्षण अवश्य कर सकते हैं। हमारे देश की जनसंख्या समस्त विश्व का लगभग 18 प्रतिशत है। यूनाइटेड नेशन की वर्ल्डवार की रिपोर्ट के अनुसार वर्ष 2030 तक विश्व की अधिकांश आबादी विशेष रूप से विकासशील देशों की आबादी जलसंकट से जूझ रही होगी तथा 2050 तक गम्भीर संकट से ग्रस्त होगी। गंगा-यमुना के दोआब में जल का विशाल भण्डार है और उत्तर प्रदेश इसी क्षेत्र में है लेकिन अन्धाधुन्ध दोहन से यह प्रदेश भी जलसंकट से ग्रस्त होता जा रहा है। देश में जल की उपलब्धता सभी जगहों पर सामान्य रूप से नहीं है, जैसे बुन्देलखण्ड एवं दक्षिण के पठारी भागों में जल उपलब्धता काफी कम है। टैंक, तालाब, नहर एवं बाँध आदि मानव निर्मित संसाधनों से जल भण्डारण किया जा सकता है। प्रकृति ने हमें जल भण्डार दिया है, जो भूजल भण्डार के रूप में है। वर्षा द्वारा इन भण्डारों का पुनर्भरण होता है और यही जल रिसते हुए नदियों में जाता है और नदी के प्रवाह को बनाये रखता है। इस भण्डार के असन्तुलित होने से जल स्थिति बिगड़ रही है जो संकट का सूचक है, न केवल वनस्पतियों के लिए अपितु मानव-जीवन के लिए भी।

आज से चालीस-पचास वर्ष पूर्व चार-पाँच मीटर की गहराई पर पृथ्वी में पानी उपलब्ध हो जाता था। उत्तर प्रदेश में कुल लगभग 820 विकास खण्ड हैं जिसमें 659

विकास खण्डों में भूगर्भ जल का स्तर काफी नीचे की ओर अग्रसर है। वास्तविकता यह है कि हमारी आत्मकेन्द्रित सोच ने पर्यावरण को क्षति प्रदान की है। वर्षा का सामान्य से कम होना गम्भीर खतरे का सूचक है जिससे भविष्य में भयावह स्थिति उत्पन्न होगी। जल भण्डारण के लिए हमें परम्परागत एवं आधुनिक सभी तरीके अपनाने होंगे। एक अनुमान के अनुसार यदि हम भूतल की बर्बादी को रोक लें तो एक वर्ष सूखे की समस्या से निपटा जा सकता है। उत्तर प्रदेश में एक समग्रनीति अपनायी गयी है जो बहुआयामी है और यह संसाधन के प्रबन्धन, वर्षा जल संचयन तथा भूगर्भ जल के रिचार्ज से सम्बन्धित है। उत्तर प्रदेश के लखनऊ, नोएडा, आगरा व कानपुर आदि दस शहरों में शासकीय भवनों पर रूफ टाप रेन वाटर हार्वेस्टिंग सिस्टम लागू किया गया है जिसमें शासकीय भवनों की 3 हजार वर्गमीटर क्षेत्रफल की छत को आच्छादित किया गया है, जिससे जल भण्डारण को गति मिलेगी। बारिश की हर बूँद को बचाने का लक्ष्य बनाकर जलसंकट में कमी लायी जा सकती है।

जलसंरक्षण के लिए प्राकृतिक स्रोतों को बचाने तथा उसके जीर्णोद्धार का प्रयास अपेक्षित है। जहाँ तक सम्भव हो पीने के पानी का उपयोग वाहन धोने तथा बगीचों में डालने से बचें और ए.सी. से निकलनेवाले पानी का उपयोग किसी-न-किसी रूप में करें। जल संरक्षण की सीख हमारी संस्कृति में है क्योंकि हम नदियों की पूजा करते आये हैं। सिन्धु घाटी की सभ्यता से भी प्रमाणित हुआ है कि पाँच हजार वर्ष पूर्व भी ड्रेनेज व सीवरेज सिस्टम तथा वाटर सप्लाई की प्रणाली विद्यमान थी। वर्तमान में 'वाटर स्ट्रेस्ड' के कारण जलसंकट बढ़ा है। उपलब्ध भूजल का जो हम प्रयोग करते हैं उसका 85 प्रतिशत प्रयोग कृषि में होता है। सिंचाई में डिप वस्पिंकलर को प्रयुक्त करने से कृषि में पानी की खपत को कम किया जा सकता है। ग्राउण्ड वाटर सिविलाइजेशन के आधार पर लगभग 80 प्रतिशत जरूरतें भूजल से पूरी की जा रही हैं लेकिन अत्यधिक भूजल दोहन से इसकी गुणवत्ता भी कुप्रभावित हो रही है। जलसंरक्षण हेतु जनसमुदाय को इस अभियान से जोड़ने के साथ ही आधुनिक टेक्नोलॉजी का इस्तेमाल होना चाहिए। प्रति व्यक्ति पानी की खपत में कमी लायी जाये और उद्योग-धन्धों में पानी को रीयूज किया जाये।

जल संरक्षण द्वारा ही खाद्य सुरक्षा सम्भव है। आवश्यकता है कि वर्तमान में जल सुरक्षा अधिनियम का प्रभावी क्रियान्वयन हो। जलसंकट ज्यों-ज्यों बढ़ेगा, धनी एवं निर्धन वर्ग के मध्य खाईं भी बढ़ेगी। जलाभावग्रस्त इलाकों में ट्रेन से पानी की सप्लाई की जा रही है तथा कहीं-कहीं पर जलवितरण के लिए धारा-144 लगायी जा रही है प्रशासन के द्वारा। इससे जलसंकट की स्थिति और भविष्य में भयावह स्थिति का अन्दाजा मिलता है। देश के सकल घरेलू उत्पाद में कृषि का 15 प्रतिशत योगदान है। देश की 60 प्रतिशत जनसंख्या कृषि कार्यों में लगी है। जनसंख्या वृद्धि से खाद्यान्न की

आवश्यकता भी बढ़ी है जिससे सिंचाई के संसाधनों का विकास हुआ है तथा जल का उपयोग भी बढ़ा है। खाद्य सुरक्षा अधिनियम की तरह जल सुरक्षा अधिनियम के लागू किये जाने की आवश्यकता है तभी जल संरचनाएँ संरक्षित रह सकेंगी। चम्पारण में जल सत्याग्रह आरम्भ किया गया। इसी प्रकार अन्य स्थानों पर भी यह अभियान जारी रहे, इससे जागृति बढ़ेगी। किचेन आदि जल का उपयोग करने के पश्चात् जो पानी बचे, भले ही वह गन्दा हो, उसे पेड़-पौधों या गमलों में डालना उपयुक्त होगा। इसी प्रकार शॉवर या बाथटब में नहाने से बचें क्योंकि इसमें आवश्यकता से अधिक जल प्रयुक्त होता है।

उत्तर प्रदेश के हमीरपुर, जालौन एवं ललितपुर आदि कतिपय जिलों के सौ गाँवों में जल सहेलियों और परमार्थ संस्था ने तालाबों को पानी से भरने का जो बीड़ा उठाया है वह वास्तव में स्तुत्य है। जैसलमेर जैसा ही बड़ा तालाब घड़सीसर है जो 700 या 800 सालों से भी पूर्व का है। इसके अस्तित्व से ही जैसलमेर के लोगों का अस्तित्व है। इसके निकट बने बुर्ज और पत्थर पर आकर्षक नक्काशी तथा तालाब में नीला पानी वास्तव में मनोरम दृश्य का अवलोकन कराते हैं। आज जरूरत है गाँव एवं कस्बों में पानी संगठन की जो लोगों में जल संरक्षण के प्रति जागृति उत्पन्न करें। जल भण्डारण से ही धरती की प्यास बुझेगी। पानी को बहाने के बजाय पृथ्वी के अन्दर डालने का प्रयास श्रेयस्कर है। हमें चाहिए कि हम अपने घरों में कच्चे सोखफीट बनवाने की पहल करें। आज पृथ्वी से मीठा पानी कम होता जा रहा है इसी प्रकार कमी यदि जारी रही तो जल खत्म होने के कगार पर होने से जीवन के अस्तित्व पर खतरे के बादल मँडराते रहेंगे। वर्तमान स्थिति यह है कि हैण्ड पम्पों से पानी निकलना बन्द होता जा रहा है, कुँओं में भी बहुत कम पानी बचा है और पम्पिंग सेट के द्वारा भी जल आपूर्ति कम हो पा रही है। पहले गाँवों में पानी स्रोत अधिक पाये जाते थे क्योंकि वहाँ ताल-तलैया और कुएं अधिक होते थे लेकिन अब धीरे-धीरे वे लुप्त होते जा रहे हैं जिससे जलसंकट बढ़ा है।

उत्तर प्रदेश के लखनऊ में गोमती नदी के लिए जी एच कैनाल प्रदूषण की गम्भीर समस्या उत्पन्न करती है क्योंकि इस कैनाल से कई नाले जुड़े हैं। यदि नाले के पानी का शोधन हो जाये तो समस्या में कमी आयेगी लेकिन एक तिहाई से अधिक पानी का शोधन नहीं होता है जिससे वह सीधे गोमती के पानी में मिलकर उसे प्रदूषित करता है। पानी के शोधन के लिए सिक्वेन्शियल वॉच रिएक्टर (एस.वी.आर.) का उपयोग प्रस्तावित है। यह एक आधुनिक टेक्नोलॉजी है जिसका उपयोग विभिन्न देशों में होता है। इसके द्वारा पेयजल मुहैया कराया जाता है तथा एस.टी.पी. में एस.वी.आर. के उपयोग हेतु सीमित स्थान की आवश्यकता होती है साथ ही इसमें किसी प्रकार की गन्ध भी नहीं आती है।

पानी में घुलित ऑक्सीजन की मात्रा की कमी को इसके द्वारा बढ़ाना सम्भव है। शोधित पानी का उपयोग सिंचाई एवं पशुओं के लिए पानी की आवश्यकता को पूरा करने तथा अन्य कार्यों में होने से भूजल भण्डारों के उपयोग में भी कमी आयेगी।

वर्षा होने से सूखे में राहत मिलती है। सूखा अर्थात् पानी की कमी के विविध कारक हैं जैसे शहरीकरण में वृद्धि, जीवन-शैली में परिवर्तन, अधिक पानीवाले फसलों की कृषि और अन्धाधुन्ध विकास आदि। एशिया महाद्वीप में बार-बार सूखा पड़ता रहता है, जिससे विकास, शान्ति, अन्तर्देशीय या अन्तर्प्रान्तीय सम्बन्ध प्रभावित होते हैं। सूखे की स्थिति पूर्व सूचना के बिना उत्पन्न होती है। प्राकृतिक संसाधनों का जितना ही अधिक दोहन होगा उतना ही अधिक पर्यावरण भी प्रभावित होगा। ताजा पानी का सबसे बड़ा भण्डार उत्तरी ध्रुव और दक्षिणी ध्रुव है तत्पश्चात् तिब्बत है। विश्व में प्रतिवर्ष प्रतिव्यक्ति पानी की उपलब्धता 1700 घनमीटर से भी कम है। एशिया महाद्वीप में कई नदियाँ देशों की सीमाओं को पार करती हैं अतः स्वाभाविक है कि कई देश दूसरे देश से आनेवाली नदियों के पानी पर काफी-कुछ निर्भर हैं। विश्व में सबसे अधिक बाँध एशिया में हैं और चीन देश में इनकी संख्या काफी है। चीन में सूखे की समस्या अधिक नहीं है क्योंकि बाँधों के कारण वह जल भण्डार में सक्षम है। पर्यावरण एवं जलवायु के बदलाव तथा वनों की कटान और दलदलों का कम होते जाना सूखे के लिए प्रभावी कारक हैं। भूजल का दोहन उतना ही होना चाहिए जितना प्राकृतिक रूप से रिचार्ज हो सके। जनसंख्या वृद्धि के कारण कृषि उत्पादन बढ़ा है, जिससे शुष्क क्षेत्रों की शुष्कता बढ़ी है। हमें चाहिए कि हम कम सिंचाईवाली कृषि तकनीक अपनायें, सूखा प्रतिरोधक फसल उगायें जिससे भूजल स्तर में सुधार हो। अमरीका के नासा वैज्ञानिकों का कथन है कि उत्तर-पश्चिम भारत में जल के भूमिगत भण्डार कम होते जा रहे हैं। पृथ्वी के सतह का जल और भूजल दोनों का घनिष्ठ सम्बन्ध है। जल, खाद्य एवं ऊर्जा का एकीकृत प्रबन्धन होना चाहिए जिसके अन्तर्गत मिट्टी की गुणवत्ता बढ़ायी जाये, जल क्षरण और तट के कटाव को रोका जाये, शुद्ध जल के भण्डार को बढ़ाया जाये, यदि ये सभी प्रयास किये जायें तो सूखे की समस्या पर नियन्त्रण स्थापित किया जा सकता है। घर में पानी की टंकी ओवरफ्लो न हो इसके लिए अलार्म की व्यवस्था की जा सकती है। बगीचे में पिट बनाकर उसमें बजरी व कंकड़ आदि डाल देने से पानी छनकर भूजल स्रोतों में जा सकता है। टोंटी खराब हो जाये तो तुरन्त प्लम्बर से ठीक कराया जाये तथा नल खुला रह गया है तो उसे बन्द कर दें। जाड़े में गीजर द्वारा गर्म पानी से हो सकता है कि बाल्टी भर जाये, इसके लिए बाथरूम में दो बाल्टी रखने से, गर्म पानी फेंकने से अच्छा है कि दूसरी बाल्टी में गर्म पानी डाल दिया जाये। टॉयलेट में फ्लश से काफी पानी बर्बाद हो जाता है अतः ऐसी व्यवस्था की जाये जिससे आधे व फुल टैंक दोनों की व्यवस्था हो तथा

क्यारी में पानी डालने के लिए पाइप का नियन्त्रित उपयोग होना चाहिए। यदि हम सभी जलसंकट को मन से महसूस करते हैं तभी जल संरक्षण हेतु प्रयासरत हो सकेंगे। अधिकांश लोग जल के संरक्षण हेतु स्वयं के दायित्व से बेपरवाह हैं। सबमर्सिबल से सैकड़ों लीटर पानी सड़क की धुलाई तथा धूल बैठाने में खर्च कर दिया जाता है विशेष रूप से शो रूम के सामने। अतः जल के नियन्त्रित उपयोग की शुरुआत हम सभी को अपने घर से करनी होगी। मीटर सिस्टम भी पानी के नियन्त्रित उपयोग को बढ़ावा देगा। अतः जल संरक्षण को सार्थक करने के प्रति हम सभी को प्रयासरत होना होगा।

आबादी बढ़ने से उसी अनुपात में प्राकृतिक संसाधनों यथा हवा, पानी, जमीन और पेड़-पौधे का प्रयोग बढ़ जाता है। एक अनुमान के अनुसार प्रतिवर्ष ताजा पानी के छह फीसदी भण्डार खत्म हो जाते हैं। नदी संरक्षण, पर्यावरण संरक्षण और गंगा सेवा से जल संसाधन की बढ़ोतरी की दिशा में ऋषिकेश स्थित परमार्थ निकेतन और उससे सम्बन्धित संस्थाएँ उत्कृष्ट योगदान दे रही हैं। एक कप चाय के उत्पादन में 35 लीटर पानी की आवश्यकता पड़ती है तथा नाश्ते में प्रयुक्त पूड़ी-आलू की सब्जी, दूध व केला को सम्मिलित कर लिया जाये तो उससे सम्बन्धित सामग्री के उत्पादन में 400 लीटर पानी तथा इसी प्रकार एक किलो गेहूँ के उत्पादन में 1500 लीटर पानी लग जाता है। सुनने में अजीब भले लगे लेकिन चाय उगाने, उसे अन्तिम रूप देने तथा सब्जी, गेहूँ, आलू तथा केला को उगाने आदि में प्रयुक्त होनेवाले जल का यदि आकलन करें तो यह बात यथार्थपरक प्रतीत होती है। दूषित जल के सेवन और स्वच्छता के अभाव में विभिन्न प्रकार की बीमारियाँ हो जाती हैं, जैसे डायरिया, पोलियो और टाईफाइड आदि तथा इससे बाल और प्रौढ़ मृत्युदर में भी बढ़ोतरी होती है। बाढ़ एवं सूखे से निजात पाने के लिए राष्ट्रीय नदी जोड़ो परियोजना बनायी गयी जो हिमालय एवं प्रायद्वीप से निकलनेवाली नदियों से सम्बन्धित है। यह औद्योगिकीकरण के लिए स्थानीय जल संसाधनों को जुटाने की दृष्टि से हितकारी है। इसके माध्यम से 12,500 नहरों द्वारा साढ़े तीन करोड़ हेक्टेयर भूमि की सिंचाई और 34 मेगावाट बिजली का उत्पादन सम्भव है। सुप्रीम कोर्ट ने वर्ष 2012 में इसे समयबद्ध ढंग से पूरा करने का निर्देश दिया है। इससे खाद्यान्न उत्पादन दोगुना तक बढ़ जायेगा। इण्डियन वाटर डेवलपमेण्ट एजेन्सी ने भी इस योजना का समर्थन किया है। यह एक स्थायी जल सुरक्षा नीति होगी। पूर्व प्रधानमन्त्री अटल बिहारी वाजपेयी के प्रधानमन्त्रित्व काल में इस योजना को प्रस्तावित किया गया था किन्तु योजना क्रियान्वित नहीं हो पायी। आज भी प्रदेश एवं देश के सभी प्राथमिक स्कूलों में पेयजल की पर्याप्त सुविधा नहीं है। 2008 में गंगा नदी को राष्ट्रीय नदी घोषित किया गया। 1985 में गंगा ऐक्शन प्लान बना जिसमें सन् 2000 तक गंगा शुद्धि का लक्ष्य रखा गया पर पूर्ण नहीं किया जा सका। समय-समय पर अन्य नदियों को सीवर के पानी,

औद्योगिक कचरा से मुक्त रखने एवं जल के शुद्धीकरण हेतु अभियान भी चलाये गये किन्तु प्रभाव क्रियान्वयन नहीं हो सका।

वर्तमान में जलसंकट विश्वव्यापी है। कोई भी महाद्वीप इस जलसंकट से अछूता नहीं है। वर्ष 1993 से प्रतिवर्ष 22 मार्च को विश्व जल-दिवस मनाया जाता है। इसको मनाये जाने का निर्णय संयुक्त राष्ट्र महासभा द्वारा किया गया। जल की कमी कुपोषण को जन्म देती है और खाद्यान्न की कमी भी होती है। यह कभी विकासशील देशों या पिछड़े देशों में अधिक देखने को मिलती है। फसलों के उत्पादन, वन उत्पाद एवं मत्स्य पालन आदि के लिए जल की आवश्यकता बनी रहती है। एक सर्वे के अनुसार जोती गयी जमीन का बीस फीसदी भाग सिंचित कृषि का है और इसके द्वारा जो खाद्यान्न उत्पन्न होता है, वह चालीस प्रतिशत जनसंख्या के काम आता है।

ग्लेशियर से स्वच्छ जल का 69 प्रतिशत, भूजल से 30 प्रतिशत और बाकी वाष्प के रूप में उपलब्ध होता है। भूजल का 0.5 प्रतिशत हिस्से का ही उपयोग हम पेयजल के रूप में कर पाते हैं। हमारे देश की नदियों का चौदह प्रतिशत हिस्सा प्रदूषित है और उन्नीस प्रतिशत भाग का पानी पीने लायक नहीं है। भारत के 14 राज्यों के 69 जिलों के पानी में फ्लोराइड की मात्रा मानक से काफी कम है। एक एकड़ गेहूँ को चार बार पानी दिया जाता है जिससे 44 लाख लीटर पानी, एक एकड़ धान में 1.20 करोड़ लीटर पानी और एक एकड़ गन्ने के खेत में 1.5 करोड़ लीटर पानी प्रयुक्त होता है। इसमें 75 प्रतिशत जल भूजल होता है जो ट्यूबवेल से प्राप्त होता है। अमरीका के वर्ल्ड इनवायरनमेण्ट फेडरेशन और इण्टरनेशनल वाटर एसोसिएशन ने अपनी रिपोर्ट में कहा है कि उत्तर प्रदेश में काफी अधिक मात्रा में भूजल दोहन हो रहा है और पानी की चोरी भी बगैर टैक्स दिये जिससे उत्तर प्रदेश के कई भाग रेगिस्तान में तब्दील होते जा रहे हैं। जल और जंगल का अटूट रिश्ता है। जल के कारण राष्ट्रों की प्रतिद्वन्द्विता भी बढ़ी है। दुनिया के पाँच देश फिनलैण्ड, कनाड़ा, न्यूजीलैण्ड, ब्रिटेन और जापान ऐसे हैं जिनकी गिनती जल समृद्ध देशों में होती है और बेल्जियम, भारत, जोर्डन, सूडान तथा मोरक्को आदि कई देश ऐसे हैं जिन्हें जलनिर्धन देश कहा जा सकता है। एक अनुमान के अनुसार 2025 तक बढ़ती आबादी के कारण एक तिहाई जलापूर्ति में कमी प्रतिव्यक्ति हो जायेगी। वैसे तो पृथ्वी का लगभग तीन चौथाई भाग जल से आच्छादित हैं जिसका 95 फीसदी भाग महासागरों का है लेकिन यह लवण युक्त होने के कारण उपयोग में नहीं आता है। सम्भावना है कि 2050 तक भारत की आबादी 1.6 अरब हो जायेगी तब जलसंकट और बढ़ जायेगा। भारत में जितनी वर्षा होती है उसका आधा हिस्सा ही नदियों में पहुँचता है। जल संरक्षण न हो पाने के कारण 18 प्रतिशत जल का ही उपयोग होता है। उपयोग होनेवाले जल का 82 प्रतिशत सिंचाई और कृषि कार्यों में प्रयुक्त होता है

तथा शेष 18 प्रतिशत घरेलू और औद्योगिक कार्यों में प्रयुक्त होता है। हमें ध्यान रखना चाहिए कि प्राकृतिक संसाधनों का क्षय न हो और हम विकास भी करें। वर्ष 2008 में बना नेशनल एक्शन प्लान का उद्देश्य एकीकृत जलीय स्रोत को बढ़ावा देना है तथा इसके लिए जलीय आँकड़ों का डाटाबेस तैयार किया जा रहा है जिससे ज्यादा जल दोहन करनेवाले क्षेत्रों की पहचान कर रोकथाम की जा सके।

फल और सब्जी को धोने के बाद उस बचे पानी को पेड़-पौधों, गमलों या क्यारियों में डाल दें। जल प्राप्ति के लिए अब बोरिंग पहले से ज्यादा करनी पड़ती है। उत्तर प्रदेश में वर्ष 1996 में राज्य जल परिषद् की स्थापना हुई और 1999 में राज्य जलनीति बनी लेकिन यह निष्प्रभावी ही रहा है। 10 अप्रैल को जल संसाधन दिवस मनाया जाता है। इस दिवस के उद्देश्य के प्रति हमें जागरूक रहना पड़ेगा और प्रयास करना होगा कि सतही और जलस्रोतों का साझा उपयोग हो। अब तक कोई समुचित फील्ड माडल भी नहीं बन सका है। प्रदेश में जल से जुड़े कई विभाग हैं जैसे उत्तर प्रदेश जल निगम, भूमि विकास एवं जल संसाधन विभाग, कृषि विभाग, सिंचाई विभाग, लघु सिंचाई विभाग, राज्य जल संसाधन अभिकरण, पेयजल एवं स्वच्छता मिशन, उत्तर प्रदेश जल प्रबन्धन एवं नियामक आयोग, पेयजल एवं स्वच्छता सहयोग संगठन तथा सिंचाई (यान्त्रिक) विभाग आदि लेकिन साझा उपयोग का प्रभावी क्रियान्वयन नहीं हो पा रहा है। दस से तीस प्रतिशत तक उत्तर प्रदेश की नदियों के जल प्रवाह में पूर्वापेक्षा कमी आयी है। जल की उपलब्धता एवं खाद्य सुरक्षा में घनिष्ठ सम्बन्ध है अतः इस सबकी पर्याप्त जानकारी लोगों को प्रदान किये जाने की आवश्यकता है। जागृति लाने के लिए रैली आदि विभिन्न प्रकार के कार्यक्रमों का आयोजन होना चाहिए जिससे चेतना उत्पन्न हो और हम जल संरक्षण के प्रति संकल्पित हों। ऐसा माना जाता है कि पृथ्वी की रचना पंच महाभूतों भूमि, गगन, वायुअग्नि और नीर से हुई, यदि सभी का प्रथम आक्षर लें भ, ग, व, अ और न तो इसे संक्षेप में भगवान् कहा जा सकता है।

जल को तीन भागों में बाँटा जा सकता है – सागरीय जल, धरातल का जल और भूगर्भ स्थित जल। वर्षा के अनुसार भू भागों के कई भाग किये जा सकते हैं जैसे शुष्क प्रदेश, अर्द्धशुष्क प्रदेश, उपार्द्र प्रदेश, आर्द्र प्रदेश तथा अत्यन्त आर्द्र इनमें क्रमशः 25 सेण्टीमीटर से लेकर 200 सेण्टीमीटर से अधिक वर्षा होती है। विश्व में शुद्ध जल की उपलब्धता प्रतिव्यक्ति 1962 में जहाँ 13,390 घनमीटर थी वहीं 2014 में 5,926 घनमीटर रह गयी। यदि भारत की स्थिति देखें तो 1962 में यहाँ प्रति व्यक्ति 3,089 घनमीटर थी जो 2014 में 1,116 घनमीटर रह गयी है। इससे स्पष्ट होता है कि शुद्ध जल की मात्रा औसतन घटती जा रही है। विश्व में सिंचित भूमि का प्रतिशत भारत में 20.2 है जो अन्य देशों की तुलना में अधिक है। मीठे जल का 75 प्रतिशत बर्फ के रूप

में है, 23 प्रतिशत भूगर्भ जल के रूप में तथा 2 प्रतिशत जल धरातलीय है जो नदी, तालाब और झील से हमें प्राप्त होता है। हमें चाहिए कि प्रदूषण से जल को संरक्षित करें और इसके लिए जल प्रबन्धन का समुचित रूप में क्रियान्वयन होना चाहिए। विश्व स्वास्थ्य संगठन ने जल प्रदूषण को इस प्रकार व्यक्त किया है – "Any foreign material from natural or other sources are contaminated with water supplied and may be harmful to life cause of their toxicity, reduction of normal oxygen level of water aesthetically unpalatable effects and spread of epidemic diseases is called water pollution" तात्पर्य यह है कि जल में जब कोई बाहरी सामग्री मिलती है चाहे वह भौतिक कारण से हो या मानवीय कारण से तो जल के नैसर्गिक गुणों में इस प्रकार परिवर्तन हो जिसका प्रभाव जीवों के स्वास्थ्य पर हो तो ऐसे जल को प्रदूषित जल कहते हैं। जल के प्रदूषक दो प्रकार के होते हैं भौतिक प्रदूषक एवं रासायनिक प्रदूषक। भौतिक में कीचड़, तेल, गन्ध, रंग, और सूक्ष्म कण आदि हैं और रासायनिक प्रदूषक में अमोनिया, नाइट्रोजन, कार्बोनेट, क्लोराइड, सल्फाइड, रेडियोधर्मी तत्त्व, पारा एवं नमक आदि हैं। जल प्रदूषण के विभिन्न स्रोत हैं जैसे मलमूत्र, गन्दा जल, रासायनिक एवं कीटनाशक उर्वरक, रेडियोधर्मी अपशिष्ट, कल-कारखानों के अपशिष्ट एवं जलपोत के रिसाव से निकला पेट्रोलियम पदार्थ आदि। शुद्ध जल का pH मान 7 से 8.5 तक होता है, 25^0 सेण्टीग्रेड पर यदि pH का मान 6.5 से कम या 9.0 से अधिक हो तो उसे प्रदूषित जल कहेंगे। शुद्ध जल में कैल्शियम, ताँबा, लोहा, मैग्नीशियम, मैगनीज, जस्ता और सल्फेट आदि निर्धारित मानक के अन्तर्गत होने चाहिए और यदि नहीं हैं तो वह प्रदूषित जल माना जायेगा। विश्व स्वास्थ्य संगठन की रिपोर्ट के अनुसार सड़क दुर्घटना या एच.आई.वी. आदि खतरनाक बीमारियों की वजह से उतनी मौतें नहीं होती हैं जितनी प्रदूषित पानी के उपयोग से होती हैं। यूनेस्को की महानिदेशक एरिना बेकोबा के अनुसार ताजा पानी का उपयोग जितनी तेजी से हम कर रहे हैं उतनी गति से प्रकृति हमें ताजा पानी उपलब्ध नहीं करा पा रही है।

दूषित जल से विभिन्न प्रकार के रोग होते हैं और ये रोग विषाणु (Virus), जीवाणु (Bacteria), प्रोटोजोआ (Protozoa) तथा कृमि (Worms) द्वारा फैलते हैं। पीलिया, पेचिश, टाईफाइड, त्वचा रोग, नेत्र रोग तथा कण्ठ रोग आदि बीमारियाँ दूषित जल के सेवन से होती हैं। आयुर्वेदिक ग्रन्थ भाव प्रकाश' में निघण्टु ने कहा है –

जीवनं जीविनां जीवोजगत्सर्वं तु तन्मयम।
नातोऽत्यन्त निशेधेन कदाचितद्वारि वार्य्यत।।

तात्पर्य यह है कि विश्व जल से भरा है और यह प्राणियों का जीवन है। कतिपय रोगों में जल के सेवन की मनाही होने पर भी पूर्ण रूप से जल का त्याग सम्भव नहीं हो

पाता है। वास्तव में जल के बिना जीवित रहना असम्भव है क्योंकि यह प्राणियों के लिए प्राणस्वरूप है। हमारे शरीर से जल पसीने के रूप में निकल जाता है जिससे मानव शरीर का तापमान नियन्त्रण में रहता है। रक्त के प्लाज्मा में 90 फीसदी जल होता है जिससे रक्त का पी.एच. स्तर कायम रहता है। जल शरीर के अंगों की सफाई करता है तथा विजातीय तत्त्वों को शरीर से निकालता है। यह अस्थियों के जोड़ को चिकनाई देता है। जल का सेवन यदि कम किया जाये तो शरीर के अंगों में दर्द की समस्या उत्पन्न हो जाती है। चिकित्सक भी प्रतिदिन लगभग दो से तीन लीटर जल पीने की सलाह देते हैं। इसलिए जल का पर्याप्त रूप से सेवन करना चाहिए, इससे थकान दूर होती है, मूत्राशय, स्तन एवं आँतों के कैन्सर की सम्भावना कम हो जाती है साथ ही पाचन अंगों की क्रियाशीलता बढ़ती है। हमारे मस्तिष्क में 95 फीसदी, रक्त में 82 फीसदी तथा फेफड़ों में 90 फीसदी जल की मात्रा होती है। समय-समय पर जल के सम्बन्ध में कानून बनाये गये जैसी नदी बोर्ड ऐक्ट 1956, मर्चेण्ट नेवी ऐक्ट 1974, जल प्रदूषण अधिनियम 1974 और वाटर प्रिवेन्शन ऐक्ट तथा कण्ट्रोल ऑफ एफलूशन ऐक्ट, 1977 आदि लेकिन प्रभावी क्रियान्वयन न होने से अपेक्षित परिणाम की प्राप्ति सम्भव नहीं हो सकी। अतः इस दिशा में कारगर कदम उठाये जाने चाहिए।

जल के सम्बन्ध में 3R ध्यान रखने योग्य है जिसका अर्थ है Reduce या कम उपयोग, Recycle या शुद्धीकरण की क्रिया तथा Reuse या पुनः इस्तेमाल करना। इजरायल में 80 फीसदी जल का पुनः इस्तेमाल होता है लेकिन भारत में केवल 30 फीसदी। यूनाइटेड स्टेट जियोलॉजिकल सर्वे के अनुसार औसत रूप में एक व्यक्ति लगभग सौ गैलन पानी का उपयोग प्रतिदिन करता है जिसमें से 95 फीसदी पानी का दो बार प्रयोग नहीं हो पाता है और वह बेकार चला जाता है। वर्ष 2030 तक आबादी बढ़ने से तथा जलस्रोतों में कमी होने से जल की माँग 50 फीसदी तक बढ़ने का अनुमान है इसलिए जल का दोबारा प्रयोग हो सके इस पर ध्यान दिया जाना आवश्यक है। कनाडा को झीलों का देश कहते हैं। डॉ. जैक वॉलेण्टाइन ने कहा है कि झीलों व नदियों को फास्फेट डिटर्जेण्ट से स्वतन्त्र करने की जरूरत है। फास्फेट का इस्तेमाल भोजन में होता है, मल में त्यागा जाता है तथा इसका उपयोग खाद व डिटर्जेण्ट में होता है। ये नदी में छोटे-छोटे पौधे या एलगी उगाते हैं जिससे पानी अशुद्ध होता है। अम्लीय वर्षा भी जल को दूषित करती है। झीलों में नौका विहार करते समय हम खाद्य सामग्री के पैकेट्स को पानी में डाल देते हैं जिससे पानी अशुद्ध होता है। पानी की कमी के कारण बड़ी-से-बड़ी सभ्यताएँ इस प्रकार नष्ट हो गयीं जैसे कभी उनका अस्तित्व ही नहीं था। रसायनों के पानी में मिलने से क्षार की मात्रा बढ़ जाती है तथा भूमि का उपजाऊपन कम हो जाता है। डॉ. स्वामीनाथन ने संस्तुति दी है कि ग्रामीण पंचायत में एक पुरुष और एक स्त्री को कृषि

विज्ञान व मानसून प्रबन्ध के बारे में प्रशिक्षण अवश्य दिया जाये जिससे अतिवृष्टि या अनावृष्टि दोनों अवसरों पर वे खेतों को परिस्थिति के अनुसार ढालने के उपाय को क्रियान्वित कर सकें। भारत की कृषि की क्षमता पानी के प्रबन्धन पर बहुत-कुछ निर्भर है।

प्रतिदिन की गतिविधियों में एक व्यक्ति जितना पानी खर्च करता है उसका 35 फीसदी नहाने और कपड़ा धोने में, 30 फीसदी फ्लश करने में, 10 फीसदी भोजन पकाने में तथा 5 फीसदी सफाई में व्यय करता है। पशुओं को मानव की अपेक्षा पीने के लिए अधिक पानी की आवश्यकता होती है, इसलिए पानी को यदि हम सहेजेंगे नहीं तो भावी पीढ़ियों को पानी की समस्या से विकराल रूप में जूझना पड़ेगा। पानी को लेकर हमें संवेदनशील होना होगा। जापान की हाइड्रोपोनिक तकनीक हमें खेती के लिए अपनानी होगी। एक किलो सब्जी उगाने में सैकड़ों लीटर पानी की जरूरत होती है लेकिन इस पद्धति से हमें केवल 15 लीटर पानी की आवश्यकता होगी। यदि जागरूकता हो तो दैनिक कार्यों को करते हुए हम हजारों लीटर पानी बचा सकते हैं। यदि डिश वाटर का उपयोग होता है तो इसका उपयोग कम बर्तनों के लिए नहीं करना चाहिए, तभी उपयोग करें जब ज्यादा बर्तन इकट्ठे हो जायें। फ्लश करते समय पत्थर का टुकड़ा या बोतल, जिसमें रेत व छोटे-छोटे पत्थर हों, को रख दिया जाये तो इससे पानी कम खर्च होगा। आर ओ के पानी को बेकार न होने दें। कई देशों में पानी की समस्या बारहों महीने बनी रहती है। पाँच साल से कम आयु के 3.4 लाख बच्चे प्रतिवर्ष डायरिया से मर जाते हैं। औसतन प्रत्येक दस में से चार व्यक्ति पानी की समस्या से जुझ रहे हैं। सभी प्रकार की प्राकृतिक आपदाओं में पानी से जुड़ी हिस्सेदारी 90 प्रतिशत तक है। संयुक्त राष्ट्र महासभा ने वर्ष 2010 में एक प्रस्ताव पारित किया जिसमें प्रत्येक व्यक्ति को पानी का अधिकार दिया गया तथा मानक प्रति व्यक्ति 50 से 100 लीटर पानी का तय किया गया। यह भी तय किया गया कि पानी का स्रोत घर से एक किलोमीटर से अधिक दूरी पर न हो। वेटलैण्ड अर्थात् दलदली जमीन का हिस्सा भूमि के कुल रकबे में 2.6 प्रतिशत है। प्रकृति आधारित समाधान से पानी की आपूर्ति और गुणवत्ता दोनों दुरुस्त किये जा सकते हैं। वर्ष 1986 में राजस्थान में भयंकर सूखा पड़ा और समस्या के समाधान के लिए उपर्युक्त तरीका अपनाया गया। इनवायरनमेण्टल इंजीनियरिंग को ग्रीन इन्फ्रास्ट्रक्चर भी कहा जाता है। ग्रीन वाटर मैनेजमेण्ट अपनाने से कृषि उत्पादन में .20 प्रतिशत की बढ़ोतरी सम्भव हुई है। 57 देशों में एक अध्ययन से ज्ञात हुआ कि जल का कुशल प्रबन्धन हो तो कीटनाशकों के इस्तेमाल में कमी हो जाती है। जल, जंगल और जमीन के सन्तुलित विकास से ही उपयुक्त पारिस्थितिकी का होना सम्भव है।

वर्षा जल को छोटी-छोटी नालियों से खेत में पहुँचाने का कार्य होना चाहिए। खेतों में क्यारियाँ बनाकर भी वर्षा जल को सहेजा जा सकता है। पर्वतीय क्षेत्र में गाँवों को

जलग्राम का स्वरूप देकर छोटे-छोटे तालाबों में वर्षा जल को संचय करने में सफलता पायी गयी है। कभी मैक्सिकों में तैरते हुए बगीचों की शान हुआ करती थी लेकिन अब वहाँ 40 सेण्टीमीटर प्रतिवर्ष जल के स्तर में गिरावट आ रही है। जहाँ तालाबों को पाट दिया गया है। उसका पुनरुद्धार करें तथा अन्य सभी तालाबों का यदि जीर्णोद्धार हो जाये तो पानी की समस्या से कुछ राहत अवश्य मिलेगी। वर्ष 2001 में सुप्रीम कोर्ट तथा 2006 में हाईकोर्ट उत्तर प्रदेश ने प्राकृतिक स्रोतों को मूल रूप में लाने तथा तालाबों को कब्जामुक्त करने का निर्देश दिया। उत्तर प्रदेश की राजधानी लखनऊ में भूजल का स्तर शहरी क्षेत्रों में 60 से 70 सेण्टीमीटर प्रतिवर्ष घट रहा है। भूजल संकट के निवारणार्थ जल दोहन के लिए अनापत्ति प्रमाणपत्र लेना अनिवार्य कर दिया गया है। वर्तमान में केपटाउन, बेंगलुरू, बीजिंग, मैक्सिको सिटी, साना,. नैरोबी, इस्ताम्बुल और कराची आदि कई शहरों में जलसंकट बढ़ा है।

राज्य सरकारें जल पर स्वामित्व के लिए आगे रहती हैं लेकिन स्वच्छ रखने के दायित्व में पीछे रहती हैं। शहरों में कॉलोनियाँ बढ़ती जा रही हैं, लेकिन सुनियोजित ढंग से नहीं। कानपुर नगर निगम के कमिश्नर ने नेशनल ग्रीन ट्रिब्यूनल के समक्ष स्वीकार किया है कि कानपुर शहर में 1669 कॉलोनियों में से 152 कॉलोनियाँ अनियोजित हैं। झुग्गी एवं अवैध कॉलोनियों में सीवर का अभाव है। हमारे देश में वार्षिक जल उपलब्धता 1869 अरब घनमीटर है जिसमें उपयोग के लिए उपयुक्त जल की मात्रा 1123 अरब घनमीटर है, भूतल जल 690 अरब घनमीटर तथा भूजल लगभग 433 अरब घनमीटर है। देश की आजादी के समय भारत में प्रतिव्यक्ति जल उपलब्धता 6042 घनमीटर थी तथा 2025 तक 1140 घनमीटर रह जायेगी। हमारे देश के कई जिलों में आर्सेनिक, फ्लोराइड, नाइट्रेट और आयरन की मौजूदगी की मात्रा के कारण दूषित जल का प्रकोप है। वर्ष 2015 में जलप्रदूषण नियन्त्रण कानून 1974 के उल्लंघन के दस मामले दर्ज हुए तथा देशे में केवल 13 लाग गिरफ्तार हुए। जल संसाधन मन्त्रालय के सलाहकार श्री राम वेदिरे का कथन है कि नदी बेसिन को यूनिट मानकर जब तक योजना नहीं बनेगी, जलसंकट का हल नहीं निकल पायेगा।

उत्तराखण्ड हाईकोर्ट ने एक निर्णय में गंगा और यमुना नदियों को जीवित इन्सान का दर्जा दिया है। गंगा देश की अमृत रेखा है। यह हिमालय के गोमुख, गंगोत्री ग्लेशियर से निकलती है और बंगाल की खाड़ी में मिलती है। गंगा बेसिन का कैचमेण्ट एरिया 8,61,404 वर्ग किलोमीटर है जो भारत का 26.04 प्रतिशत है। 43 फीसदी लोगों की आजीविका इस पर निर्भर है। गंगा ऐक्शन प्लान-1, जून 1985 में आरम्भ किया गया जिस पर 451.70 करोड़ रुपये खर्च किये गये तथा गंगा ऐक्शन प्लान-2, वर्ष 1993 और 2009 में विभिन्न फेजेज में शुरू हुआ और 835.34 करोड़ रुपये खर्च

हुए। इसमें 95 शहर एवं कस्बों को ध्यान में रखा गया। इन नदियों को नाबलिग की श्रेणी में रखा गया है। दूषित करनेवाले लोगों के विरुद्ध नदियों के नाम से मुकदमा चलेगा। पहले इस प्रकार का दर्जा मन्दिरों में भगवान् या मूर्ति को दिया जाता था जैसे तिरुपति बाला जी एवं रामलला आदि। फ़रवरी, 2009 में राष्ट्रीय गंगा नदी बेसिन प्राधिकरण गठित हुआ। यमुना नंदी की लम्बाई कुल 1,376 किलोमीटर है और इसकी 12 सहायक नदियाँ हैं। यह उत्तराखण्ड में के यमुनात्री से निकलती है और प्रयागराज (पूर्व में इलाहाबाद) में गंगा से मिलती है। वर्ष 1993 में यमुना प्रोजेक्ट शुरू हुआ तथा जापान ने इसमें 10.27 अरब रुपये लगाये। वर्ष 2016 एवं वर्ष 2017 में मैली से निर्मल यमुना तथा पुनरुद्धार योजना शुरू हुई। गंगा-यमुना के जल में पल रहे जीवों की प्रजनन क्षमता में बढ़ोतरी होती है। हमारी संस्कृति में नदियों की देवी के रूप में मान्यता है। नदी जल के वितरण का सिद्धान्त मानव शरीर के कार्य-कलापों से सम्बन्धित है। गंगा प्रबन्धन बोर्ड नदी के किनारे अवैध निर्माण के विरुद्ध कार्रवाई करेगा। नदियों के पानी के आँकड़े सेण्ट्रल ग्राउण्ड वाटर कमीशन द्वारा एकत्र किये जाते हैं तथा भूगर्भ जल से सम्बन्धित आँकड़े सेण्ट्रल ग्राउण्ड वाटर बोर्ड एकत्र करता है। जल विज्ञान नीति या नेशनल हाइड्रोलॉजी पालिसी द्वारा जल की समस्याओं के निवारणार्थ प्रयास किये जा रहे हैं। इससे नदियों के पानी का समुचित उपयोग होगा। बड़े जलाशयों को कम करना होगा क्योंकि वाष्पीकरण से नुकसान होता है। केन्द्रीय भूमि जल बोर्ड के मैन्युअल ऑफ ग्राउण्ड वाटर रिचार्ज 2007 में उल्लेख है कि वही पानी रिचार्ज कराया जाये जो पेयजल मानकों के अनुसार हो। भूमि जल स्रोत के सतही जल को सीधे रिचार्ज कराना नुकसानदायक है। भूगर्भ स्थित जल भावी पीढ़ी के काम आयेगी इसलिए जल भण्डारों में पानी की वृद्धि हेतु प्रयास अपेक्षित है। नलकूपों की हालत ठीक नहीं है, हजारों हैण्डपम्प खराब पड़े हैं अतः इन सबको दुरुस्त कराकर ही पानी की समस्या से आंशिक राहत मिलेगी।

जलसंकट के कारण हालात बिगड़ रहे हैं। यमुना के पानी को लेकर पंजाब, हरियाणा और दिल्ली राज्यों के सम्बन्ध में कटुता तथा कावेरी के लिए तमिलनाडु एवं कर्नाटक में लड़ाई तथा इसी प्रकार ब्रह्मपुत्र को लेकर भारत-चीन-बाँग्ला देश में विवाद होता रहता है। पानी के झगड़े के कारण महाराष्ट्र के कई जिलों में धारा-144 लगाने को सरकार को मजबूर होना पड़ा है। आज पानी बोतलों में बन्द होकर उत्पाद का रूप ग्रहण कर चुका है। कुछ उद्योगों में पानी की ज्यादा खपत होती है जैसे टेनरी, चमड़ा उद्योग या दवा फैक्ट्रियों आदि में। प्रति व्यक्ति पानी की दर इस्तेमाल होनेवाली पूर्वापेक्षा कम हुई है। हमारे देश में प्रतिवर्ष लगभग 14 लाख बच्चे दूषित पानी के कारण मौत के गाल में समा जाते हैं। परम्परागत जलस्रोत सूख रहे हैं, पर्वतीय क्षेत्रों में जल धाराएँ विलुप्त हो

रही हैं तथा पर्वतीय क्षेत्रों में कुछेक स्थान ऐसे हैं जहाँ महिलाओं को दो से तीन किलोमीटर की दूरी से पानी लाने की विवशता है। ये सारी चीजें दोषपूर्ण जल प्रबन्धन के कारण ही हैं। जलवायु परिवर्तन या ग्लोबल वार्मिंग से भी पानी की समस्या में वृद्धि हुई है इसलिए हमें जलचक्र और इसके आधार की समझ को बढ़ाना होगा तभी पानी के लिए भटकाव में कमी आ पायेगी। तालाबों की तलाश एक ऐसा अभियान है जो जम्मू से सिलीगुड़ी और झारखण्ड के पलामू तक लगभग 250 जिलों में जारी है तथा ढाई हजार से अधिक तालाबों में जीर्णोद्धार का लक्ष्य रखा गया है, 1500 तालाबों का हो चुका है, शेष के लिए प्रयास जारी है। नदी जोड़ो परियोजना दीर्घकालीन है और इसके साथ ही इण्टर बेसिन ट्रान्सफर योजना अपनाना अधिक उपयुक्त होगा। बाबा साहब भीमराव अम्बेडकर विश्वविद्यालय के इन्वायरनमेण्टल स्कूल ऑफ साइन्सेज के प्रो. वैंकटेश दत्ता का कहना है कि माइक्रोक्लाइमेट चेंज का सीधा असर पानी पर पड़ता है। यदि हर गाँव में एक तालाब हो जाये तो पानी की समस्या काफी सीमा तक दूर हो सकती है। उत्तर प्रदेश की राजधानी लखनऊ में 1950-60 के दशक में लगभग ढाई हजार तालाब अभिलेखों में थे पर अब उनकी संख्या काफी कम हो गयी है। वाटर सेंचुरी बनाये जाने की आवश्यकता है। रिवर फ्रण्ट भारत के लिए अधिक उपयोगी नहीं है। पानी के रिचार्ज होनेवाले क्षेत्रों को संरक्षित किया जाये जिससे बिना व्यवधान के रिचार्ज की प्रक्रिया चलती रहे।

वर्तमान में हर खेत को पानी और प्रति बूँद पानी से ज्यादा पैदावार यानी पर मोर ड्राप मोर क्राप को अमलीजामा पहनाये जाने की मुहिम जारी है। राज्यों में समन्वय का अ़भाव है जिससे सिंचाई की समस्या बढ़ रही है। जिला स्तर की परियोजनाएँ तैयार की जा रही हैं और अब तक देश के 235 जिला परियोजनाओं का मसौदा तैयार हो चुका है, इसके क्रियान्वयन से 80 लाख हेक्टेयर भूमि में सिंचाई की सुविधाएँ बढ़ेंगी। इस पर भी जोर दिया जा रहा है कि ग्रामीण विकास मन्त्रालय की मनरेगा का अधिकांश काम जल संरक्षंण से सम्बन्धित कराया जाये। विज्ञान पत्रिका नेचर जियोसाइन्स में प्रकाशित एक शोध में कहा गया है कि सिन्धु और गंगा नदी के मैदानी क्षेत्र का 60 प्रतिशत भूजल प्रदूषित हो चुका है क्योंकि आर्सेनिक खतरनाक स्तर पर इस जल में पहुँच चुका है। स्वच्छ पानी की तलाश में एक अनुमान के अनुसार विश्वभर की महिलाएँ सामूहिक रूप से 20करोड़ घण्टे व्यतीत करती हैं जो 22,800 वर्ष के समान है। सब सहारा अफ्रीका के ग्रामीण इलाके में एक महिला एक बार पानी लाने में 33 मिनट खर्च करती है और शहरी क्षे़त्र में यह समय 25 मिनट का है। एंशिया के ग्रामीण इलाकों में 21 मिनट और शहरी इलाकों में 19 मिनट का औसत है। सोमालिया, ट्यूनिशिया, यमन और मॉरीतानिया में यह समय एक घण्टे से भी अधिक है। 70 देशों में 13.7 करोड़ लोग

भूजल में जहरीले तत्त्व की समस्या से विभिन्न बीमारियों से ग्रस्त हो रहे हैं। नासा की रिपोर्ट के अनुसार हरियाणा, पंजाब और राजस्थान में सिन्धु नदी घाटी जल दोहन के मामले में विश्व में दूसरे स्थान पर है। लगभग 7.6 करोड़ लोग साफ पानी से वंचित हैं तथा 33 करोड़ लोग यहाँ जलसंकट से जूझ रहे हैं, 19 हजार गाँव ऐसे हैं जो नियमित पानी की आपूर्ति से वंचित हैं। वर्ष 2016 में 13 राज्यों के लगभग 300 जिले सूखाग्रस्त पाये गये।

इजरायल की तकनीक को अपनाना हमारे देश के लिए लाभप्रद होगा क्योंकि चीन, जापान और कनाडा जैसे देश उनकी तकनीक को अपनाने हेतु अग्रसर हैं। इण्डो-इजरायली एग्रीकल्चर कोआपरेशन प्रोजेक्ट के अन्तर्गत 65 प्रतिशत कम पानी के इस्तेमाल पर भी 10 गुना अधिक पैदावार प्राप्त करने में सफलता प्राप्त हो चुकी है। इजरायल ने खारे पानी को पेयजल के रूप में बदला है क्योंकि उसने ऐसा संयन्त्र तैयार कर लिया है। वहाँ हवा से पानी बनाया जा रहा है सौर ऊर्जा का प्रयोग करके तथा हवा की नमी से पीने का पानी बनाने में सफलता प्राप्त कर ली गयी है। पानी पंचायत के जिम्मे तालाबों के पानी का हिसाब-किताब रखने का दायित्व महिलाएँ उठा रही हैं और ओडिशा व महाराष्ट्र में इस योजना से सफलता मिली है। इसके लिए महिलाओं को प्रशिक्षण दिये जाने की तैयारी हो रही है।

वर्षा जल संचयन के जो प्रबन्ध अब तक हुए हैं वे अपर्याप्त हैं तथा देख-रेख की कमी के कारण विभिन्न संयन्त्र भी अनुपयुक्त हो चुके हैं। उत्तर प्रदेश में पहले एक हजार वर्गमीटर फिर 300 वर्गमीटर तत्पश्चात् 200 वर्गमीटर के भूखण्ड में जल संचयन प्रणाली को विकसित करने का आदेश दिया गया लेकिन रेन हार्वेस्टिंग सिस्टम का क्रियान्वयन अभी सन्तोषजनक नहीं है। यहाँ सामूहिक रिचार्ज प्रणाली असफल हो चुकी है। कितना वर्षा जल का संचयन हुआ, इसका कोई लेखा-जोखा ठीक ढंग से नहीं है। कूड़े से भी भूजल दूषित हो रहा है। लैण्ड फिलिंग से भूजल जहरीला हो रहा है। इसे वैज्ञानिक तरीके से विकसित करना चाहिए, जिससे उससे निकलनेवाला लीचेट भूजल को दूषित न कर सके। भूजल निर्धारण को देश के विकास से जोड़ना चाहिए। वैज्ञानिकों का कथन है कि 3.6 अरब वर्ष पूर्व पृथ्वी पर ऑक्सीजन का निर्माण प्रारम्भ हो गया था। मनुष्य दिन भर में जो कुछ ग्रहण करता है उसका 75 प्रतिशत ऑक्सीजन होता है। हमें 90 प्रतिशत ऊर्जा ऑक्सीजन के माध्यम से प्राप्त होती है। वातावरण में मौजूद ऑक्सीजन का 70 से 80 प्रतिशत हमें समुद्री पौधे देते हैं। पीपल का पेड़ चौबीसों घण्टे ऑक्सीजन देता है। बाँस भी अन्य पेड़-पौधों की तुलना में तीन प्रतिशत अधिक ऑक्सीजन प्रदान करता है। ऑक्सीजन की कमी से हाइपोजेमिया रोग हो जाता है जिससे साँस लेने में कठिनाई होती है। पानी, ऑक्सीजन का अच्छा स्रोत है इसलिए खूब पानी

पीने की सलाह दी जाती है। ऑक्सीजन की कमी से लीवर, किडनी और मस्तिष्क कुप्रभावित होते हैं। प्रातः स्वच्छ वायु में टहलने को कहा जाता है क्योंकि इससे हमें शुद्ध ऑक्सीजन प्राप्त होता है। यदि पाँच सेकण्ड के लिए विश्व से ऑक्सीजन समाप्त हो जाये तो दिन में अँधेरा हो जायेगा, पृथ्वी ठण्डी हो जायेगी, धातुओं के टुकड़े बगैर बेल्डिंग के जुड़ जायेंगे और अगर 21 फीसदी ऑक्सीजन की कमी हो जाये तो कान के पर्दे फट जायेंगे तथा समुद्र का पानी भाप बनकर उड़ जायेगा ऐसा अनुमान है। ऑक्सीजन के अभाव की बात सोचकर ही स्तब्ध रह जाना पड़ता है इसलिए प्रकृति में सन्तुलन बना रहे, यही हमारे जीवन का उद्देश्य होना चाहिए। औसत आकार के वृक्ष की पत्तियाँ वर्ष भर में 117 लीटर ऑक्सीजन निर्मित करती हैं। फिनलैण्ड सबसे अच्छी हवावाला देश है और हमारा देश सबसे अधिक वायु प्रदूषित देश है। वायु में 78 प्रतिशत नाइट्रोजन, 21 प्रतिशत ऑक्सीजन, .03 प्रतिशत कार्बन-डाइ-ऑक्साइड तथा 0.97 प्रतिशत अन्य गैसें होती हैं। एक व्यक्ति जितना ऑक्सीजन लेता है उसे पाँच वयस्क वृक्ष आपूर्ति करने में सक्षम हैं।

विश्व में 23 प्रतिशत देश ऐसे हैं जहाँ जलशोधन यन्त्र नहीं हैं। 55 करोड़ लोग दुनिया में ऐसे हैं जिनको स्वच्छ पानी नही मिलता है। पूर्व राष्ट्रपति प्रणव मुखर्जी ने कहा था कि भारत का वास्तविक वित्तमन्त्री मानसून है। इस कथन में गूढ़ार्थ निहित है। देश में कुल वर्षा का 80 प्रतिशत भाग हमें वर्षा ऋतु के चार महीनों में प्राप्त होता है। अनुमान है कि उत्तर प्रदेश में तालाब, पोखर और जलाशयों की कुल संख्या 875345 है लेकिन इसमें कई खस्ताहाल हैं। हमारे देश में लगभग चार सौ छोटी-बड़ी सभी नदियाँ मिलाकर हैं तथा कुल लम्बाई लगभग दो लाख किलोमीटर होगी और उसमें जितना पानी है उससे पूरा देश दो फीट पानी से प्लावित हो सकता है। ये नदियाँ देशवासियों के लिए जीवनदायिनी हैं और सांस्कृतिक धरोहरों को विकास करती हैं। 290 नदियों के परीक्षण में पाया गया कि 205 नदियाँ अर्थात् 70 प्रतिशत नदियाँ जलसंकट से ग्रस्त हैं। ये या तो सूख गयी हैं या सूखने के निकट हैं, इन सभी में प्रदूषण है, किनारे के भाग अतिक्रमण से ग्रस्त हैं तथा कैचमेण्ट एरिया में कई पेड़ काट डाले गये हैं। देश की जी डी पी का 17 प्रतिशत भाग कृषि से प्राप्त होता है। रिजर्व बंक के पूर्व गवर्नर सुब्बाराव ने कहा था कि भारत का जीवन कल्याण मानसून के प्रदर्शन पर निर्भर करता है। जल कौशल के विकास की आवश्यकता है क्योंकि इसके विकसित होने से ही जलसंकट का हल सम्भव होगा।

हमारे देश में प्रतिवर्ष एक हजार जलस्रोत विलुप्त होने का अनुमान है। लगभग 1,10,950 जल स्रोतों पर अवैध कब्जे हो चुके हैं, जिनका क्षेत्रफल 18,491 एकड़ है। दावा किया जा रहा है कि लगभग 70 हजार जलस्रोतों पर से अवैध कब्जे हटाये जा

चुके हैं। यदि इसे सही मान भी लिया जाये तो अब भी 40 हजार जल भण्डार अवैध कब्जे में हैं। आजादी के समय इन जलभण्डारों का कुल क्षेत्रफल 5,47,046.9 एकड़ था जो अब काफी कम हो चुका है। इस समय उत्तर प्रदेश में 78 हजार जलस्रोतों को पुनर्जीवित करने तथा एक लाख नये तालाब बनाये जाने की योजना प्रस्तावित है। नागपुर जिले में एक दलित महिला को सवर्णों ने जब पानी नहीं भरने दिया तो उसने अपने परिजनों के साथ 40 दिन में कुआँ खोदकर जल प्राप्त करने का अनोखा कार्य कर दिखाया जो प्रशंसनीय है। केन्द्रीय जल संसाधन व नदी विकास मन्त्रालय के अनुसार 52 नदियों का सफाई अभियान शुरू किया गया है जिसमें 31 नदियों को जोड़ने का कार्य प्रारम्भ किया जायेगा जिससे जल संचय में सुविधा होगी साथ ही 80 लाख हेक्टेयर भूमि की सिंचाई भी हो सकेगी। उत्तर प्रदेश की राजधानी लखनऊ में दो हजार से अधिक लगभग 2,034 जलस्रोत अतिक्रमण के शिकार हो चुके हैं। जिले में प्राकृतिक स्रोत यथा तालाब, पोखर, कुएँ और वाटर रिजर्व वायर आदि की संख्या लगभग 13,307 है। अतिक्रमण के शिकार जलस्रोतों में से कुछेक को राजस्वकर्मियों की मिलीभगत से भू-माफियाओं को बेचे जा चुके हैं और बिल्डर्स ने आशियाने खड़े कर दिये हैं। पानी की गम्भीर कमी एवं सूखाग्रस्त क्षेत्रों में गाँवों में लोग जीविका की तलाश में पलायन कर रहे हैं क्योंकि सूखे के कारण फसल भी नहीं बोयी जा सकती है। बुन्देलखण्ड के सात जिलों में 2,963 के लगभग तालाब विलुप्त हो चुके हैं और 4,263 पर अवैध कब्जे हैं। कहावत है कि तालों में भोपाल ताल बाकी सब तलैया। यह उक्ति चरितार्थ होती है भोपाल ताल पर जो 250 वर्गमील में फैला था और जिसे राजा भोज ने बनवाया था। इसमें 365 नालों एवं नदियों से पानी आता था। 15वीं सदी में होशंग शाह ने सामरिक कारणों से इसे तुड़वा दिया जिससे यह सूख गया। आज भी यहाँ उम्दा किस्म के गेहूँ की खेती होती है।

विश्व में जितना स्वच्छ जल उपलब्ध है उसका केवल 4 प्रतिशत भारत में है जब कि भारत की आबादी इस प्रतिशत के चार गुने से भी अधिक है। ब्रिटिश शासनकाल में सर आर्थर क्राटोन ने सर्वप्रथम नदियों को परस्पर जोड़ने की योजना बनायी थी, उसके पश्चात् 1960 में केन्द्रीय ऊर्जा एवं सिंचाई राज्यमन्त्री के. एल. राव ने गंगा और कावेरी आदि नदियों को जोड़ने की योजना बनायी तत्पश्चात् 1982 में नेशनल वाटर डेवलपमेण्ट एजेन्सी बनी। 2002 में सुप्रीम कोर्ट ने इस योजना को तैयार करने की सलाह दी। 2003 में अटल बिहारी वाजपेयी के प्रधानमन्त्रित्व काल में इस सम्बन्ध में टास्क फोर्स का गठन हुआ। इस कार्य को सम्पन्न करने में 5 लाख 60 हजार करोड़ रुपये के खर्च का अनुमान लगाया गया। तत्पश्चात् यह योजना ठण्डे बस्ते में पड़ गयी। चीन और दक्षिण अफ्रीका आदि देशों ने इस प्रकार क योजनाएँ सफलतापूर्वक सम्पन्न की हैं। यदि

इस योजना का क्रियान्वयन हो तो वर्तमान की अपेक्षा पन्द्रह प्रतिशत अधिक भूभाग की सिंचाई हो सकेगी, 35 से 40 गीगावाट तक जल ऊर्जा बढ़ेगी तथा 5 हजार किलोमीटर तक नहरों का विकास हो सकेगा साथ ही परिवहन तथा टूरिस्ट स्पाट का विकास भी हो सकेगा। वनीकरण में वृद्धि होगी, रोजगार के अवसर बढ़ेंगे और आर्थिक विकास में बढ़ोतरी होगी। नहरों से गाद निकालने को प्राथमिकता दी जानी चाहिए। इस जल संरक्षण के कार्य में जनभागीदारी भी अत्यावश्यक है।

हम लोगों का महापर्व कुम्भ भी गंगा के तट पर मनाया जाता है। प्रचलित प्रेम-कथाओं जैसे हीर-राँझा और सोहनी-महीवाल आदि का सम्बन्ध भी नदी से जुड़ा है। कतिपय नदियाँ सीमा की रक्षा से सम्बन्धित रही हैं तथा पवित्र माने जाने के कारण हमारी आस्थाओं से जुड़ी हैं। विभिन्न नदियाँ कावेरी, ब्रह्मपुत्र, गंगा, यमुना, गोदावरी, नर्मदा और कोसी आदि ऐतिहासिक गाथाओं और पौराणिक गाथाओं से जुड़ी हैं। गंगा सबसे लम्बी नदी है, इसके पानी में ओषधीय गुण हैं, यदि वह शुद्ध रूप में हो। इसके किनारे कई शहर बसे हैं तथा लोगों को रोजगार की सुविधा भी है। विभिन्न पुस्तकें जैसे विजय सिंह की 'जय गंगा : इन सर्च ऑफ द रिवर गोडेस,' रजनीश मिश्र की – 'घाट्स ऑफ वाराणसी : वाराणसी वाक', डेनिसन बर्विक की 'ए वाक अलॉन्ग द गैंजेज', एरिक न्यूबाय की 'स्लोली डाउन द गैंजेज' एवं जार्ज ब्लैक की 'ऑन द गैंजेज' आदि गंगा के माहात्म्य को दर्शाती हैं। गंगा के महत्त्व को फिल्मों में भी दर्शाया गया है तथा इस पर प्रचुर गीतों की रचना हुई है। इसी प्रकार अन्य नदियों के सम्बन्ध में साहित्य का सृजन हुआ है। गंगोत्तरी से गंगासागर यानी उद्‌गम स्थल से अन्त तक की यात्रा विभिन्न लोगों ने समय-समय पर की है तथा अपने अनुभवों का विस्तृत ब्योरा दिया है।

अनुमान है कि नल से यदि बूँद-बूँद कर पानी टपकता रहे तो एक साल में लगभग 3000 गैलन पानी नष्ट हो जाता है। कई बार कार की धुलाई एवं अन्य कार्यों को पूरा करने के बाद भी नल कसकर बन्द नहीं किया जाता है। अन्य कार्यों का अभिप्राय बरामदा एवं चबूतरे आदि धोने से है। इससे पानी बर्बाद होकर या तो नाली में जाता है अथवा इधर-उधर फैल जाता है। क्रिकेट मैच के मैदानों पर हजारों लीटर पानी की बर्बादी होती है। सूखे से जूझ रहे महाराष्ट्र में आई. पी. एल. मैचों पर बैन वहाँ के न्यायालय द्वारा विगत वर्षों में लगाया जा चुका है। कानपुर के ग्रीन पार्क में दस लाख लीटर पानी के संचय हेतु छह टैंक बने हैं जिसमें वर्षा का पानी एवं ट्यूबवेल से पानी एकत्रित होता है। इन टैंकों में गन्दगी फिल्टर करने की व्यवस्था है। पहले ट्यूबवेल का पानी नालियों में बहता था पर अब जल संरक्षण को सम्भव बना दिया गया है अतिरिक्त पानी को जमीन के अन्दर पहुँचाने की व्यवस्था करके। लखनऊ के स्टेडियम में भी यह प्रणाली लागू की गयी है। आज सरकारी भवनों में जल संरक्षण का अभाव दिखायी पड़ता है। 'जिसकी

धरती उसका पानी' इस उक्ति को नियन्त्रित करने की जरूरत है क्योंकि भूजल पर सबका समान अधिकार है।

खेद है कि नदियों का जल दूषित हमीं लोगों द्वारा किया जा रहा है जिससे पर्यावरण को भारी क्षति हो रही है। यदि पर्यावरण संरक्षण करना है तो नदियों का संरक्षण अनिवार्य रूप से करना होगा। पर्यावरण समर्थक लोगों द्वारा नदियों के संरक्षण हेतु समय-समय पर आन्दोलन होते रहे हैं, इससे जल संरक्षण के प्रति जागरूकता में वृद्धि होती है। नदियों पर लिखी गयी पुस्तकों में समाधान हेतु सुझाव दिये गये हैं। इनके अनुपालन से नदियों एवं जल का संरक्षण तो होगा ही साथ में दायित्व का निर्वहन भी हो सकेगा। लोगों की जागरूकता एवं सरकारी प्रयास से दामोदर नदी लगभग निर्मल हो चुकी है जो सराहनीय है। इस नदी की पी.एच.वैल्यू में पर्याप्त सुधार हो चुका है। पूर्व में खलारी से सिन्दरी तक नदी में छाई और राख की बहुतायत थी और ये बहती रहती थीं, पशु भी पानी पीने से परहेज करते थे। दामोदर महोत्सव प्रारम्भ किया गया, निर्मल बनाने के लिए धरना भी दिया गया। परिणामस्वरूप दूषित पानी को जमा कर रिसाइकिलिंग का कार्य शुरू हुआ। इसी प्रकार स्वर्ण रेखा नदी को प्रदूषणमुक्त करने का अभियान एवं प्रयास जारी है।

विधि आयोग ने जल को समवर्ती सूची में लाये जाने की जरूरत बतायी है पर इससे समस्या का निवारण नहीं हो सकेगा। वस्तुतः यह केन्द्र सरकार के अधीन होना चाहिए। अतः इसे समवर्ती सूची में न होकर केन्द्रीय सूची में लाये जाने की आवश्यकता है। राज्य सरकारों के बीच जल विवाद को पंचाट भी हल नहीं कर पा रहा है। जल संरक्षण में संचयन के मामले में ठोस नीति बनायी जाये तथा केन्द्र की सूची में लाया जाये जिससे राज्य संकीर्ण राजनीति का लाभ न उठा सकें। औद्योगिक नगरों में टैनरियों एवं उद्योगों द्वारा सीवेज संशोधन संयन्त्र लगाकर नदियों में जीरो लिक्विड डिस्चार्ज की योजना को प्रभावी ढंग से लागू किया जाना चाहिए। नदियों के तट पर सुन्दरीकरण किया जाना चाहिए, हरियाली पर ध्यान भी और सिंचाई परियोजनाओं को प्राथमिकता के आधार पर पूरा किया जाना चाहिए। प्रत्येक घर में जल चेतना फैलाने की जरूरत है जिससे घर के सभी सदस्य जल का सदुपयोग करें। किसानों को सिंचाई हेतु ऐसे साधनों के प्रति जागरूक किया जाये जिससे कम पानी खर्च करके अधिक परिणाम प्राप्त हो सके। तहसील एवं ब्लाक स्तर पर अनुश्रवण एवं समीक्षा समिति गठित की जाये जिससे जल संरक्षण को बल मिले। गंगा के उद्गम स्थल उत्तरकाशी में गंगोरी और मातली के बीच 10 नाले गंगा में गिरते हैं। एक नाले से रोज 18 हजार लीटर पानी गंगा में विलीन हो रहा है। इन नालों को बन्दकर कई बार अन्यत्र इसके पानी को डाले जाने की योजना बनायी गयी है।

वर्ल्ड बैंक ने अपनी रिपोर्ट में कहा है कि इस सदी के मध्य तक स्वच्छ जल की भारी कमी हो जायेगी। पश्चिमी यूरोप और अमरीका में यह संकट गम्भीर नहीं होगा लेकिन चीन और यूरोप के अन्य भागों का विकास गम्भीर रूप से प्रभावित होगा। ग्लोबल वार्मिंग के तापमान में बढ़ोतरी होने से हिमपात में कमी आती है जिससे नदियों की जलापूर्ति में कमी हो जाती है। समुद्र के जलस्तर बढ़ने से यह खारा पानी भूजल को प्रदूषित करेगा। जलसंकट बढ़ने से कृषि और ऊर्जा के क्षेत्र पर भी कुप्रभाव पड़ेगा, भूजल स्तर गिरेगा तथा इसमें खारेपन की वृद्धि होगी। वर्तमान में विश्व की आबादी सात अरब को पार कर गयी है, जिसके 2050 तक 9 अरब होने का अनुमान है। तब तक कृषि के लिए 50 फीसदी पानी की आवश्यकता और बढ़ेगी। एक अनुमान के अनुसार 2035 तक में ऊर्जा क्षेत्र में वर्तमान पानी की खपत की मात्रा में 85 प्रतिशत तक की वृद्धि हो जायेगी। विश्व बैंक ने सुझाव दिया है कि स्वच्छ जल पर टैक्स लगे जिससे इसके अपव्यय को रोका जा सके। पानी की कमी से खाड़ी देशों के सरल घरेलू उत्पाद में और अफ्रीका के उप-सहारा क्षेत्र के दक्षिण में स्थित क्षेत्रों की अर्थ-व्यवस्था में 10 प्रतिशत से अधिक की गिरावट आयेगी। उत्तर प्रदेश में आँगनबाड़ी के सवा लाख केन्द्र हैं। 2016 के आँकड़ों के अनुसार 27,982 केन्द्रों पर बच्चों के लिए पेयजल की सुविधा नहीं है। आजादी के समय से वर्तमान की तुलना करें तो लाखों की संख्या में जलस्रोत विलुप्त हो गये हैं और जो हैं भी उनमें 15 फीसदी जलस्रोत उपयोग लायक नहीं हैं। जल के अपव्यय से आपदाएँ आती हैं अतः जल संरक्षण हेतु सार्थक सहयोग देना हम सभी का कर्त्तव्य है।

❑

मौसम, जलवायु एवं ग्लोबल वार्मिंग

कई बार टी.वी.न्यूज के अन्त में विभिन्न चैनल्स अगले चौबीस घण्टे में होनेवाले मौसम से सम्बन्धित जानकारी देते हैं जिसमें वर्षा, आर्द्रता एवं तापमान आदि से सम्बन्धित बातें होती हैं। इसे मौसम बुलेटिन भी कहा जा सकता है। मौसम का सम्बन्ध ऋतु से है साथ ही जलवायु से भी। भारतीय परम्परा में छह ऋतुएँ मानी गयी हैं जिनके नाम हैं शिशिर, वसन्त, ग्रीष्म, वर्षा, शरद् तथा हेमन्त। इनमें से प्रथम तीन ऋतुओं में सूर्य का 'उत्तरायण काल' होता है जिसे 'आदान काल' कहा जाता है तथा अन्तिम तीन अर्थात् वर्षा, शरद् तथा हेमन्त में सूर्य का 'दक्षिणायन काल' होता है जिसे 'विसर्ग काल' कहते हैं। छह ऋतुओं में से प्रत्येक का समय दो-दो माह का होता है। संवत्सर के अनुसार या भारतीय परम्परा में बारह मास होते हैं जिसमें चैत्र, बैसाख में वसन्त ऋतु, ज्येष्ठ, आषाढ़ में ग्रीष्म ऋतु, श्रावण, भाद्रपद में वर्षा ऋतु, आश्विन कार्तिक में शरद् ऋतु, अगहन, पौष में हेमन्त ऋतु तथा माघ, फाल्गुन में शिशिर ऋतु का समय निर्धारित है। मौसम विभाग द्वारा किसानों के लिए हिन्दी व अंग्रेजी में सप्ताह में दो बार मौसम के सम्बन्ध में विस्तृत जानकारी मौसम बुलेटिनों के माध्यम से दी जाती है। इस प्रकार की बुलेटिनें किसानों के लिए लाभदायक होती हैं। संचार के विभिन्न माध्यमों यथा टी.वी. आकाशवाणी आदि से अधिक प्रभावी बनाने के लिए मौसम सम्बन्धी जानकारी, किसानों की पृच्छाओं या अपेक्षाओं और खेत-खलिहान या उपज की दृष्टि से आवश्यक हिदायतों का समावेश किया जाना उपयोगी होगा। विभिन्न विभाग जैसे गन्ना, मत्स्य, नाबार्ड, इफ्को, कृषि एवं विभिन्न संस्थानों में परस्पर समन्वय कर अधिकारियों, कृषकों एवं जनसामान्य के प्रतिनिधियों तथा विशेषज्ञों को आमन्त्रित कर अधिक लाभान्वित हुआ जा सकता है।

मौसम में अनिश्चितता या जलवायु परिवर्तन के कारकों में वनों की कटान, लकड़ी की अवैध तस्करी और जनसंख्या वृद्धि आदि हैं। हमारे देश का लगभग 23.4 फीसदी हिस्सा ही वन से आच्छादित है जबकि एक तिहाई होना चाहिए। मौसम परिवर्तन का सर्वाधिक प्रभाव महिलाओं पर पड़ता है, उन्हें सामाजिक नयाय से वंचित होना पड़ता है, गरीबी, बीमारी, असामयिक मृत्यु, विस्थापन और हिंसा की यातनाएँ झेलनी पड़ती हैं। मौसम विज्ञान (Meteorology) के द्वारा मौसम सम्बन्धी पूर्वानुमानों के लिए पृथ्वी के

विभिन्न भागों में स्थित मौसम सूचना केन्द्रों के सिनाप्टिक चार्टों का अध्ययन किया जाता है। यह वायुमण्डल में सक्रिय घटनाओं एवं प्रक्रमों का विश्लेषणात्मक अध्ययन भी करता है। वायुमण्डल की सरंचना और संगठन, तापमान, वर्षा, चक्रवात, वायुराशि आदि विभिन्न घटकों का प्रभाव मौसम या जलवायु पर पड़ता है जिससे मानव-जीवन और उसके कार्य-कलाप प्रभावित होते हैं। जलवायु परिवर्तन का प्रभाव जलस्रोतों पर भी पड़ता है। इस परिवर्तन से जीव-जन्तुओं एवं वनस्पतियों की कई प्रजातियाँ विलुप्त होती जा रही हैं।

वर्तमान में भारत में 148 प्रजाति के जीव तथा 132 प्रजाति के पौधे विलुप्त होने के कगार पर हैं। डॉ. महेश शर्मा, केन्द्रीय वन एवं जलवायु परिवर्तन मन्त्री ने वर्ष 2018 में एक वक्तव्य में कहा है कि टाइगर मिशन के अन्तर्गत शेरों को बचाने का कार्य प्रगति पर है। ललित विजय ने विलुप्त हो चुके जीव व पौधों की प्रजाति के सम्बन्ध में कतिपय राज्यों के आँकड़े इस प्रकार दिये हैं। पौधों की प्रजाति में तमिलनाडु में 23, जम्मू कश्मीर में 20, उत्तराखण्ड में 16, पंजाब में 8, हिमाचल प्रदेश में 6, मध्यप्रदेश में 5, पश्चिम बंगाल में 2 तथा बिहार व उत्तर प्रदेश में एक-एक विलुप्त हो चुके हैं तथा इसी प्रकार जीवों की प्रजातियों में तमिलनाडु में 6, जम्मू-कश्मीर में 10, उत्तराखण्ड में 15, पंजाब में 5, हिमाचल प्रदेश में 10, मध्यप्रदेश में 10, पश्चिम बंगाल में 17 तथा बिहार में 6 विलुप्त हो चुके हैं। इसलिए पौधों व जीवों के संरक्षण का कार्य प्रभावी रूप में होना चाहिए।

एशियन डेवलपमेण्ट बैंक (ए. डी. बी.) और जर्मनी के पॉट्सडैम इन्स्टीट्यूट फार क्लाइमेट रिसर्च के अनुसार जलवायु परिवर्तन से एशियाई देशों में वर्षा में 50 प्रतिशत की वृद्धि सम्भावित है। गर्मी में वृद्धि होगी और 2050 तक प्रतिवर्ष 52 हजार से अधिक मौतें होंगी। एशिया प्रशान्त क्षेत्र गें इस सदी के अन्त तक 6 डिग्री तापमान में वृद्धि हो जायेगी। समुद्र का स्तर एक मीटर बढ़ जायेगा। 59 लाख लोग बाढ़ से प्रभावित होंगे। 2005 में जहाँ बाढ़ के चलते 6 अरब डालर की आर्थिक हानि होती थी वहीं 2050 तक 52 अरब डालर की हानि होगी। मुम्बई, चेन्नई, सूरत और कोलकाता के डूबने का खतरा होगा। 70 लाख कुपोषित बच्चों की संख्या एशिया में बढ़ेगी तथा खाद्यान्न आयात की लागत 13 अरब डालर बढ़ जायेगी।

जलवायु विभिन्न प्रकार की होती है जैसे उष्ण जलवायु, कम उष्ण जलवायु, मध्य अक्षांश जलवायु के क्षेत्र 10 डिग्री सेण्टीग्रेड से कम तापमानवाले, उच्च अक्षांश जलवायु तथा उच्च पर्वतीय जलवायु। जलवायु में परिवर्तन होता रहता है तथा इसी को दृष्टिगत रखते हुए विभिन्न प्रकार की फसलों के बोने का कार्यक्रम सुनिश्चित रहता है। वैसे भी ग्लोबल वार्मिंग बढ़ती जा रही है और इसका प्रभाव उपजों जैसे गेहूँ, चावल, मक्का, अरहर या अन्य दालों एवं तिलहनों पर क्या, कैसे और किस रूप में पड़ेगा,

इसकी जानकारी मौसम विज्ञान के आधार पर सुदूर ग्रामीणों को मुहैया करानी चाहिए। पश्चिमी उन्नत देशों में इस क्षेत्र में पर्याप्त जानकारी सुलभ करायी जाती है लेकिन वहाँ की जानकारी अपने देश के लिए हो सकता है कि सटीक न बैठे। देश, काल, परिस्थितियों एवं जलवायु की स्थिति के अनुसार यहाँ के किसानों के लिए शोध आदि द्वारा जानकारी देना अधिक हितकर होगा। वर्तमान में ग्रीन हाउस की गैसें वायुमण्डल में बढ़ रही हैं जिससे कार्बन-डाइ-ऑक्साइड की मात्रा वातावरण में बढ़ रही है साथ ही तापमान में भी वृद्धि हो रही है। ओजोन भी असन्तुलित हो रहा है। ओजोन और कार्बन-डाइ-ऑक्साइड की मात्रा की इकाई पी पी. एम. है। वर्तमान में कार्बन-डाइ-ऑक्साइड की मात्रा लगभगं 390 पी. पी. एम. और ओजोन का स्तर 40 से 50 पी. पी. एम. का है तथा अनुमान है कि आगामी 40 वर्षों में ये बढ़कर क्रमशः 550 और 90 से 100 पी. पी. एम. तक पहुँच सकती है। प्रतिवर्ष औसत वृद्धि देखने को मिलती है। राष्ट्रीय वनस्पति अनुसन्धान संस्थान तथा अन्य संस्थाएँ शोध द्वारा उल्लेखनीय योगदान दे रही हैं। प्रदूषण भी बढ़ता जा रहा है। तापमान वृद्धि से उपज में गिरावट आती है। कार्बन-डाइ-ऑक्साइड में वृद्धि से गेहूँ, सरसों, आलू व सोयाबीन आदि की उपज में वृद्धि होती है लेकिन इससे ओजोन उत्सर्जन में भी वृद्धि होती है और तापमान में भी इसलिए उपजों की विभिन्न किस्मों एवं पड़नेवाले प्रभाव को भी देखना होगा। शोध से मौसम के बदले स्वरूप में भी उपज की वृद्धि कैसे प्राप्त की जा सकती है, इस दिशा में सार्थक प्रयास हो रहे हैं। मौसम विज्ञान ही जानकारी देता है सुनामी की, ओलावृष्टि, सूखा और तापमान आदि की जिससे सतर्कता बरतते हुए सुरक्षा प्राप्त होती है साथ ही खाद्यान्न वृद्धि भी। प्रतिवर्ष 23 मार्च को विश्व मौसम-दिवस मनाया जाता है, जिससे लोगों में जागृति आये, मौसम सम्बन्धी ज्ञान में अभिवृद्धि हो, खाद्यान्न उत्पादन में वृद्धि हो साथ ही पर्यावरण संरक्षण के प्रति हम सभी अपने दायित्वों का निर्वहन करें।

Anemometer से वायु का वेग मापते हैं। Hygrometer से आर्द्रता, Rain Gauge से वर्षा, Maximum-Minimum Thermometer से दिन और रात का अधिकतम एवं न्यूनतम तापमान ज्ञात होता है। Barometer से वायुमण्डल का दबाव ज्ञात किया जाता है। स्वचालित यन्त्रों से युक्त मौसम सम्बन्धी गुब्बारों से भी बहुत-सी बातों का पता चलता है। कृत्रिम उपग्रह, कम्प्यूटर और सुपर कम्प्यूटर के द्वारा मौसम की भविष्यवाणी की जाती है जो वस्तुतः एक क्रान्ति है। इस प्रकार मौसम विभाग, वायु का दबाव, दिशा, आर्द्रता, तापमान, बादलों का बनना, वर्षा एवं बर्फ आदि तथ्यों का अध्ययन करता है। धरती से 11000 किलोमीटर ऊपर एक अदृश्य सुरक्षा घेरे की खोज की गयी है जो अन्तरिक्ष से आनेवाले जानलेवा कणों से हमारा बचाव करता है। इस घेरे रूपी ढाल को प्लाज्मास्फेरिकटिस नाम दिया गया है। यह जानकारी नासा को बैनएलन रेडिएशन बेल्ट के अध्ययन से प्राप्त हुई है। मोरक्को के मारकेश में संयुक्त राष्ट्र जलवायु

सम्मेलन में लगभग 200 देश तत्काल प्राथमिकता देने को 'मारकेश कार्य घोषणा' के अन्तर्गत सहमत हो गये हैं जिससे जलवायु परिवर्तन को नियन्त्रित किया जा सके। वर्तमान में विश्व में जलवायु अभूतपूर्व दर से गर्म हो रही है। बढ़ती ग्लोबल वार्मिंग के कारण 2016 तक के वर्षों में 2016 सबसे गर्म साल घोषित हुआ है। अण्टार्कटिका के सागर में बर्फ में कमी हुई तथा बर्फ का क्षेत्रफल घटा है। यही हाल आर्कटिक का भी है। वायु का तापमान सामान्य से 20 डिग्री तक अधिक हुआं है। वाल्ट मिथपर शोधकर्त्ता गोदार्ड स्पेस फ्लाइट सेण्टर नासा के अनुसार अक्टूबर माह से नवम्बर माह तक में आर्कटिक और अण्टार्कटिका के सागर में बर्फ रिकार्ड निम्नस्तर पर दर्ज हुई है।

विश्व के तापमान की वृद्धि को दो डिग्री सेल्सियस से कम रखने पर पेरिस जलवायु समझौता हुआ जिसमें 195 देशों ने हस्ताक्षर किये हैं। कार्बन उत्सर्जक देशों में चीन के पश्चात् अमरीका दूसरा सबसे बड़ा देश है। अमरीका ने सितम्बर 2016 में इस पर हस्ताक्षर किये तथा 2025 तक 28 प्रतिशत कार्बन उत्सर्जन में कमी लाने का लक्ष्य रखा लेकिन अमरीका 2017 में इस समझौते से पीछे हट गया है। यदि कोई देश सन्धि निरस्त करना चाहे तो चार वर्ष में यह प्रक्रिया पूरी होगी और इसके बाद भी वह देश चार वर्ष तक इसका सदस्य बना रहेगा। विशेषज्ञों का कथन है कि 2030 तक वार्षिक तीन अरब टन अधिक कार्बन-डाइ-ऑक्साइड का उत्सर्जन होगा जो पर्यावरण के लिए गम्भीर समस्य: है। वर्ष 2016 में प्रतिव्यक्ति वार्षिक कार्बन उत्सर्जन के आँकड़े विभिन्न देशों के इस प्रकार हैं - अमेरीका 16.2 टन, कनाडा 15.1 टन, रुस 11.8 टन, जापान 9.6 टन, जर्मनी 8.9 टन, चीन 7.5 टन, ब्रिटेन 6.5 टन, फ्रान्स 4.7 टन, मैक्सिको 4.7 टन, ब्राजील 2.6 टन तथा भारत 1.7 टन।

ग्लोबल वार्मिंग के सन्दर्भ में इण्टरनेशनल एनर्जी एजेन्सी की रिपोर्ट ग्लोबल ई.वी. आउटलुक – 2017 में कहा गया है कि 2016 में इलेक्ट्रिक कारों की संख्या 20 लाख हो गयी है। 2015 की तुलना में यह संख्या दो गुनी है। वर्तमान में कुल यात्री वाहनों में इलेक्ट्रिक वाहनों का प्रतिशत 0.2 ही है। 2040 तक यदि इनकी संख्या 60 करोड़ हो जाती है तो वैश्विक तापमान को दो डिग्री सेल्सियस के भीतर ही वृद्धि को रोकने में सफलता मिलेगी। अनुमान है कि 2020 तक विश्व में इलेक्ट्रिक कारों की संख्या 90 लाख से 2 करोड़ के मध्य तथा 2025 तक 4 से 7 करोड़ के मध्य होगी। इलेक्ट्रिक कारों में 95 प्रतिशत की हिस्सेदारी जिन दस देशों की है उनके नाम हैं चीन, अमरीका, कनाडा, जापान, नार्वे, जर्मनी, हालैण्ड और स्वीडन आदि। भारत में 2016 तक इलेक्ट्रिक कारों की संख्या 4800 थी जबकि 2015 में यह संख्या 4350 थी। यहाँ इलेक्ट्रिक कारों का मार्केट शेयर 0.02 प्रतिशत है तथा 353 इलेक्ट्रिक कारों को चार्जिंग प्वाइण्ट हैं।

कहां जाता है कि आज से 30 से 50 लाख वर्ष पूर्व प्लीयोसीन युग था और 25 लाख वर्ष पूर्व आखिरी हिमयुग की समाप्ति हुई। 2016 में पिछले दशक की तुलना में कार्बन उत्सर्जन की वृद्धि 50 प्रतिशत अधिक रही। काफी समय पूर्व पी. पी. एम. 180 से 280 तक था जो 2015 में 400 पी. पी. एम. के स्तर पर हो गया। इसका कारण कोयला, तेल, सीमेण्ट आदि का इस्तेमाल तथा जंगल की कटाई और अलनीनो का प्रभाव रहा जिससे कार्बन-डाइ-ऑक्साइड के स्तर में वृद्धि हुई। 1990 से 2016 तक में कार्बन-डाइ-ऑक्साइड व ग्रीन हाउस गैसों में 40 प्रतिशत तक की वृद्धि हुई है। प्लीयोसीन युग में वैश्विक औसत तापमान दो से तीन डिग्री अधिक था जिससे पश्चिमी अण्टार्कटिका की बर्फ की चादरें पिघलीं और समुद्र का स्तर वर्तमान की तुलना में 10 से 20 मीटर ऊँचा हो गया था। वर्ष 2016 में पी. पी. एम. का स्तर 403.3 हो गया। वर्ष 2015 में पेरिस जलवायु समझौता हुआ जिसमें यह तय हुआ कि औद्योगिक काल से पहले के तापमान से दो फीसदी कम तापमान रखने का प्रयास किया जाये। अमरीका प्रारम्भ में इस समझौते में सम्मिलित नहीं हुआ था लेकिन वर्ष 2016 मे वह सम्मिलित हो गया पुनः 2017 में वह इस समझौते से हट गया। अतः वर्तमान स्थिति को देखते हुए प्रतीत होता है कि भविष्य में तीन फीसदी तक तापमान के बढ़ने की आशंका है। तापमान वृद्धि को रोकना एक दुष्कर कार्य है। आवश्यकता है कि सभी राष्ट्र जागरूक हों और समझौते का प्रभावी क्रियान्वयन करें।

ग्लोबल वार्मिंग के कारण विगत सौ वर्ष में पृथ्वी की सतह के औसत तापमान से 0.8 डिग्री सेल्सियस की वृद्धि हुई है। 90 फीसदी ग्लोबल वार्मिंग का कारण ग्रीन हाउस गैस, वन की कटान और जीवाश्म ईंधन का उपयोग है। इसके कारण जलवायु परिवर्तन होता है जिससे गर्म हवा, सूखा, बाढ़, ज्यादा बरसात तथा खाद्यान्न के उत्पादन में कमी की स्थिति बनती है। मौसम में परिवर्तन का कुप्रभाव अन्न उत्पादन पर पड़ता है। अन्तर्सरकारी पैनल की रिपोर्ट के अनुसार विगत आठ लाख सालों की अपेक्षा 21वीं सदी के अन्त तक धरती के तापमान में सर्वाधिक वृद्धि प्रदूषण उत्सर्जन के कारण होगी और यह वृद्धि 4.78 से 7.36 डिग्री सेल्सियस तक हो सकती है। वर्ष 1880 की तुलना में एक डिग्री की वृद्धि वर्तमान समय तक में हो चुकी है। पेरिस सन्धि में इस वृद्धि को 1.5 से 2 डिग्री सेल्सियस तक रखने की बात कही गयी है। गर्म वातावरण से ग्रीन हाउस गैसों के प्रति संवेदनशीलता बढ़ती है। ऐसा अनुमान है कि यदि तापमान में 4 डिग्री सेल्सियस तक की वृद्धि हो जाती है तो उसे नियन्त्रित करना दुष्कर होगा। हिमयुग की समाप्ति के पश्चात् जब बर्फ की मोटी परत धरती पर फैली तो वही ग्लेशियर मैक्सिमम कहलायी। वैज्ञानिकों ने सन् 1750 से लेकर 1850 तक के औद्योगिक युग के पहले के समय को आधार बनाकर हिमयुग से लेकर वर्तमान समय तक तथा इस सदी के अन्त तक सम्भावित परिणामों को ध्यान में रखकर तापमान वृद्धि का अध्ययन किया है।

वस्तुतः ग्लोबल वार्मिंग एक गम्भीर चुनौती है। औद्योगिकीकरण के प्रारम्भ से लेकर अब तक वैश्विक तापमान में 1.25 डिग्री सेल्सियस की वृद्धि हुई है। विगत 45 वर्षों में प्रत्येक दशक में 0.18 डिग्री की वृद्धि हुई है जिससे भविष्य में प्राकृतिक आपदाएँ बढ़ेंगी। कार्बन एक्सट्रैक्शन एक ऐसी विधि है जिससे कार्बन-डाइ-ऑक्साइड को पृथ्वी के भीतर पत्थरों में डाल दिया जाता है जिससे ग्रीन हाउस गैसें दीर्घ काल तक पत्थरों में कैद हो जाती हैं। यह एक खर्चीली प्रक्रिया है जिसमें 104 से 570 लाख करोड़ डालर का खर्च होना अनुमानित है। वैज्ञानिकों ने ऑक्सीजन और नाइट्रोजन के अनुपात पर शोध कर यह निष्कर्ष निकाला है कि विगत 8 लाख वर्षों में वातावरण में विद्यमान ऑक्सीजन में पूर्वापेक्षा उल्लेखनीय कमी आयी है। पेरिस जलवायु समझौते में 2005 के कार्बन उत्सर्जन स्तर को 2030 तक तीस से पैंतीस प्रतिशत तक कम करने का प्रस्ताव पारित किया गया है। सितम्बर 2016 तक 16.52 करोड़ एल.ई.डी. बल्ब वितरित किये गये और 3.2 करोड़ घरों में लगाये गये साथ ही फ्रिज, ए.सी. और टेलीविजन आदि इस किस्म के निर्मित हो रहे हैं जिससे बिजली की खपत पूर्वापेक्षा कम हो। वाहनों में प्रदूषण में कमी जाने के लिए भारत-6 मानक तय किया गया है जो 2020 से लागू होंगे। बिजली से चलनेवाले वाहनों, बैट्री रिक्शा व मेट्रो रेल की संख्या बढ़ायी जायेगी। इस समझौते के अनुसार हमारे देश को 30 लाख टन कार्बन उत्सर्जन को रोकने के लिए पेड़ लगाने होंगे जिससे 2030 तक वन क्षेत्र कुल क्षेत्र के एक तिहाई हो सकें। रेलवे लाइनों एवं हाईवे के दोनों ओर पेड़ लगाये जायेंगे। ज्यादातर इमारतें स्मार्ट व नेट जीरो तकनीक से बनायी जायेंगी। इस विधि से इमारतें वर्ष भर जितनी ऊर्जा की खपत करती हैं उतना ही उत्पादन भी करती हैं।

तिब्बत को दुनिया की छत कहते हैं। क्लाइमेट सेण्टर ऑफ साउथ-वेस्ट चाइनीज तिब्बत ऑटोनामस रीजन ऐण्ड रीजनल रिमोट सेन्सिंग एप्लीकेशन्स रिसर्च सेण्टर की रिपोर्ट के अनुसार ग्लोबल वार्मिंग के कारण तिब्बत गर्म होता जा रहा है साथ ही वहाँ वर्षा में भी वृद्धि हो रही है। यहाँ मई से सितम्बर माह तक वर्षा होती है और 1981 से 2016 के मध्य 0.3 डिग्री सेल्सियस की वृद्धि औसत तापमान में हुई है। परमाफ्रॉस्ट का अर्थ उस सतह से है जो दो वर्ष या और अधिक समय से शून्य डिग्री या उससे कम तापमान पर स्थिर हो। इस प्रकार ग्लोबल वार्मिंग से ग्लेशियर तथा परमाफ्रॉस्ट के पिघलने की आशंका बलवती होती है। यूनिवर्सिटी ऑफ मिशीगन तथा यूनिवर्सिटी ऑफ न्यू हैम्पशायर की रिपोर्ट, जो साइन्स एडवान्सेज जर्नल में प्रकाशित हुई है, में बताया गया है कि ग्लोबल वार्मिंग के बढ़ने से स्तनधारी जीवों का कद पूर्वापेक्षा कम हो सकता है। 5.37 करोड़ वर्ष पूर्व पृथ्वी का तापमान तीन डिग्री बढ़ गया था और यह स्थिति 1.80 लाख वर्ष पूर्व तक थी जिससे पशुओं का औसत कद 14 प्रतिशत कम हो गया तथा वजन में भी कमी आयी। यह अध्ययन, घोड़े, गैण्डे, भेड़, वानर और गायों के जीवाश्म

पर किया गया। इन पशुओं को ग्लोबल वार्मिंग के कारण भोजन कम मिलने लगा जिसका प्रभाव उनकी लम्बाई एवं भार पर पड़ा। यूनिवर्सिटी ऑफ मिशीगन के शोधकर्त्ता फिलिपं जिनजेरिक का कथन है कि इसका प्रभाव मानव के कद पर भी पड़ सकता है।

यूनिवर्सिटी ऑफ एक्जीटर के शोधकर्त्ताओं ने दावा किया है कि यदि दो डिग्री औसत तापमान में वृद्धि होती है तो गंगा, यमुना, रामगंगा, गोमती, दामोदर, चम्बल, केन, कसिया, सोन, बेतवा, सिन्ध, गण्डक, कोसी, काली एवं घाघरा आदि नदियों का बहाव बढ़ जायेगा, खेत-खलिहान नष्ट होंगे, सूखे एवं बाढ़ की विभीषिका का सामना करना पड़ेगा और खाद्यान्न के उत्पादन में कमी आयेगी। सूखे के कारण दक्षिण अमरीका और दक्षिण अफ्रीका कुप्रभावित होंगे तथा अमेजन नदी का बहाव एक चौथाई कम हो जायेगा। ग्लोबल वार्मिंग को नियन्त्रित करने में यदि सफलता नहीं मिलती है तो 76 प्रतिशत विकासशील देशों को गम्भीर समस्याओं का सामना करना पड़ेगा। ब्रिटेन की साउथैम्पटन तथा लिवरपूल यूनिवर्सिटी एवं कैनबरा की आस्ट्रेलियन नेशनल यूनिवर्सिटी के शोधकर्त्ताओं के अनुसार पेरिस सन्धि में तय किये गये मानकों से अधिक तापमान वृद्धि होने की आशंका है क्योंकि 2017 में कार्बन उत्सर्जन में 3.5 प्रतिशत की वृद्धि दर्ज की गयी है। वैश्विक तापमान में वृद्धि को यदि 1.5 डिग्री तक नियन्त्रित रखना है तो कार्बन उत्सर्जन को 19.5 से 20.5 करोड़ किलोटन से कम रखना होगा।

ग्लोबल वार्मिंग के कारण एशियाई ग्लेशियर सिकुड़ने लगे हैं। अन्तरराष्ट्रीय जर्नल में प्रकाशित एक अध्ययन के अनुसार यदि वातावरण के औसत तापमान की वृद्धि को 1.5 डिग्री सेल्सियस से कम रखा जा सका तब भी पर्वतों से 36 प्रतिशत बर्फ कम हो जायेगी तथा अधिक वृद्धि होने पर और भी बर्फ में कमी आयेगी। जुलाई, 2017 में जर्नल नेचर क्लाइमेट में छपी एक रिपोर्ट के अनुसार जलवायु सन्धि के अन्तर्गत तापमान वृद्धि को दो डिग्री सेल्सियस से कम रखने की सम्भावना की सफलता केवल पाँच प्रतिशत ही है। उत्तरी व दक्षिणी ध्रुव को पश्चात् तिब्बत के पठार के पर्वतीय क्षेत्र में मीठे पानी का सबसे बड़ा स्रोत है क्योंकि यहीं पर गंगा, ब्रह्मपुत्र एवं सिन्धु का उद्गम स्थल है साथ ही इन नदियों के जल पर करोड़ों लोग निर्भर हैं। औसत तापमान में यदि 1.5 डिग्री सेल्सियस की वृद्धि होती है तो हिन्दू कुश और उत्तरी हिमालय का तापमान क्रमशः 2.3 तथा 1.9 डिग्री बढ़ेगा और तिब्बती पठार के पर्वतीय क्षेत्रों में 2.1 डिग्री तापमान की वृद्धि हो जायेगी और यदि तापमान वर्तमान स्तर पर ही स्थिर रहे तब भी ग्लेशियरों के पिघलने का क्रम जारी रहेगा। सन् 2100 तक यदि तापमान में वृद्धि 1.5 डिग्री तक होती है तो 36 फीसदी, 3.5 डिग्री बढ़ने पर 49 फीसदी, 4 डिग्री की वृद्धि होने पर 51 फीसदी तथा 6 डिग्री वृद्धि होने पर 65 फीसदी बर्फ की मात्रा के पिघलने की सम्भावना है। इस प्रकार बाढ़ की विभीषका, भीषण तूफान तथा प्राकृतिक सम्पदा को हानि की सम्भावना, गम्भीर समस्याएँ उत्पन्न करेंगी। इस ग्लोबल वार्मिंग से चावल व गेहूँ आदि

खाद्यान्न में प्रोटीन की मात्रा कम हो जायेगी जिससे विश्व में 15 करोड़ लोग प्रभावित होंगे जिसमें 5.3 करोड़ भारतीय होंगे। यह निष्कर्ष हार्वर्ड टी.एच.चान स्कूल ऑफ पब्लिक हेल्थ की रिपोर्ट में बताया गया है। यह भी बताया गया है कि 2050 तक 18 देशों की आबादी के खाद्यान्नों में पाँच प्रतिशत प्रोटीन घट जायेगा। प्रोटीन के साथ आयरन की कमी से पाँच वर्ष से कम दक्षिण एशिया और उत्तर अफ्रीका के 35.4 करोड़ बच्चे और 1.06 अरब महिलाएँ कुप्रभावित होंगी क्योंकि उनके भोजन में 3.8 प्रतिशत आयरन कम हो जायेगा साथ ही लोग एनीमिया से पीड़ित होंगे। प्रोटीन की कमी से कोशिकाओं में प्रोटीन बनने में कमी आती है और कोशिकाएँ ऊतकों से ऊर्जा प्राप्त करने लगती हैं जिससे ऊतक समाप्त होने लगते हैं और व्यक्ति दुर्बल हो जाता है। कार्बन-डाइ-ऑक्साइड के उच्च स्तर पर होने से फसलों में प्रोटीन की कमी का पता शोधकर्त्ताओं ने लगाया है।

वर्ल्ड मीटियोरोलॉजिकल आर्गेनाइजेशन (डब्ल्यू.एम.ओ.) की रिपोर्ट के अनुसार मौसम की अनियमितता तथा अलनीनो का प्रभाव आदि कारक ऐसे हैं जो विश्व के मौसम चक्र को नुकसान पहुँचा रहे हैं। दोनों ध्रुवों पर मौजूद बर्फ का क्षेत्रफल 1.6 करोड़ वर्ग किलोमीटर है, जिसमें 20 लाख वर्गकिलोमीटर बर्फ का क्षेत्रफल 1981 से 2010 तक कम हुआ है। अण्टार्कटिका में बर्फ का क्षेत्रफल लगभग 21 लाख वर्ग किलोमीटर है। आर्कटिक की बर्फ 1979 से प्रतिदशक 2.8 फीसदी कम हो रही है। मानवीय गतिविधियों के दुष्प्रभाव से वातावरण में कार्बन-डाइ-ऑक्साइड की मात्रा में रिकार्ड बढ़ोतरी हो रही है जिससे मौसम चक्र प्रभावित हो रहा है। पेटेरी तालस महासचिव डब्ल्यू.एम.ओ. का कथन है कि पेरिस जलवायु समझौते के प्रभावी क्रियान्वयन से ही ग्रीन हाउस गैसों का उत्सर्जन कम हो सकेगा। इस प्रकार मौसम या जलवायु परिवर्तन तथा ग्लोबल वार्मिंग से विभिन्न समस्याएँ उत्पन्न हो रही हैं जैसे सूखा व बाढ़ का प्रकोप, बर्फ का पिघलना, मीठे पानी की मात्रा का कम होना, खाद्यान्न उत्पादन में कमी, खाद्यान्नों में प्रोटीन व आयरन का कम होना, ओजोन पर कुप्रभाव, कुपोषण, औसत तापमान का बढ़ना तथा ग्रीन हाउस गैसों की वृद्धि आदि साथ ही कार्बन-डाइ-ऑक्साइड के उत्सर्जन में बढ़ोतरी भी। ये समस्याएँ मानव व जीव-जन्तुओं के अस्तित्व के लिए गम्भीर चुनौती हैं। पेरिस जलवायु समझौते का प्रभावी क्रियान्वयन विभिन्न राष्ट्र की सरकारों द्वारा आवश्यक तो है ही, साथ ही हम सभी का भी दायित्व है जलवायु परिवर्तन तथा ग्लोबल वार्मिंग को सन्तुलित रखने में यथासम्भव अपना योगदान दें जिससे हरियाली और खुशहाली में वृद्धि सम्भव हो।

❑

प्रदूषण

पर्यावरण में असन्तुलन का सर्वाधिक प्रमुख कारक प्रदूषण है। वर्तमान में समस्त भूमण्डल तथा वातावरण निरन्तर तीव्रता से प्रदूषित हो रहे हैं, इसीलिए विश्व के समस्त अन्तरराष्ट्रीय संगठन, जो पर्यावरण से सम्बन्धित हैं, प्रदूषण के दुष्प्रभावों एवं इसके निवारण के लिए गम्भीरता से विचार कर रहे हैं। अफ्रो-एशिया देशों में पर्यावरण संरक्षण के लिए 'इनसोना' अर्थात् इण्टरनेशनल सोसाइटी ऑफ नेचुरलिस्ट संस्था विश्वविख्यात है। प्रदूषण को दूर करके ही हम पृथ्वी को हरा-भरा बना सकते हैं। कतिपय स्थानों पर हरे बाँस की सब्जी व अचार बनते हैं लेकिन महिलाओं द्वारा कार्य करने से इन्कार करने से यह स्पष्ट होता है कि उनमें पर्यावरण के प्रति चेतना विकसित हुई है। प्रदूषण मुख्य रूप से तीन प्रकार के होते हैं जल प्रदूषण, वायु प्रदूषण एवं ध्वनि प्रदूषण। इनके अतिरिक्त प्रदूषण के अन्य स्वरूप भी हैं जैसे मृदा प्रदूषण, प्रकाश प्रदूषण, ताप प्रदूषण, प्लास्टिक प्रदूषण एवं कूड़े-कचरे का प्रदूषण आदि। रासायनिक कचरे और पॉलीथीन की थैलियाँ पृथ्वी को प्रदूषित कर रही हैं। पूर्व प्रधानमन्त्री इन्दिरा गाँधी ने प्रदूषण का मुख्य कारण गरीबी को बताया है। 'इनसोना' संस्था के संस्थापक डॉ. जी. एम. ओझा और 'इनवायरनमेण्टल अवेअरनेस' जर्नल की सम्पादिका सलाहकार श्रीमती प्रेमलता ओझा के प्रयास से पर्यावरण विभाग की स्थापना हुई जो बाद में पर्यावरण मन्त्रालय बना। कल-कारखानों से निकलनेवाले धुएँ और प्रदूषित द्रव ने पर्यावरण को दूषित किया है। गंगा के पानी में एक प्रकार का बैक्टीरिया होता है जिससे वर्षों तक पानी प्रदूषित नहीं होता लेकिन बढ़ते प्रदूषण के कारण कई जगहों पर पानी स्नान के लायक भी नहीं रह गया है।

ग्लोबल वार्मिंग के कारण ग्रीन हाउस की गैसों में वृद्धि हो रही है जैसे कार्बन-डाइ-ऑक्साइड आदि। इन गैसों की वृद्धि में बढ़ती जनसंख्या भी एक प्रमुख कारक है। प्रतिवर्ष 2 दिसम्बर को प्रदूषण निवारण-दिवस मनाया जाता है जिसका उद्देश्य है पर्यावरण का संरक्षण तथा प्रदूषण का निराकरण करना। आज आवश्यकता है पारिस्थितिकी जीवन का संरक्षण किया जाये साथ ही जैविक विविधता का भी संरक्षण हो। परसिस्टेण्ट ऑर्गेनिक पोल्यूटेण्ट (पी. ओ. पी. एस.) मानव की प्रजनन क्षमता को कुप्रभावित कर रहा है। प्राकृतिक सुख-सुविधाओं में कमी, प्राकृतिक प्रदूषण के कारण होती है। पर्यावरण

में अवांछित एवं प्रतिकूल परिवर्तन प्रदूषण के कारण होते हैं तथा प्रदूषक तत्त्व स्वास्थ्य को कुप्रभावित करते हैं।

खाना पकाने के लिए प्रयुक्त ईंधन जैसे उपले, लकड़ी और चारकोल आदि से पर्याप्त मात्रा में वायु प्रदूषण होता है तथा विभिन्न बीमारियाँ जैसे मोतियाबिन्द, स्ट्रोक और हृदय रोग आदि होती हैं और अर्थव्यवस्था भी कुप्रभावित होती है। परम्परागत तरीके से जहाँ खाना पकाया जाता है वहाँ की रसोई घर में पी. एम. का स्तर बाहर की अपेक्षा काफी अधिक होता है। एक अध्ययन में बताया गया है कि 2017 से पहले होनेवाली 1.24 मिलियन मौतों में 0.48 मिलियन मौतें इनडोर प्रदूषण के कारण हुईं। बाथरूम, फर्श तथा बर्तनों को साफ करने के लिए प्रयुक्त सामग्रियों से जहरीली गैसें फैलती हैं तथा इनडोर प्रदूषण में बढ़ोतरी होती है। कास्मेटिक, मच्छर मारने के लिए प्रयुक्त साधन, एअर फ्रेशनर, परफ्यूम, कपूर-लोहबान आदि के इस्तेमाल से प्रदूषण बढ़ता है साथ ही पेण्ट, पालिश, कपड़े में छिपे धूल-कीटाणु, ड्राइक्लीनिंग, हीटर, प्रिण्टर, ग्लू एवं स्टेशनरी आदि तथा पक्षियों एवं पशुओं के मल, बाल, डेड स्किन तथा रोशनदान के अभाव में भी प्रदूषण बढ़ता है। नेचर फ्रेण्डली वस्तुओं जैसे हर्बल आदि के प्रयोग को बढ़ावा देने से प्रदूषण में कमी सम्भव है। अध्ययन से ज्ञात हुआ है कि घरेलू प्रदूषण को नियन्त्रित करने से जीवन विस्तार होता है। अतः प्रदूषण को दूर करके ही पर्यावरण संरक्षण की दिशा में अग्रसर हुआ जा सकता है। प्रदूषण का अंग्रेजी पर्याय Pollution है जिसकी व्युत्पत्ति लैटिन भाषा के Pollutus से हुई है जिसका अर्थ है दूषित करना। लॉर्ड कैनेट ने माना है कि पर्यावरण में उन तत्त्वों या ऊर्जा की उपस्थिति को प्रदूषण कहा जाता है जो मानव द्वारा अनचाहे निर्मित हों या बच गये हों तथा जिनके कारण मनुष्य के स्वास्थ्य पर हानिकारक प्रभाव पड़ता है। इसलिए प्रदूषण का निराकरण एवं पर्यावरण संरक्षण हम सभी का दायित्व एवं मानव धर्म दोनों है।

(क) स्मागा

स्मोक (धुआँ) और फाग (कोहरा) इन दो शब्दों से मिलकर बना है। स्माग जिसका अर्थ है धुन्ध। 1905 में इस शब्द का सर्वप्रथम प्रयोग डॉ. हेनरी एण्टोनी देस बॉक्स ने किया था। इससे परेशानी सुबह व शाम होती है क्योंकि प्रातः हवा का मूवमेण्ट कम होता है और शाम को प्रदूषण अधिक होता है। वस्तुतः स्माग एक प्रकार का वायु प्रदूषण है। आजकल इस शब्द का प्रयोग मीडिया एवं अन्य जगहों पर बहुतायत से किया जाता है। वातावरण में विद्यमान रसायन वायु में प्रदूषण का जहर घोलते हैं। यदि ये प्रदूषक प्रत्यक्ष तौर पर उत्सर्जित होते हैं तो इन्हें प्राथमिक प्रदूषक कहा जाता है और अन्य प्रदूषकों से प्रतिक्रियास्वरूप फैलते हैं तो इन्हें द्वितीय प्रदूषक कहते हैं।

पटाखे और पराली जलाने से भी स्माग वातावरण में व्याप्त होता है। सर्दी में स्माग को फोटोकेमिकल स्माग कहते हैं। कारखानों से निकले धुएँ में विद्यमान राख, गैस, हानिकारक रसायन, जलाये गये जैविक जीवों के सूक्ष्म कण, हवा और सूर्य के प्रकाश से जब मिलते हैं तो हवा भारी हो जाती है और पहाड़ों के ऊपर नहीं जा पाती है। यह गर्मी की अपेक्षा सर्दियों में आसानी से बनता है। वायु प्रदूषकों में कई तत्त्व हैं जैसे पार्टिकुलेट मैटर यानी धूल, मिट्टी, एसिड के कण, कार्बन-मोनो-ऑक्साइड तथा कार्बन-डाइ-ऑक्साइड आदि। सर्दी के दिनों में वायु का वेग कम होता है जिससे डस्ट पार्टिकल्स हवा में स्थिर बने रहते हैं, अतः धुन्ध बन जाती है। कोहरे के साथ प्रदूषण के कण एक चादर-सी बनाते हैं जो स्वास्थ्य के लिए हानिकारक है।

वाहन से निकलनेवाली गैसें भी स्माग के निर्माण के कारक हैं क्योंकि इसमें हाइड्रोकार्बन, नाइट्रोजन ऑक्साइड और कार्बन-मोनो-ऑक्साइड होते हैं। 1952 में लन्दन में इसके कारण चार हजार लोग मरे थे। फेफड़े के मरीज एवं डायबिटीज के मरीजों पर इसका ज्यादा दुष्प्रभाव पड़ता है जिससे त्वचा कैन्सर, सिरदर्द, दमा, फेफड़े का कैन्सर तथा खुजली आदि बीमारियों की सम्भावना बढ़ जाती है। साँस के मरीजों तथा धूम्रपान करनेवालों को यह ज्यादा नुकसान पहुँचाता है। धुन्ध, आँखों में जलन, खुजली और ललिमा पैदा करती है अर्थात् दृष्टि कमजोर करती है। रक्तचाप और हृदय रोग से पीड़ित व्यक्तियों को चाहिए कि यथासम्भव इससे बचाव बनाये रखें। स्माग के कारण रक्त धमनियाँ सँकरी हो सकती हैं, रक्त का थक्का निर्मित हो सकता है, रक्तचाप की बीमारी हो सकती है तथा अन्य बीमारियाँ होने की सम्भावना बढ़ती है।

स्माग के प्रभाव से पेड़-पौधे ठीक से पनप नहीं पाते और जानवर भी बीमार हो जाते हैं। अँधेरा जैसा माहौल बनने से लोगों का जी घबड़ाता है। त्वचा कैन्सर की सबसे भयावह स्थिति क्यूटेनियस मेलानोमा है जिसे इम्यूनोथेरेपी से ठीक किया जा सकता है। प्रारम्भिक स्थिति में आपरेशन कारगर होता है पर बाद में दवाओं से ही इलाज किया जाता है। यह कहना है कनाडा की मैकमास्टर यूनिवर्सिटी की शोध छात्रा ताहिरा देवजी एवं एसोशिएट प्रोफेसर फेंगसी का। स्माग से बचाव के लिए कतिपय उपाय अपनाये जा सकते हैं जैसे घर के बाहर टहलने की अपेक्षा घर में ही व्यायाम कर लिया जाये जिससे हानिकारक प्रदूषकों से बचाव हो सके साथ ही उपयुक्त मास्क का उपयोग किया जाये जिससे हानिकारक कण फिल्टर हो सकें। घर में वैक्यूम क्लीनर एवं एअर प्यूरीफायर का इस्तेमाल करें। मनीप्लाण्ट, स्नेक प्लाण्ट व एरीका पाम जैसे पौधे घर के गमलों में लगाये जायें, इससे घर की वायु शुद्ध बनी रहती है। ऐसे फल एवं सब्जियों का उपयोग करें जिसमें विटामिन-सी एवं मैग्नीशियम आदि प्रचुर मात्रा में हों। ड्राइविंग कम करें और रसोई में एग्जॉस्ट पंखे का उपयोग करें। गर्म पानी के भाप के सेवन से साँस की नली साफ होती है। सौर ऊर्जा को बढ़ावा दें साथ ही ग्रीन टेक्नोलॉजी को भी।

धुन्ध की बढ़ती समस्या के कारण नवम्बर, 2016 में दिल्ली के 17 हजार स्कूलों को बन्द रखने का आदेश दिया गया था। वहाँ की पॉश कॉलोनी में प्रदूषण 11 से 17 गुना अधिक हो गया है। विश्व स्वास्थ्य संगठन द्वारा 91 देशों के 1600 शहरों के वायु प्रदूषण का अध्ययन किया गया। जिसमें 20 सर्वाधिक प्रदूषित शहरो में 13 केवल भारत के पाये गये जिसमें ग्वालियर, प्रयागराज, पटना, लुधियाना, कानपुर, रायपुर और दिल्ली आदि प्रदूषित शहरों की श्रेणी में आते हैं। पी. एम. 2.5 में प्रति घनमीटर 10 माइक्रोग्राम से अधिक नहीं होना चाहिए, लेकिन प्रयागराज में 170, पटना में 149, रायपुर में 144, और दिल्ली में 122 पाया गया। सामान्य तौर पर वायु गुणवत्ता सूचकांक (Air Quality Index) 150 से अधिक हो तो वायु प्रदूषित मानी जाती है। दिल्ली के कई क्षेत्रों में यह एक हजार से अधिक पाया जा चुका है। हवा जब ज्यादा प्रदूषित होती है तो गैस चैम्बर जैसी स्थिति उत्पन्न हो जाती है। स्माग के कारण जीवन विस्तार भी कम होता है। येल यूनिवर्सिटी की रिपोर्ट के अनुसार 180 देशों में हमारे देश का स्थान 155 पर पाया गया। हमारे देश के 48 प्रकार के वाहनों में 40 प्रतिशत वाहन अवैध रूप से संचालित होते हैं।

धुन्ध की परत धरती को आवृत कर लेती है जिसमें सल्फर के कण, धूल कण, ज़हरीले केमिकल्स, आधे जले पेट्रोलियम पदार्थ, जमीन के इर्द-गिर्द की ओजोन आदि सम्मिलित रहती हैं। इसके कारण नवजात शिशु का वजन कम हो सकता है, खाँसी, छाती में दर्द और ब्रांकाइटिस आदि की समस्या उत्पन्न होती है। मास्क बचाव का साधन अवश्य हैं पर इसे 4 से 6 तक प्रयोग करने के बाद मास्क को डिस्पोज ऑफ कर देना चाहिए जिससे वे इधर-उधर न फैलें। एक ही मास्क का प्रयोग बार-बार नहीं करना चाहिए। धुन्ध छाये रहने की स्थिति में यथासम्भव घर से बाहर कम निकलें। फ्लू से बचाव के लिए टीका लगवायें। वाहनों की संख्या तथा तज्जनित प्रदूषण पर प्रभावी ढंग से रोक लगनी चाहिए। इण्डस्ट्री पाल्यूशन की रोकथाम के साथ ही कूड़े के जलाने पर पाबन्दी लगनी चाहिए।

क्रानिक ऑब्स्ट्राक्टिव पल्मोनरी डिजीज (सी. ओ. पी. डी.) के कारण हमारे देश में 50 प्रतिशत मौतें कुल मौतों में से होती हैं। लगभग 32 प्रतिशत लोग अब भी जैव ईंधन अर्थात् चूल्हे का प्रयोग खाना बनाने में करते हैं। चूल्हे से निकलनेवाला धुआँ पी. एम. 10 (पार्टिकुलेट मैटर) एक हजार माइक्रोग्राम प्रतिघनमीटर तक होता है। इससे होनेवाले विभिन्न बीमारियों से बचाव के लिए वर्ष में एक बार पल्मोनरी फंक्शन टेस्ट (पी. एफ. टी.) कराना चाहिए साथ ही इनहेलर का प्रयोग भी वे करें जिन्हें श्वास सम्बन्धी समस्या है। लगभग तीन करोड़ लोग सी. ओ. पी. डी. की बीमारी से पीड़ित हैं। कम्बाइन हारवेस्टर के बढ़ते प्रयोग के कारण धान की कटाई जड़ से एक-दो फीट ऊपर होती है। यदि इस डण्ठल को क्रय कर लिया जाये और कोयला रूपी, ब्रिकेट बनाकर

वैकल्पिक ईंधन के रूप में प्रयोग करें तो पराली की समस्या से बचाव हो सकता है। प्रतिक्रियाशील गैसों में नाइट्रिक ऑक्साइड (एन. ओ.) तथा नाइट्रोजन-डाइ-ऑक्साइड (एन. ओ. 2) प्रमुख हैं। जिसके कारण एसिड रेन भी होती है। ये गैसें अमोनिया जैसी गैसों के साथ प्रतिक्रिया करती हैं। इन गैसों में 50 प्रतिशत हिस्सा ऑटोमोबाइल का होता है। इससे हार्ट अटैक की सम्भावना बढ़ती है। दृश्यता (विजिबिलिटी) कम हो जाती है तथा वनस्पतियों को नुकसान पहुँचता है। कार्बन मोनो ऑक्साइड (सी.ओ) गन्धहीन और रसहीन होती है, जो किसी वस्तु को जलाने के कारण उत्पन्न होती है। यह हृदय के साथ मस्तिष्क को भी कुप्रभावित करती है। सल्फर-डाइ-ऑक्साइड (एस. ओ. 2) अदृश्य होती है तथा उलझन पैदा करती है। कृत्रिम बारिश तथा हवा शोधक बल्ब (एअर प्यूरीफायर बल्ब) और प्रकाश उत्प्रेरक पदार्थ (फोटोकैटालिटिक मैटीरियल) एवं जी. टी. एल. ईंधन (गैस टू लिक्विड फ्यूल) के प्रयोग से प्रदूषण पर प्रहार सम्भव है। आवश्यकता इस बात की है कि निजी वाहनों पर दबाव कम हो तथा प्रकृति के साथ सम्बन्ध अधिक हो। पर्यावरण को स्वच्छ बनाकर तथा इसके प्रति जागरूकता एवं सक्रिय प्रयास से धुन्ध की समस्या से मुक्ति पायी जा सकती है।

(ख) ओजोन

पृथ्वी से लगभग 10 से 50 किलोमीटर की ऊँचाई तक एक अत्यन्त पारदर्शी परत विद्यमान है जिसे ओजोन परत कहते हैं। यह ओजोन परत ही सूर्य से आनेवाली पराबैंगनी किरणों से पृथ्वी पर रहनेवाले जीव-जन्तुओं की सुरक्षा करती है। वायुमण्डल की सीमा 1000 किलोमीटर की ऊँचाई तक होती है। 17 किलोमीटर की ऊँचाई तक व्योम मण्डल (Troposphere) इसके पश्चात् 50 किलोमीटर तक समताप मण्डल (Stratosphere) जिसके ऊपरी भाग में ओजोन, 50 से 85 किलोमीटर की ऊँचाई तक मध्य मण्डल (Mesophere), 500 किलोमीटर की ऊँचाई तक आयन मण्डल (Ionosphere) तथा इसके बाद बाह्य मण्डल (Exosphere) होता है जिसमें हीलियम और हाइड्रोजन होती है। यूनिवर्सिटी ऑफ कैलिफोर्निया में केमिस्ट्री के प्रोफेसर फ्रैंक शेरवुड रालैण्ड और मैक्सिको की केमिस्ट मारिया मेलेना ने सर्वप्रथम बताया कि पृथ्वी से पचास किलोमीटर ऊपर स्ट्रेटोस्फेयर अर्थात् ओजोन की परत में छेद है। इन दोनों वैज्ञानिकों को वर्ष 1995 में नोबल पुरस्कार भी प्राप्त हो चुका है। वाहनों से निकलनेवाले रसायन जब सूर्य की रोशनी के सम्पर्क में आते हैं तो ओजोन बनाते हैं जिससे लोगों के स्वास्थ्य पर तथा फसलों पर कुप्रभाव पड़ता है। वैज्ञानिक यह अनुसन्धान कर रहे हैं कि पर्यावरण में ओजोन की मात्रा में इसी प्रकार से वृद्धि होती रही तो किस किस्म की फसल पर सकारात्मक प्रभाव पड़ेगा या नकारात्मक प्रभाव। राष्ट्रीय वनस्पति अनुसन्धान संस्थान

(एन. बी. आर. आई.) के प्लाण्ट इकोलॉजी ऐण्ड इन्वायरनमेण्ट साइन्सेज के अध्यक्ष डॉ. विवेक पाण्डेय का कथन है कि पृथ्वी से 15 से 35 किलोमीटर तक मौजूद स्ट्रेटोस्फेयर अर्थात् ओजोन की परत का संरक्षण जरूरी है। यह सूर्य की पराबैंगनी किरणों को रोकती है लेकिन वातावरण में मौजूद ओजोन पेड़-पौधों तथा जीवों के लिए नुकसानदायक है।

शुरू में हाइड्रोकार्बन इण्डस्ट्रीज द्वारा रालैण्ड और मलेना की खोज का खण्डन किया गया तथा इसे साइन्स फिक्शन की संज्ञा दी गयी। ओजोन में सुराख की वजह से क्लोरोफ्लोरो कार्बन गैस निकल रही है। यह गैस कारखानों के धुएँ और कबाड़ से निर्मित होती है। वाहनों की संख्या बढ़ने से सान्द्रण भी बढ़ रहा है जो एक गम्भीर चुनौती है क्योंकि इसके कारण पेड़ों की कार्बन-डाइ-ऑक्साइड के शोषण करने की क्षमता कम हो रही है जिससे पर्यावरण में कार्बन-डाइ-ऑक्साइड का स्तर बढ़ रहा है। फ्री एअर कन्स्ट्रेशन इनरिचमेण्ट अर्थात् फेस परियोजना के अन्तर्गत फसलों पर ओजोन तथा कार्बन-डाइ-ऑक्साइड के मिले-जुले प्रभाव का अध्ययन ज़ारी है। इससे कार्बन-डाइ-ऑक्साइड तथा ओजोन के बढ़ते स्तर के बावजूद अच्छी उपज प्राप्त करने के सम्बन्ध में जानकारी हो सकेगी। इसके लिए फसल के पौधों पर ओज़ोन और कार्बन-डाइ-ऑक्साइड गैस को प्रवाहित कर परिणाम ज्ञात किया जायेगा। ज़लवायु के परिवर्तन से पृथ्वी के औसत तापमान में वृद्धि हो रही है इसलिए तापमान में ओजोन तथा कार्बन-डाइ-ऑक्साइड को सम्मिलित कर प्रभाव को जानने का प्रयास हो रहा है। ओजोन की कमी या अधिकता दोनों ही नुकसानदेह है। ओजोन चाहे स्ट्रेटोस्फेयर में हो या ट्रोपोस्फेयर में, का क्षरण खतरे का आगाज है। हम लोग ट्रोपोस्फेयर में रहते हैं इसलिए इस क्षेत्र में ओजोन के स्तर का बढ़ना भी हानिकारक है।

यूनाइटेड नेशन्स इनवायरनमेण्ट प्रोग्राम के अन्तर्गत वर्ष 1995 से प्रतिवर्ष 16 सितम्बर को विश्व ओजोन-दिवस मनाया जाता है। प्रतिवर्ष इस दिवस के लिए एक थीम बनायी जाती है जैसे 2011 में थीम रखी गयी थी 'हाइड्रोक्लोरोफ्लोरो कार्बन फेज आउट ए यूनिक ऑपर्चुनिटी'। इसी प्रकार थीम बनाकर ओजोन डे मनाकर लोगों को जागरूक किया जाता है। ओजोन अणु तीन सप्ताह में नष्ट हो जाता है। वायु के प्रसरण से ओजोन एक स्थान से दूसरे स्थान तक पहुँचती है। यह साँस सम्बन्धी बीमारी उत्पन्न कर सकती है तथा अस्थमा में वृद्धि होती है।

ओजोन परत के पतले होते जाने से कृषि, जीवों, समुद्र और वनस्पतियों आदि पर कुप्रभाव बढ़ता जा रहा है और अल्ट्रा वायलेट रेज या सूर्य की पराबैंगनी किरणें पूर्वापेक्षा पृथ्वी पर अधिक आ रही हैं। फ्रिज एवं एअर कण्डीशनर के संचालन में सी. एफ. एस. गैस प्रयुक्त होती है और यह रसायन भी एक प्रमुख कारण है ओजोन की परत को हानि

पहुँचाने के लिए। ऑक्सीजन, कार्बन-डाइ-ऑक्साइड, नाइट्रोजन, ऊर्जा, जल तथा सूर्य प्रकाश आदि पृथ्वी के जीवों के जीवन से जुड़ी है। वायुमण्डल का गठन गैसों, जल-वाष्प एवं धूल कण आदि से होता है। नाइट्रोजन, ऑक्सीजन, आर्गन, कार्बन-डाइ-ऑक्साइड और हाइड्रोजन क्रमशः 78.03 प्रतिशत, 20.99, 0.93, 0.03 तथा 0.01 फीसदी वायुमण्डल में है जो सम्मिलित रूप से 99.99 प्रतिशत हैं और ये भारी गैसें कहीं जाती हैं। इनकी अधिक मात्रा वायुमण्डल के नीचे की परतों में है। वायुमण्डल में विभिन्न परतों के नाम हैं ट्रोपोस्फेयर, स्ट्रेटोस्फेयर, ओजोन स्फेयर, एक्सोस्फेयर तथा मैगनेटोस्फेयर। बारह से पचास किलोमीटर की ऊँचाई पर समताप मण्डल में ओजोन परत विद्यमान है। यह सूर्य की पराबैंगनी किरणों का अवशोषण करती है तथा 25 से 50 किलोमीटर की परिधि में सर्वाधिक अवशोषण होता है। ऊँचाई पर स्थित ओजोन परत का तापमान पृथ्वी के धरातल के तापमान की अपेक्षा कहीं अधिक होता है। ऑक्सीजन मानव के लिए प्राणवायु है। ओजोन गैस (O_3) का निर्माण ऑक्सीजन के अणुओं $O_2 + O$ के संयोग से होता है। यह गन्धयुक्त होती है तथा इसका रंग नीला होता है। वायुमण्डल में 12 से 50 किलोमीटर के बीच में इसका सान्द्रण (Concentration) तथा सागर तल पर 12 से 35 किलोमीटर के मध्य सान्द्रण सर्वाधिक होता है। आणविक संरचना में परिवर्तन होते रहने से ओजोन गैस का निर्माण तथा विनाश की प्रक्रिया जारी रहती है। ओजोन गैस पर सौर्यिक विकिरण का प्रभाव जब पड़ता है तो वह ऑक्सीजन में परिवर्तित होती है। ऑक्सीजन और ओजोन गैस परस्पर एक-दूसरे में परिवर्तित हो जाती हैं तथा सन्तुलन बना रहता है।

ओजोन परत पृथ्वी का सुरक्षा कवच या ऊष्मा सह छतरी है। पृथ्वी की पराबैंगनी किरणों को 93 से 99 प्रतिशत तक ओजोन परत अवशोषित करती है तथा उसका सूक्ष्म भाग ही पृथ्वी तक आ जाता है। नाभिकीय परीक्षणों से ओजोन का क्षरण होता है अतः इन परीक्षणों को बन्द किये जाने की माँग की जाती रही है तथा सिद्धान्त के रूप में स्वीकार भी किया गया है। वसन्त काल में सान्द्रण गति काफी कम हो जाती है। ओजोन की क्षति विश्वव्यापी क्षति है। 1987 में कनाडा के माण्ट्रियल में सम्मेलन आयोजित हुआ, इसमें विश्व के कई देशों ने भाग लिया। इसमें ओजोन परत को नष्ट करनेवाली क्रियाओं को नियन्त्रित करने का प्रस्ताव पारित हुआ जिसे माण्ट्रियल प्रोटोकॉल कहा जाता है। फ्रिज एवं एसी आदि के ओजोन फ्रेण्डली विकल्पों की खोज की जा रही है। सुपरसोनिक जेट विमानों से निकलनेवाली नाइट्रोजन ऑक्साइड भी ओजोन परत को नष्ट करने में सहायक है। इससे 3 से 23 प्रतिशत ओजोन गैस के नष्ट होने की सम्भावना बनती है। ओजोन के क्षरण से बीमारियाँ, समुद्र तल का बढ़ना, जीवों की असुरक्षा, फसलों की हानि आदि कुप्रभाव

बढ़ता है। बड़े उद्योगों में सी. एफ. सी. जैसी गैसों के इस्तेमाल को प्रतिबन्धित किये जाने की आवश्यकता है। ओजोन की परत को नष्ट करनेवाले रसायनों के उत्पादन तथा उपयोग पर प्रतिबन्ध लगे तथा वैकल्पिक रसायनों के खोल किये जाने की तथा जन जागरूकता की महती आवश्यकता है।

ओजोन क्षरण का संरक्षण तभी सार्थक होगा जब वनों की अन्धाधुन्ध कटान को रोका जाये। दुःखद स्थिति यह है कि जिन पर इनकी रक्षा की जिम्मेदारी है वे अधिक जागरूक नहीं हैं तथा कुछेक तो इस कुकृत्य में लिप्त हैं। बाढ़ में वैसे भी हजारों पेड़ बह जाते हैं। ओजोन परत को यदि बचाना है तो रासायनिक गैसों के उत्सर्जन को रोकने से ज्यादा जरूरी पेड़ों को बचाना है। ओजोन परत समताप मण्डल (स्ट्रेटोस्फेयर) के निचले स्तर पर पायी जाती है। यह पृथ्वी से निर्धारित सीमा दूर वायुमण्डल में स्थित होती है जिसका कार्य सूर्य से निकलनेवाली पराबैंगनी किरणों का अवशोषण करना है। यह पराबैंगनी किरणों को 97 से 98 प्रतिशत तक रोक लेती है। माण्ट्रियल सन्धि में विश्व के बीस ऐसे देश शामिल हैं जो सबसे ज्यादा सी. एफ. सी. उत्सर्जित करते हैं। ओजोन परत के क्षरण के लिए क्लोरीन और ब्रोमीन अणु उत्तरदायी हैं। हैलोजन गैस क्लोरोफ्लोरो कार्बन या सी. एफ. सी. के कारण ओजोन परत को पर्याप्त नुकसान पहुँच रहा है। 1928 में सी. एफ. सी. की खोज हुई 1985 में ज्ञात हुआ कि अण्टार्कटिका की ओजोन परत में एक बड़ा छेद हो गया है। एक अनुमान के अनुसार आगामी साठ वर्षों में सात प्रतिशत ओजोन का क्षरण सम्भावित है। यदि ओजोन परत में एक प्रतिशत क्षरण होता है तो नीचे के वायुमण्डल में दो प्रतिशत पराबैंगनी किरणों के आने की सम्भावना में वृद्धि हो जाती है। यह ओजोन परत हमारे जीवन की रक्षा कवच है। पराबैंगनी किरणों के कारण विभिन्न प्रकार के प्रभाव पड़ते हैं जैसे कैन्सर, आँखों को नुकसान, समुद्री जीवों की असुरक्षा तथा फसलों को नुकसान आदि। Polar Vartex का अर्थ है ध्रुवीय प्रदेश में चलनेवाली ठण्डी हवाएँ जो उसी क्षेत्र में सीमित रहती हैं लेकिन कभी-कभी ध्रुव प्रदेश की सीमा को जब पार कर जाती है तो इन हवाओं के प्रभाव से प्रभावित क्षेत्र भी ध्रुवीय प्रदेश की तरह ठण्डा हो जाता है। हिम खण्डों के ध्रुवीय क्षेत्रों में पिघलने से समुद्रतटीय क्षेत्रों में बाढ़ आ सकती है, तापमान में वृद्धि हो सकती है जो अत्यन्त हानिप्रद है। इसलिए सी. एफ. सी. से सम्बन्धित चीजों के इस्तेमाल को यथासम्भव रोकना होगा और पर्यावरण मित्र उत्पादों के प्रयोग को बढ़ावा देना होगा साथ ही पौधारोपण की बढ़ोतरी करनी होगी। जलवायु परिवर्तन के कारण भी ओजोन परत को नुकसान हुआ है। यह क्षरण नहीं रुका तो मानव-जीवन पर गम्भीर संकट आ जायेगा। अतः स्वयं की सुरक्षा के लिए भी प्राण-प्रण से ओजोन की परत के क्षरण को रोकने हेतु हर सम्भव यत्न करना हम सभी का दायित्व हैं।

(ग) वायु प्रदूषण

जीवन के पाँच तत्त्वों में वायु सर्वाधिक महत्त्वपूर्ण है। ताजी एवं शुद्ध हवा स्वास्थ्यकर होती है लेकिन प्रदूषित वायु जीना दूभर कर देती है। वायु के विभिन्न अवयवों में हानिकारक तत्त्वों के मिलने से जीव-जन्तु व वनस्पति को क्षति पहुँचती है। सामान्यतया वायु में 78.08 प्रतिशत नाइट्रोजन, 20.94 प्रतिशत ऑक्सीजन, 0.93 प्रतिशत आर्गन, 0.03 प्रतिशत कार्बन-डाइ-ऑक्साइड तथा अन्य गैसें 0.02 प्रतिशत होती हैं। वैज्ञानिकों के अनुसार वायुमण्डल का कुल भार 55 करोड़ अरब मीट्रिक टन है। इस वजन का आधा भाग 5.5 किलोमीटर तक की वायु का है तथा वजन का 97 फीसदी भाग 30 किलोमीटर तक की वायु का होता है। अमरीका के हेल्थ इफेक्ट्स इन्स्टीट्यूट की रिपोर्ट में कहा गया है कि विश्व में लगभग 95 प्रतिशत लोग प्रदूषित हवा में जी रहे हैं। स्टेट ऑफ ग्लोबल एअर रिपोर्ट के अनुसार वर्ष 2016 में लगभग 60 लाख लोगों की मृत्यु वायु प्रदूषण के कारण हुई। वायु प्रदूषण के कारण प्रतिवर्ष जितने लोग विश्व में मरते हैं उसके आधे यानी पचास प्रतिशत मौतें केवल चीन और भारत इन दो देशों में होती हैं। वायु प्रदूषण का प्रभाव अमीरों की अपेक्षा गरीबों पर अधिक पड़ता है। इसका अर्थ है कि निर्धन देश या विकासशील देश इस जहरीले प्रदूषण के ज्यादा चपेट में हैं। ठोस ईंधन यानी लकड़ी और कोयला जलाने पर वायु प्रदूषण में बढ़ोतरी होती है। हमारे देश में अब भी ये ईंधन के रूप में प्रयुक्त हो रहे हैं और चीन भी घरेलू प्रदूषण से मुक्त नहीं हो सका है। प्रदूषित हवा में साँस लेने से विभिन्न प्रकार की बीमारियाँ होती हैं जैसे दिल का दौरा पड़ना, स्ट्रोक, कैन्सर और श्वास सम्बन्धी बीमारी आदि। धूम्रपान से भी वायु प्रदूषण में वृद्धि होती है। अनुमान है कि वायु प्रदूषण से होनेवाली मौतों में प्रत्येक चार में एक भारत में और हर पाँच मौतों में से एक चीन में होती है। इस प्रदूषण से दिनोंदिन स्थिति गम्भीर होती जा रहा है। वायु प्रदूषण, नियन्त्रण अधिनियम 1981 में विभिन्न नियम हैं और नियन्त्रण मण्डल को प्रदूषण नियन्त्रण सम्बन्धी विभिन्न अधिकार दिये गये हैं।

वाहनों में प्रयुक्त होनेवाले डीजल व पेट्रोल से उत्सर्जित होनेवाली गैसों से स्वास्थ्य को अत्यधिक हानि होती है। इलेक्ट्रिक वाहन का यदि हम प्रयोग करें तो इस खतरे में काफी कमी आ सकती है। जापान में कारों के लिए इलेक्ट्रोचार्जिंग सुविधा काफी है। वहाँ इकोफ्रेण्डली को महत्त्व दिया गया। वहाँ 30 हजार पेट्रोल पम्प हैं जबकि इलेक्ट्रिक चार्जिंग की सुविधा 40 हजार स्थानों पर है। इस दृष्टि से अमरीका में लगभग 1600 तथा भारत में लगभग 250 जगहों पर इलेक्ट्रिक चार्जिंग की सुविधा है। हमारे देश में लगभग 52 हजार पेट्रोल पम्प स्टेशन हैं और इसे 87 हजार करने का लक्ष्य है। इस

दृष्टि से इकोफ्रेण्डली का विस्तार करने के लिए अधिक मात्रा में विद्युत् उत्पादन करना होगा तथा सड़कों की स्थिति भी सुधारनी होगी।

खेतों में फसल को नुकसान पहुँचानेवाले कीड़ों के प्रकोप से बचने के लिए किसानों द्वारा जो आग जलायी जाती है उससे प्रदूषण और बढ़ता है। औद्योगिक विकास अर्थात् कल-कारखानों से जहरीली गैस निकलती है तथा बिल्डिंग जब बनती है तो पर्याप्त मात्रा में धूल उड़ती है साथ ही कोयला आधारित बिजली के प्लाण्ट से भी वायु प्रदूषण में बढ़ोतरी होती है। इसीलिए जहाँ तक वाहनों का प्रश्न है उसमें सी. एन. जी. के प्रयोग को बढ़ावा दिया गया जिससे प्रदूषण को कम या नियन्त्रित किया जा सके। कोयला आधारित विद्युत् उत्पादन में कार्बन-डाइ-ऑक्साइड, सल्फर तथा नाइट्रोजन आदि केमिकल्स हवा में फैलते हैं। किसान धान की बाली को ऊपर से काटते हैं तथा अवशेष भाग को पराली के रूप में जला देते हैं जिससे वायु प्रदूषण में बढ़ोतरी होती है। विश्व स्वास्थ्य संगठन के मानक के अनुसार 2.5 पी. एम. के सूक्ष्म कणों में विद्यमानता 10 माइक्रोग्राम प्रति घनमीटर से अधिक नहीं होनी चाहिए। जर्मनी के इन्स्टीट्यूट आफ एपिडेमियोलॉजी की निदेशक प्रो. अनेट पीटर्स के अनुसार टाइप टू डायबिटीज की वजह जीवनशेली, आनुवंशिक कारण और वायु प्रदूषण हैं। इसके कारण हृदय, साँस, फेफड़ों और त्वचा की बीमारी उत्पन्न होने लगती है जो टाइप टू डायबिटीज के प्रारम्भिक लक्षणों में से एक है।

फाइन पार्टिकुलेटेड मैटर (पी. एम.) की अधिकता अत्यधिक खतरनाक होती है। दीपावली 2016 में उत्तर प्रदेश की राजधानी लखनऊ के विभिन्न स्थानों के पी. एम. 10 और पी. एम. 2.5 का स्तर मानक से दस से ग्यारह गुना ज्यादा पाया गया। इन पार्टिकल्स को साँस द्वारा भीतर लेते हैं जो शरीर के लिए हानिकर है। गैसीय प्रदूषण में सल्फर-डाइ-ऑक्साइड और नाइट्रोजन-डाइ-ऑक्साइड की अधिकता होती है। पी. एम. 10 का मानक एन. ए. ए. क्यू. एस. 100 माइक्रोग्राम क्यूबिक मीटर और पी. एम. 2.5 का मानक एन. ए. ए. क्यू. एस. 60 माइक्रोग्राम क्यूबिक मीटर होता है। इसी प्रकार सल्फर-डाइ-ऑक्साइड और नाइट्रोजन-डाइ-ऑक्साइड का माइक्रोग्राम मीटर क्यूब जब मानक से अधिक होता है तो प्रदूषण उत्पन्न करता है। पटाखों आदि से फाइन पार्टिकल की संख्या प्रति मीटर क्यूब में काफी बढ़ोतरी हो जाती है। पटाखों में कैडमियम, क्रोमियम, निकल, कापर, जिंक और आर्सेनिक आदि खतरनाक रसायन मिले होते हैं।

चीन में नवम्बर 2015 में वायु सामान्य से 30 गुना अधिक प्रदूषित हो गयी थी। सरकार ने रेड एलर्ट जारी कर स्कूल, उद्योग, निर्माण और वाहनों पर प्रतिबन्ध लगाया साथ ही पर्यावरण सुरक्षा कानून को कारगर ढंग से क्रियान्वित किया। एअर

रिपोर्टिंग सिस्टम लागू किया जिससे हर घण्टे सूचना मिल सके। वहाँ कोयले पर निर्भरता कम करने की योजना बनायी गयी और 2005 के पूर्व के वाहन प्रतिबन्धित किये गये। इटली के मिलान में प्रदूषण बढ़ने पर 2015 के दिसम्बर में प्रातः 10 से सायं 4 बजे तक के लिए निजी गाड़ियों को प्रतिबन्धित किया गया तथा रोम में सम-विषम फार्मूला गाड़ियों के लिए लागू किया गया और साइकिल को प्रोत्साहन दिया गया। लन्दन में 1952 में प्रदूषण से चार हजार लोगों की मृत्यु हुई और 1956 में वहाँ क्लीन एअर ऐक्ट लागू हुआ तथा काले धुएँ के उत्सर्जन पर रोक लगायी गयी। अमरीका के पेन्सिलवेनिया में 1948 में प्रदूषित हवा से बीस लोगों की मृत्यु हुई और लगभग छह हजार लोग बीमार हुए। वहाँ इनवायरनमेण्टल बिल ऑफ राइट्स लागू करके प्रदूषण के कारकों को नियन्त्रित किया गया। फ्रान्स के पेरिस में प्रदूषण गम्भीर रूप से बढ़ने के कारण सम-विषम नियम वाहनों के लिए लागू किया गया लेकिन प्रभावी क्रियान्वयन के अभाव में यह स्थायी रूप नहीं ले सका। एअर क्वालिटी इण्डेक्स (ए. क्यू. आई.) का अध्ययन 7 नवम्बर, 2016 को कानपुर, लखनऊ, आगरा, वाराणसी और दिल्ली में किया गया जो मानक से काफी अधिक पाये गये और ये गम्भीर स्थिति को दर्शाते हैं। बेल्जियम के हृदय रोग विशेषज्ञ जीन फ्रेंकोइस ने 16 हजार रोगियों पर शोध करके यह निष्कर्ष निकाला है कि वायु प्रदूषण से फेफड़ों की रक्तवाहिकाएँ कमजोर पड़ जाती हैं जो फेफड़ों के लिए हानिप्रद है तथा हार्टफेल होने की सम्भावना बढ़ती है इसका सबसे अधिक कुप्रभाव नवजात शिशुओं पर पड़ता है।

एक अनुमान के अनुसार हमारे देश में 225 अरब डालर की हानि प्रतिवर्ष वायु प्रदूषण से हो रही है। डीजल वाहनों को यथासम्भव बन्द करना वायु प्रदूषण की कमी हेतु उपयोगी होगा। माइनस मनुष्य की खोपड़ी में हवा भरी कैविटी होती है। अमरीका की जॉन्स हॉपकिन्स यूनिवर्सिटी के शोधकर्त्ताओं के अनुसार प्रदूषित वायु में साँस लेने के कारण प्रदूषण के कण साइनस कैविटी को भरने लगते हैं जिससे सिर दर्द, जुकाम, सिर का भारीपन एवं साँस सम्बन्धी अन्य समस्याएँ उत्पन्न होती हैं क्योंकि साइनस में ही प्रदूषण के कण फिल्टर होते हैं। विश्व का लगभग 23 प्रतिशत कार्बन उत्सर्जन यातायात से होता है। इमारतों में प्रयुक्त उपकरणों से काफी मात्रा में ग्रीन हाउस गैस उत्सर्जित होती है। इसकी भागीदारी वैश्विक उत्सर्जन में लगभग 30 प्रतिशत है। विश्व के कुल कार्बन उत्सर्जन का 25 प्रतिशत 7 अरब लोगों को भोजन उपलब्ध कराने में खर्च होता है जिसमें बड़ी हिस्सेदारी मांसाहारी भोजन की होती है। रोजाना प्रयुक्त होनेवाली चीजों के उत्पादन में विश्व का 30 प्रतिशत कार्बन उत्सर्जित होता है। इसलिए प्रयास हो रहा है कि वातावरण में कार्बन-

डाइ-ऑक्साइड निकालकर ईंधन बनाया जाये। ग्रीन हाउस गैसों के उत्सर्जन का 20 प्रतिशत वनों के विनाश के कारण होता है। खाद्य अपशिष्ट से कम्पोस्ट खाद बनायी जा सकती है। इसमें उपयुक्त पदार्थों को रिसाइकिल भी किया जा सकता है।

उद्योग, वाहन और थर्मो-इलेक्ट्रिक प्लाण्ट की वजह से वायु प्रदूषण होता है, बॉयोमास भी इसमें सहायक है जैसे कण्डे के जलाने से। वातावरण में छोड़े गये मैटर अर्थात् पी.एम. और इसके साथ नाट्रोजन ऑक्साइड और ओजोन आदि की मिश्रित गैसों के कारण अल्ट्रा फाइन कणों का स्तर बढ़ता है। गाँवों में वायु प्रदूषण शहरों से कम नहीं है क्योंकि वहाँ अब भी खाना पकाने में कण्डो का इस्तेमाल तथा रोशनी हेतु कैरोसीन का इस्तेमाल होता है। दीपावली पर पटाखों के कारण सल्फर-डाइ-ऑक्साइड, नाइट्रोजन, मोनोऑक्साइड तथा कार्बन-डाइ-ऑक्साइड आदि जहरीली गैसें निकलती हैं जो 6 से 8 घण्टे तक प्रभावी रहती हैं और स्वास्थ्य पर सी. ओ. पी. डी. (क्रानिक ऑब्स्ट्रक्टिव पल्मोनरी डिजीज), एलर्जी, ब्रान्काइटिस और निमोनिया आदि के रूप में कुप्रभाव पड़ता है। कहीं-कहीं पर पी. एम. 2.5 की मात्रा एक हजार माइक्रोग्राम तक पहुँच जाती है। दिल्ली में वर्ष 2016 में पी. एम. का स्तर 700 माइक्रोग्राम हो गया था जो विश्व स्वास्थ्य संगठन के अनुसार मानक से कई गुना ज्यादा था। वायु प्रदूषण से बचाव के लिए मास्क का प्रयोग करना चाहिए। बायोमास और जीवाश्म ईंधन को खुले में न जलायें। आई एल डी अर्थात् इण्टरस्टीशियल लंग डिजीज के कारण ऑक्सीजन सोखने की क्षमता में काफी कमी आ जाती है। धुएँ में मौजूद पोटेशियम परको लेट, थायराड ग्रन्थि को कुप्रभावित करता है जो आयोडीन ग्रहण करने की क्षमता को कम करता है। चीनी पटाखे यहाँ के पटाखों की तुलना में ज्यादा नुकसानदेह हैं।

लन्दन, पेरिस, लासएेजेलेस, केपटाउन, कोपेनहेगन, बार्सीलोना, क्योटो, बैंकुवर, मेक्सिको सिटी, मिलान, सीटल और ऑकलैण्ड, विश्व के इन बारह शहरों ने 2025 तक शून्य उत्सर्जन करनेवाली बसों को क्रय करने का निश्चय किया है और 'फॉसिल फ्यूल फ्री डेक्लेरेशन' नामक साझा घोषणापत्र जारी किया है जो सराहनीय है। इससे ग्लोबल वार्मिंग को रोकने या कम करने में सुविधा होगी और 2030 तक उत्सर्जन मुक्त होने का लक्ष्य है। बिजली या हाइड्रोजन से चलनेवाले वाहन ही प्रयोग में रहेंगे। 2015 में प्रदूषण से 90 लाख मौतें हुईं जिसमें 65 लाख मौतें वायु प्रदूषण से हुईं। भारत में 25 लाख और चीन में 15 लाख मरनेवालों की संख्या रही।

केन्द्रीय प्रदूषण नियन्त्रण बोर्ड द्वारा निर्गत ए. क्यू. आई. बुलेटिन में वायु प्रदूषण की स्थिति को चिन्ताजनक माना है। वातावरण में आसमान में धुन्ध छायी रहती है। जबकि बादल नहीं होते हैं। इसका कारण केवल पराली को जलाना ही नहीं है अपितु प्राकृतिक और मनुष्य निर्मित दोनों है। जाड़े में हवाएँ थोड़ी स्थिर हो जाती हैं जिससे डस्ट

पार्टिकल और प्रदूषण में स्थिरता आ जाती है। 1981 में ऐक्ट बना कि कूड़ा जलानेवालों से पाँच हजार रुपये अर्थदण्ड लिया जाये पर इस एअर ऐक्ट का प्रभावी क्रियान्वयन बिल्कुल नहीं हुआ। इनवायरनमेण्ट क्लीयरेन्स देने में आवश्यक है कि मानक पूरे करने पर ही प्रमाण-पत्र निर्गत हो। फैक्ट्री में सुनिश्चित होना चाहिए कि ऊँचाई पर स्क्रब लगाकर धुआँ निष्कासित हो। ऊँची-ऊँची इमारतों, अपार्टमेण्ट और शापिंग काम्प्लेक्स के निर्माण के कारण ग्रीन बेल्ट समाप्त होती जा रही है तथा कंक्रीट के जंगलों का विस्तार हो रहा है। वायु प्रदूषण को कम करने के लिए कतिपय सुझाव निम्नवत हैं –

कूड़े के डम्पिंग ग्राउण्ड में पौधारोपण को बढ़ावा दिया जाये। सौर ऊर्जा का अधिकतम इस्तेमाल हो। दाह संस्कार लकड़ी के बजाय अन्य साधनों से हो। प्रत्येक इण्डस्ट्री को एक किलोमीटर के पैच को हरा-भरा रखने के लिए बाध्य किया जाये। शहरों के अनियोजित विकास को रोका जाये। सड़क के किनारे फुटपाथ अवश्य हो। पार्किंग सुविधा को बढ़ाया जाना चाहिए। निजी वाहन की अपेक्षा सार्वजनिक वाहन के प्रयोग को बढ़ावा मिले। प्रदूषण के रोकथाम एवं नुकसान से बचने के उपायों के प्रति लोगों को जागरूक किया जाये। बस स्टेशन हाईवे पर हों जिससे शहर में यातायात का भार कम हो। पार्क, सड़क के किनारे खाली जगहों पर वृक्षारोपण हो। सी. एन. जी. को बढ़ावा मिले तथा इसके फिलिंग स्टेशनों की संख्या बढ़े। बैटरी आधारित हाइब्रिड वाहन को प्रोत्साहन मिले। डीजल जनरेटर की जगह पर सोलर एनर्जी का प्रयोग किया जायें। भीड़-भाड़वाले स्थानों पर डस्ट रिमूवल सिस्टम स्थापित किये जाये। कूड़ा, पेड़ की पत्तियों व टायरों के जलाने के कार्य को प्रतिबन्धित किया जाये। डीजल के दस साल और पेट्रोल के पन्द्रह साल पुराने वाहनों का इस्तेमाल बन्द हो। परिवहन, औद्योगिक विकास, प्रदूषण नियन्त्रण बोर्ड, नगर विकास, आवास विकास तथा लोक निर्माण विभाग आदि मिल-जुलकर संयुक्त रूप से प्रदूषण की रोकथाम हेतु कारगर प्रयास करें। यह प्रसन्नता का विंषय है कि उत्तर प्रदेश में वर्ष 2018 में नौ करोड़ पौधारोपण का लक्ष्य पूरा किया गया।

एअर क्वालिटी इण्डेक्स अर्थात् ए. क्यू. आई. 400 से ऊपर यदि है किसी स्थान का तो वह डेञ्जर जोन में माना जायेगा। 0 से 50 बहुत अच्छा, 51 से 100 सन्तोषजनक, 101 से 200 मध्यम श्रेणी, 201 से 300 खराब तथा 301 से 400 अत्यधिक खराब। ये ए. क्यू. आई. की विविध श्रेणियाँ हैं। कानपुर के विवेक चतुर्वेदी ने बिना बिजली व डीजल के चलनेवाला एक ऐसा हसिया बनाया है जो फसल को जड़ से काटता है जिससे पराली के जलाने की आवश्यकता नहीं रह जाती है तथा किसानों को पूरी उपज के साथ भूसा भी मिलता है। इससे आठ घण्टे में दो बीघा गेहूँ की कटाई हो जाती है। कम्बाइन मशीन से कटाई करने पर एक एकड़ की

फसल में पन्द्रह हजार रुपये के भूसे और पाँच हजार रुपये के अनाज की क्षति होती है क्योंकि इस मशीन के पंखों में फसल के अंश फँसने से यह नुकसान होता है। कम्बाइन मशीन की कीमत बीस लाख़ रुपये है जबकि हँसिया की कीमत लगभग पाँच-छह हजार रुपये हैं।

पी. एम. 2.5 वे कण होते हैं जिनका व्यास 2.5 माइक्रोमीटर तक हों। इनको इलेक्ट्रॉन सूक्ष्मदर्शी द्वारा ही देखना सम्भव है। पी. एम. - 10 वे कण हैं जो 2.5 से लेकर 10 माइक्रोमीटर के व्यासवाले हैं। पी. एम. 2.5 के स्रोत मोटर वाहन, पावर प्लाण्ट, जंगल की आग, कृषि उत्पादों को जलाना और लकड़ियों का जलना है। पी. एम. 10 के स्रोत वाहनों से उठनेवाली धूल तथा निर्माण कार्य से निकलनेवाली धूल है। कम स्तरवाला ओजोन प्रदूषण भी चिन्ताजनक होता है। प्रदूषण से होनेवाले रोग स्वास्थ्य की दृष्टि से गम्भीर परिणामवाले होते हैं।

ईंधन में विद्यमान कार्बन जब पूरी तरह नहीं जल पाता है तो कार्बन-मोनो-ऑक्साइड बनती है जो गन्धरहित और रंगरहित होती है। इस गैस के उत्सर्जन में 75 प्रतिशत योगदान वाहनों के धुएँ से होता है। कोयला या ईंधन के जलने पर सल्फर-डाइ-ऑक्साइड गैस उत्पन्न होती है जो रंगहीन होती है। इसके स्रोत रिफाइनरीज ऊर्जा संयन्त्र और औद्योगिक भट्टियाँ हैं। रिस्पिरेबल सस्पेण्डेड पार्टिकुलेट मैटर (आर. एस. पी. एम.) के अधिक होने पर वायु प्रदूषण में बढ़ोतरी होती है। प्रतिवर्ष वायु प्रदूषण से विश्व में लाखों लोग मरते हैं। पी.एम.–10, सूक्ष्म कणों की मात्रा यदि 20 माइक्रोग्राम प्रतिघनमीटर है तो यह मानक के अनुरूप है, इससे अधिक होने पर प्रदूषण का स्तर बढ़ता है।

वायु प्रदूषक दो प्रकार के होते हैं प्राथमिक प्रदूषक एवं माध्यमिक प्रदूषक। प्राथमिक प्रदूषक में हानिकारक रसायन वायु को प्रदूषित करते हैं चाहे वे प्राकृतिक हों या मानव निर्मित। माध्यमिक प्रदूषक में प्राथमिक प्रदूषक अन्य प्रदूषकों के साथ मिलकर प्रभाव डालते हैं। प्रमुख वायु प्रदूषकों में पार्टिकुलेट मैटर के अन्तर्गत धूल, मिट्टी और एसिड के कण वायु में तैरते रहते हैं। ये हृदय में पहुँचकर नुकसान पहुँचाते हैं। नाइट्रोजन ऑक्साइड से साँस लेने में अवरोध उत्पन्न होता है। सल्फर ऑक्साइड से फेफड़ों की कार्यक्षमता कम होती है। कार्बन-डाइ-ऑक्साइड और कार्बन-मोनो-ऑक्साइड ये दोनों खून में विद्यमान लौह तत्त्व में कमी लाते हैं तथा इससे सिर दर्द और थकान होती है। माध्यमिक प्रदूषण में बाहरी कारकों के साथ बॉयोमास ईंधन, बीड़ी, सिगरेट का धुआँ तथा मॉस्क्विटो क्वाइल आदि के कारण धुन्ध बनता है।

गर्म हवाओं की तीव्रता जानलेवा होती जा रही है। केन्द्रीय पृथ्वी विज्ञान मन्त्रालय की रिपोर्ट के अनुसार विगत चार वर्षों में लू से चार हजार से अधिक लोग

काल-कवलित हो चुके हैं। वैश्विक तापमान के बढ़ने से लू से होनेवाली आपदाओं में वृद्धि हो रही है। राजस्थान और गुजरात में प्रतिचक्रवात के कारण गर्म हवाएँ रेगिस्तान से खिंचकर आती हैं और मध्यप्रदेश, तेलंगाना, ओड़िशा तथा आन्ध्र प्रदेश की ओर जाती हैं जिससे लू का प्रकोप इन स्थानों पर बढ़ता है तथा प्रतिचक्रवात जब अरब सागर की ओर बढ़ता है तो लू कम हो जाती है। लू का प्रकोप दोपहर 12 बजे से सायं 4 बजे तक ज्यादा रहता है। वर्टिकल फारेस्ट लगाने का चलन बढ़ गया है और यह इटली के बाद चीन में भी प्रारम्भ हो चुका है। वर्टिकल फारेस्ट के रूप में ऊँची इमारतों का भी निर्माण होगा, इससे कार्बन उत्सर्जन में कमी आयेगी और इमारती जंगल हवा को शुद्ध करेंगे। इन इमारतों के प्रत्येक तल के हर कमरे की बालकनी में पेड़-पौधों के लिए डिजाइन तैयार किया गया है। छत पर पौधे और झाड़ियाँ भी लगेंगी जिससे 60 किलोग्राम तक ऑक्सीजन प्रतिदिन फारेस्ट में लगे पेड़-पौधों से मिलेगी और 25 टन वार्षिक कार्बन उत्सर्जन अवशोषित हो सकेंगे। यह योजना का आरम्भिक चरण है। इटली के मिलान में वर्टिकल फारेस्ट बन चुका है, चीन और स्विट्जरलैण्ड एवं अन्य स्थानों पर इस योजना का विस्तार हो रहा है। चीड़ के पेड़ की पत्तियों से चूल्हे जलाये जाने का क्रम आरम्भ किया गया है क्योंकि यह धुआँरहित होता है। चीड़ की पत्तियों से कोयला बनाने का कार्य शुरू किया गया है जो ईंट की तरह होता है तथा इन ईंटो को बेचा जाता है जिसका उपयोग खाना बनाने में, पानी गर्म करने में तथा सर्दी में अँगीठी सेंकने के लिए होता है।

स्टाकहोम रिसर्च इन्स्टीट्यूट की रिपोर्ट के अनुसार वायु प्रदूषण से समय पूर्व नवजात उत्पन्न हो रहे हैं जिसमें काफी तादाद में शिशुओं की मृत्यु तक हो जाती है। वायु प्रदूषण से बचाव के लिए लोग फेस मास्क तो लगाते ही हैं साथ ही एअर प्यूरीफायर, बाजार से क्रय करके घर में लगाते हैं जिससे हवा को शुद्ध बनाया जाता है। प्रदूषित हवा को एग्जास्ट फैन से भी निकाला जा सकता है। दक्षिण एशिया में वायु प्रदूषण अन्य स्थानों से अधिक है। प्रीमेच्योर बच्चे का भार कम होता है तथा विभिन्न शारीरिक समस्याएँ भी उत्पन्न होती रहती हैं। ग्लोबल वार्मिंग से आकाश में विशालकाय नदियाँ बन गयी हैं। इन आसमानी नदियों से भारी तबाही होती है तथा भीषण बाढ़ आती है। गर्म हवा ऊपर उठती है और नमी में परिवर्तित होती है। 1990 में मेसाच्युसेट्स इन्स्टीट्यूट ऑफ टेक्नालॉजी के शोधकर्त्ताओं ने इसे आसमानी नदी का नाम दिया है। यूनिवर्सिटी ऑफ कैलीफोर्निया और सैनफ्रान्सिस्को के नेशनल इस्टुआरिन रिसर्च रिजर्व के अनुसन्धानकर्त्ताओं के अनुसार इन आसमानी नदियों से जीव-जन्तुओं की कई प्रजातियों के नष्ट होने का खतरा बढ़ा है। वर्ष 2011 में सैनफ्रान्सिस्को की खाड़ी में मीठा पानी ज्यादा हो गया तथा खारे पानी में कमी आयी

साथ ही सीप में रहनेवाला जीव यानी आयस्टर खत्म हो गये। 19 नवम्बर, 2009 में उत्तरी पूर्व ब्रिटेन में आसमानी नदी से भारी वर्षा हुई तथा इसमें टेम्स नदी से 4500 गुना ज्यादा पानी था। इन आसमानी विशालकाय नदियों की औसत लम्बाई लगभग दो हजार किलोमीटर तथा चौड़ाई 300 से 500 किलोमीटर होती है। नब्बे प्रतिशत भाप के रूप में सफर करनेवाला पानी होता है।

विश्व स्वास्थ्य संगठन ने एम्बिएण्ट एअर पाल्यूशन की रिपोर्ट में बताया है कि 92 प्रतिशत विश्व की जनसंख्या वायु प्रदूषित इलाकों में रहती है। अन्दरूनी वायु प्रदूषण से औसतन 43 लाख लोग विश्व में वर्ष भर में मरते हैं। विश्व के तीन हजार स्थानों का विश्लेषण विश्व स्वास्थ्य संगठन ने आठ अन्तरराष्ट्रीय संस्थानों के साथ मिलकर किया तो पाया कि बाहरी और अन्दरूनी वायु प्रदूषण के अन्तर्गत पी. एम. 2.5 और पी. एम. 10 का स्तर मानक से अधिक था। चीन और भारत के पश्चात् तीसरे नम्बर पर रूस है जहाँ वायु प्रदूषण से सर्वाधिक मौतें हुईं। सऊदी अरब का रियाद, बहरीन का मामीरगाँव, दिल्ली, काहिरा, ढाका, कोलकाता और मुम्बई आदि जगहों पर पी. एम. 10 का स्तर सर्वाधिक पाया गया। अमरीका और चीन ने कोयले पर निर्भरता कम की है। दोनों तेल और गैस का ज्यादा इस्तेमाल करने लगे हैं। जबकि भारत में एक बड़ा तबका आज भी कोयले पर निर्भर है। वर्ष 2014 की तुलना में 2015 में भारत में कार्बन उत्सर्जन की दर में पाँच प्रतिशत की वृद्धि हुई तथा ग्लोबल कार्बन प्रोजेक्ट की रिपोर्ट के आधार पर यह कहा जा सकता है कि चीन और अमरीका के बाद भारत में भी यह वृद्धि सन्तुलित हुई है। विश्व में कार्बन उत्सर्जन की वृद्धि 2000 से 2010 तक तीन प्रतिशत वार्षिक थी, 2003 से 2013 तक यह वृद्धि 2.3 प्रतिशत वार्षिक रही, 2014 में 0.7 प्रतिशत तथा 2016 में 0.2 प्रतिशत वृद्धि रही। अतः पूर्वापेक्षा वृद्धि दर में कमी आयी है।

बढ़ते प्रदूषण से कैन्सर जैसे संचारी रोग (नान कम्यूनिकेबल डिजीज) या एन. सी. डी. में वृद्धि हुई है जिससे जनहानि के साथ अर्थव्यवस्था की भी हानि हो रही है। वायु प्रदूषण एन. सी. डी. का एक प्रमुख कारक है। ठण्डी हवा संघनित होकर बादल का निर्माण करती है, इन बादलों के अन्दर गर्म हवा की गति और नीचे ठण्डी हवा के होने से बादलों में घनावेश या पाजिटिव चार्ज नीचे की ओर होता है तथा बादलों में विपरीत आवेशों की अन्तःक्रिया से विद्युत् आवेश उत्पन्न होता है और बेहतर कण्डक्टर या सुचालक की तलाश में धातु और पेड़ को उपयुक्त पाकर आकाशीय-बिजली गिरती है। इसकी गति इतनी तीव्र होती है कि एक सेकण्ड में यह सौ बार गिर सकती है तथा एक अरब वोल्ट की ऊर्जा इसमें होती है। प्रकृति के कारण हुई मौतों में दस प्रतिशत मौतें आकाशीय बिजली से होती है। विश्व स्वास्थ्य संगठन

की रिपोर्ट के अनुसार भारत में तेजपुर ने वायु प्रदूषण को सबसे अधिक नियन्त्रित किया है। 2014 में यहाँ पी. एम.–10 का स्तर 69 माइक्रोग्राम प्रति घनमीटर था जो अब 11 माइक्रोग्राम प्रतिघनमीटर हो गया है। पौधारोपण के जरिये यहाँ वायु प्रदूषण को कम किया गया है। पेरिस के कुछ हिस्सों में एक दिन के लिए कारों पर प्रतिबन्ध लगाया गया जिससे प्रदूषक तत्त्वों का स्तर 40 प्रतिशत कम हो गया। पार्किंग शुल्क बढ़ाने से भी वाहनों की नियमित प्रयोग की संख्या में कमी आती है। कार फ्री जोन बनाने से भी वाहनों का प्रयोग कम होता है। बी. एस. 4 की जगह बी. एस. 6 मानकवाले पेट्रोल व डीजल की बिक्री की जाये क्योंकि इस ईंधन में पर्यावरण को नुकसान पहुँचानेवाले तत्त्व सबसे कम होते हैं। अन्तरराष्ट्रीय सौर गठबन्धन से अब तक 121 देश जुड़ चुके हैं। इससे सौर ऊर्जा को बढ़ावा मिलेगा।

भारतीय विष अनुसन्धान संस्थान (आई. आई. टी. आर.) की वैज्ञानिक रिपोर्ट के अनुसार वायु प्रदूषण के लिए वाहन और निर्माण कार्य उत्तरदायी हैं साथ ही औद्योगिक इकाइयाँ भी। इनकी संस्तुतियों के अनुसार मेट्रो व मोनो रेल को बढ़ाया जाये तथा पब्लिक ट्रान्सपोर्ट को किफायती बनाया जाये। सड़कों से अतिक्रमण हटाया जाये, ट्रैफिक नियम को सुधारकर सख्ती से लागू किया जाये, वाहनों की औसत गति 35 से 40 किलोमीटर प्रति घण्टे सुनिश्चित किया जाये, हार्न का उपयोग कम हो, पार्किंग शुल्क को बढ़ाया जाये तथा बैटरी चालित वाहनों को प्रोत्साहन दिया जाये एवं पैदल चलनेवालों के लिए फुटपाथ की सुविधा बढ़ायी जाये। किये गये एक शोध के अनुसार पैदल चलने या व्यायाम करने से बच्चों और वयस्कों में 15 से 20 प्रतिशत तक याददाश्त और सीखने की क्षमता में प्रगति होती है। साथ ही साइकिल चलाना भी दिमाग की सेहत के लिए फायदेमन्द है।

उत्तर प्रदेश की राजधानी लखनऊ में ही लगभग 19 लाख वाहन हैं। वर्तमान वायु प्रदूषण में एक तिहाई प्रदूषण धुओं के कारण होता है। इस वायुप्रदूषण से विश्व-विख्यात हमारे देश की धरोहर ताजमहल भी अछूता नहीं बचा है। डीजल और पेट्रोल के विकल्प की व्यवस्था की गयी है लेकिन सर्वसुलभ नहीं हो पायी है। विश्व स्वास्थ्य संगठन की रिपोर्ट के अनुसार निर्धारित मानकों के विपरीत भारत के बड़े शहरों में वायु प्रदूषण दो से तीन गुना अधिक है। राज्य प्रदूषण नियन्त्रण बोर्ड के साथ केन्द्रीय प्रदूषण नियन्त्रण बोर्ड, इन दोनों के द्वारा प्रदूषण की दोहरी निगरानी सम्भव होगी। क्रिटिकली इनवायरनमेण्ट पाल्यूशन इण्डेक्स को अपनाकर वायु, जल और मृदा का औसत यदि पी 70 से अधिक है तो खतरनाक, 60 से 70 तक गम्भीर स्थिति तथा 60 से कम है तो औसत माना जायेगा। उत्तर प्रदेश में आगरा, गाजियाबाद, कानपुर, वाराणसी, मिर्जापुर और नोएडा आदि ऐसे क्षेत्र हैं जो

औद्योगिकीकरण की वजह से प्रदूषण की दृष्टि से संवेदनशील माने गये हैं। अतः लघुकालीन एवं दीर्घकालीन ऐक्शन प्लान के अन्तर्गत ऐसे प्रयास सुधार के लिए किये जायें जिससे प्रदूषण के स्तर को कम या नियन्त्रित किया जा सके। प्रदूषण की समस्या वास्तविक रूप में तभी दूर हो सकेगी जब हमारे स्वयं में चेतना उत्पन्न होगी और कर्त्तव्य निर्वहन के प्रति जागरूक रहना पड़ेगा तभी स्वस्थ समाज का निर्माण होगा। अतः प्रदूषण को नियन्त्रित करने के लिए प्रभावी क्रियान्वयन की महती आवश्यकता है।

(घ) प्रकाश प्रदूषण

जल प्रदूषण, वायु प्रदूषण और ध्वनि प्रदूषण के साथ आजकल प्रकाश प्रदूषण भी तेजी से फैल रहा है। यह प्रकाश प्रदूषण यानी लाइट पॉल्यूशन हमारे जीवन चक्र पर कुप्रभाव डालता है। अँधेरे में जगमगाती स्ट्रीट लाइट तथा साज-सज्जा में प्रयुक्त होनेवाली कृत्रिम रोशनी केवल मानव-जीवन पर ही कुप्रभाव नहीं डाल रही है अपितु पशुओं और पेड़-पौधों पर भी बुरा प्रभाव डाल रही है। यह निष्कर्ष निकाला है जी. एफ. जेड. जर्मन रिसर्च सेण्टर फॉर जियोसाइन्सेज के शोधकर्त्ताओं ने और इसे साइन्स एडवान्सेज जर्नल में प्रकाशित भी किया गया है। विकासशील देशों में प्रकाश प्रदूषण अन्य देशों की तुलना में ज्यादा तीव्र गति से फैल रहा है। दक्षिण अमरीका, अफ्रीका और एशिया के कुछ देशों में प्रकाश प्रदूषण में निरन्तर वृद्धि हो रही है। 2012 से लेकर, 2016 तक में प्रकाश प्रदूषण में औसतन 2.2 प्रतिशत वार्षिक वृद्धि पायी गयी है और शोध से यह ज्ञात होता है कि 1992 से 2013 तक में विश्व में दो प्रतिशत सालाना प्रकाश प्रदूषण में वृद्धि हुई है।

कृत्रिम प्रकाश के इस्तेमाल करनेवाले देशों में प्रमुख हैं अमरीका, हालैण्ड, इटली और स्पेन आदि। कतिपय देश ऐसे भी हैं जिसमें प्रकाश प्रदूषण में कमी दर्ज की गयी है और वे देश हैं सीरिया, यमन और आस्ट्रेलिया आदि। प्रकाश प्रदूषण पर्यावरण पर गम्भीर प्रभाव डालता है। इसके द्वारा प्राणियों की नींद की क्षमता प्रभावित होती है साथ ही कीटों, मछलियों, चमगादड़ों, चिड़ियों तथा अन्य जानवरों की प्रवासन प्रक्रिया भी कुप्रभावित होती है तथा यही नहीं बल्कि इसका नकारात्मक प्रभाव पेड़-पौधों के विकास पर भी देखा जा सकता है। आशा की गयी थी कि सोडियम लाइट के स्थान पर एल. ई. डी. बल्बों के प्रयोग से कृत्रिम प्रकाश के प्रदूषण में कमी आयेगी पर अमरीका में पूर्ववत् स्थिति बनी रही। ब्रिटेन और जर्मनी में तो प्रकाश प्रदूषण का स्तर और भी बढ़ गया। शोध के लिए प्रयुक्त उपग्रह का सेन्सर एल.ई.डी. लाइट के नीले प्रकाश का मापन करने में असफल सिद्ध हुआ। यदि मापन में सफलता मिली होती तो गम्भीर

परिणाम से अवगत होकर सुरक्षात्मक प्रणाली की ओर अग्रसर होने की कोशिश हो सकती थी। अतः प्रकाश प्रदूषण की वृद्धि चिन्तनीय है और इसकी रोकथाम हेतु वांछित प्रयास किये जाने आवश्यक हैं।

(ङ) मृदा प्रदूषण

मृदा प्रदूषण को जानने के पूर्व हमें मिट्टी के स्वरूप को समझना होगा। चट्टानों के टुकड़ों, पेड़-पौधों एवं पशुओं के सड़ने से मिट्टी बनी। वर्षा, बर्फ, वायु और ताप आदि के चट्टानों से टकराने के कारण चट्टानें बालू बनीं, बालू, कीचड़ बने, खनिज पदार्थ के मिलने एवं स्वरूप बदलने से मिट्टी का वर्तमान स्वरूप बना। मिट्टी के तीन प्रकार हैं -

1. **पेडाल्फर्स -** यह मिट्टी नम जलवायु में पायी जाती हैं तथा इसमें लोहा, ऐल्युमिनियम और लवण होते हैं।
2. **पेडाकालो -** यह मिट्टी कम वर्षावाले क्षेत्रों में पायी जाती है। इसमें घुलनशील चीजें होती हैं जैसे कैल्शियम कार्बोनेट तथा अन्य प्रकार के लवण।
3. **लेटेराइट -** यह मिट्टी लाल या पीली होती है जो उष्ण कटिबन्धीय प्रदेशों में पायी जाती है।

मिट्टी की चार सतह होती है। ऊपरी सतह को ए-हॉरीजोन या टाप सायल कहते हैं। इससे निचली सतह बी-हॉटीजोन या सब सतह कहलाती है। इसमें खनिज की अधिकता होती है। तीसरी सतह सी-हॉरीजोन है। इसमें पत्थरों के छोटे-छोटे टुकड़े होते हैं तथा चौथी सतह डी-हॉरीजोन या बेड राक है जिसमें पत्थर होते हैं।

कचरे या हानिकर रसायन आदि से मिट्टी या भूमि जब प्रदूषित होती है उसी को मृदा प्रदूषण की संज्ञा दी जाती है। औद्योगिक कचरों में विभिन्न प्रकार की धातु भी होती है यथा पारा, सीसा, कैडमियम एवं आर्सेनिक आदि साथ ही आजकल रासायनिक खादों का उपयोग किया जाता है, ये सभी चीजें मृदा को प्रदूषित करती हैं। भूजल में आर्सेनिक की मात्रा विद्यमान रहती है लेकिन ज्यादा खनन एवं फर्टिलाइजर के इस्तेमाल से इस जहरीले तत्त्व की वृद्धि खतरनाक स्तर पर पहुँच जाती है। भूमिगत रेलवे लाइन बिछाने में काफी खनन का कार्य होता है जिससे धरती खोखली हो जाती है। मृदा के भौतिक एवं रासायनिक स्वरूप में परिवर्तन जब मानव द्वारा होता है तो निर्माण की अपेक्षा विनाश अधिक होता है। घरेलू अपशिष्ट यथा धूल, मिट्टी, फल एवं सब्जी के छिलके, जूठन, माँस-मछली तथा धातुएँ मिट्टी में मिलकर प्रदूषण का कार्य करती हैं। मल-मूत्र, सड़े-गले पदार्थ, प्लास्टिक और डी. डी. टी. आदि के कारण भी भूमि प्रदूषित होती है। भूमि

इन पदार्थों का अवशोषण करती है तथा ये प्रदूषक पेड़-पौधों में चले जाते हैं जिससे मानव स्वास्थ्य की हानि होती है तथा कीटनाशक रसायनों के छिड़काव से पौधों की प्रकाश संश्लेषण क्रिया मन्द हो जाती है। कचरे के ढेर से भूमि जब आच्छादित हो जाती है तो वनस्पतियाँ नहीं उग पाती हैं। भूमि प्रदूषित होगी तो स्वाभाविक है कि प्राकृतिक सौन्दर्य भी दूषित होगा। अपशिष्टों के मिट्टी में मिलने से उसकी उर्वरा शक्ति कम हो जाती है तथा बंजर होने की सम्भावना बनती हैं।

मृदा प्रदूषण को रोकने के लिए उचित होगा कि डी. डी. टी. के प्रयोग पर रोक लगे। पशु के अवशेषों का उपयोग विशेष रूप से साबुन के निर्माण में चर्बी का प्रयोग किया जाना चाहिए। जो पदार्थ रिसाइकिल हो सकते हैं उनको रिसाइकिल किया जाये। अपशिष्ट पदार्थों का उपयोग खाद बनाने में करना हितकर होगा। उन्हीं कीटनाशकों का हम प्रयोग करें जो घुलनशील हों। लोगों में चेतना उत्पन्न करने के लिए मृदा प्रदूषण के बारे में बताया जाये साथ ही उन्हें उन उपायों से अवगत कराया जाये जिससे मृदा प्रदूषण न हो या न्यूनतम हो। याद रखें कि हमारा अस्तित्व मिट्टी पर निर्भर है तथा शरीर के निर्माण में जिन पाँच तत्त्वों की आवश्यकता होती है उनमें यह भी एक है। इसलिए स्वास्थ्य एवं पर्यावरण की दृष्टि से मृदा प्रदूषण के निवारणार्थ हमें अपने कर्त्तव्य पालन की ओर उन्मुख होना होगा।

(च) ध्वनि प्रदूषण

आज हम भौतिकवादी एवं मशीनी युग में जी रहे हैं, हर तरफ शोर-शराबा, चहल-पहल, आपाधापी, गमनागमन एवं तीव्र गति की ध्वनि के वातावरण में हम शान्ति से दूर हो रहे हैं और स्वास्थ्य पर प्रतिकूल प्रभाव पड़ रहा है। ध्वनि का पर्याय अंग्रेजी में NOISE है तथा इस शब्द की व्युत्पत्ति लैटिन भाषा से हुई है। सिम्मन्स ने ध्वनि प्रदूषण के विषय में अपना अभिमत व्यक्त किया है कि अर्थहीन और अनुपयोगी ध्वनि को ही शोर प्रदूषण कहा जा सकता है। 1928 में बर्लिन में हुए शोध के अनुसार प्रति सेकण्ड 27 घनफुट वायुशक्ति के जोर से बजाया हुआ घण्टा या शंख की ध्वनि से 1200 फुट की दूरी तक के जीवाणु नष्ट हो जाते हैं। इस प्रकार संक्रामक कीटों का नाश हो जाता है। सुर-ताल से आरती करना स्वास्थ्य को लाभ पहुँचाता है क्योंकि इससे शरीर का सम्पूर्ण तन्त्र, क्रियाशील होता है जिससे ऊर्जा मिलती है और रक्त संचार ठीक होता है।

ध्वनि प्रदूषण की 70 प्रतिशत हिस्सेदारी हार्न बजाने की है लेकिन लोग इसे अभिव्यक्ति की आजादी की तरह स्वतन्त्रता मानते हैं। NOMO Phobia से Digital Pollution उत्पन्न होता है क्योंकि मोबाइल के अत्यधिक प्रयोग से चिड़चिड़ाहट

उत्पन्न होती है। बड़े लोग बच्चों को मोबाइल के अधिक प्रयोग से मना करते हैं, लेकिन खुद इस्तेमाल करते हैं। बाहरी दुनिया से लोग कट जाते हैं। सेल्फी, एस. एम. एस. इण्टरनेट आदि के लिए मोबाइल का प्रयोग होता है। खाते समय और सोते समय भी लोग इसको साथ रखते हैं। सोते समय मोबाइल चेक करने का अर्थ है कि इसकी लत लग गयी है। किसी व्यंग्यकार ने कहा है कि भविष्य में मोबाइल के उपयोग के लिए किसी सहायक को रखना पड़ सकता है। ध्वनि प्रदूषण के मापन की इकाई डेसीबल है। दिन का मानक 65 डेसीबल और रात का 55 डेसीबल उपयुक्त माना जाता है। 85 डेसीबल से अधिक शोर में रहने से श्रवण शक्ति कम होती है। 80 से 85 डेसीबल की ध्वनि में रहने की अवधि 8 घण्टे तक ही उपयुक्त है। 95 डेसीबल में 4 घण्टे और 100 डेसीबल में 2 घण्टे से अधिक रहना हानिकर है। 120 से 150 या इससे अधिक डेसीबल शोर होने पर श्रवण शक्ति पर कुप्रभाव पड़ने की आशंका बढ़ जाती है।

इयर फोन के प्रचलन से लोगों में बहरापन बढ़ता जा रहा है। विश्व भर में 1.1 अरब किशोर और युवाओं को इयर फोन के कारण श्रवण शक्ति के लिए खतरे की आशंका बढ़ गयी है। हमारे देश में शोर की अधिकतम सीमा 80 से लेकर 90 डेसीबल तक निर्धारित की गयी है। 12 से 35 आयु वर्ग के 50 प्रतिशत लोग इयर फोन पर हाई साउण्ड म्यूजिक सुनते हैं और 40 प्रतिशत लोग समारोह आदि में उच्च स्तर के शोरवाले म्यूजिक को सुनते हैं। 45 डेसीबल या इससे अधिक शोर की ध्वनि होने पर ठीक से नींद नहीं आती, 120 डेसीबल की ध्वनि होने पर कान में दर्द होता है। ध्वनि प्रदूषण को कम करने के लिए अनावश्यक रूप से हार्न न बजायें, टेप रिकार्डर तेज न चलायें, प्रेशर हार्न प्रतिबन्धित है अतः इसका इस्तेमाल न करें।

केन्द्रीय प्रदूषण नियन्त्रण बोर्ड ने ऐक्ट में निर्धारित क्षमता से अधिक शोर न होने देने के लिए लाउडस्पीकर पर रोक लगा रखी है समय के प्रावधान के साथ। कान का अन्दरूनी हिस्सा कॉक्लिया कहलाता है जिसमें हियरिंग सेल्स होते हैं। शोर से ये सेल्स डैमेज होते हैं और पुनः विकसित नहीं हो पाते हैं। शोर से कान में भारीपन महसूस होता है तथा कान में सीटी जैसी आवाज आने लगती है एवं सिरदर्द होने लगता है।

औद्योगिक शोर या ध्वनि प्रदूषण वनस्पतियों के लिए खतरा है, इससे वे जीव कुप्रभावित होते हैं जो परागण एवं बीजों को फैलाने में महत्त्वपूर्ण भूमिका अदा करते हैं। पक्षी शोर के प्रति संवेदनशील होते हैं। जहाँ अधिक शोर-शराबा होता है उन क्षेत्रों में अंकुरित बीजों की संख्या, सामान्य स्थलों की तुलना में लगभग एक चौथाई रह जाती है। वाहनों के कारण ध्वनि होती है। शोरगुल और लाउडस्पीकर आदि इस ध्वनि प्रदूषण को बढ़ावा देते हैं। ध्वनि प्रदूषण के मानक भी बनाये गये हैं और इसको कम करने के प्रयास

किये जा रहे हैं जैसे उत्सव आदि में रात्रि दस बजे के बाद लाउडस्पीकर का प्रयोग न हो लेकिन प्रभावी क्रियान्वयन के अभाव में ध्वनि प्रदूषण को नियन्त्रित करने से हम काफी दूर हैं। ध्वनि प्रदूषण के लिए हमें गम्भीर होकर सोचना होगा।

वास्तव में कोई भी ध्वनि जो ग्रहण करनेवाले के लिए अनुपयुक्त हो, वह शोर कहलाती है। ध्वनि प्रदूषण से जन सामान्य क्षुब्ध व चिड़चिड़ा हो जाता है। ध्वनि प्रदूषण के दो स्रोत हैं प्राकृतिक एवं कृत्रिम। प्राकृतिक स्रोत के अन्तर्गत बादलों की गड़गड़ाहट, भूकम्प या ज्वालामुखी के फटने से उत्पन्न ध्वनि, ऊँचाई से गिरते जल आदि हैं। कृत्रिम ध्वनि में मनोरंजन के साधन सिनेमा, रेडियो, टी.वी., ग्रामोफोन एवं शादी आदि अवसरों पर डीजे का बजना, वाद्ययन्त्रों एवं गाने का शोर, खनन में प्रयुक्त होनेवाली ड्रिलिंग मशीन, पम्पसेट, पटाखे, बारूदी सुरंग का फटना, मशीनगन, राकेट, तोप, पूजा स्थलों पर ध्वनि विस्तारक यन्त्र एवं चुनाव प्रचार आदि आते हैं। ध्वनि प्रदूषण को धीमा जहर भी कहा जा सकता है। ध्वनि प्रदूषण से मकान भी क्षतिग्रस्त होते हैं, प्राकृतिक सौन्दर्य नष्ट होते हैं, जीव-जन्तु एवं वनस्पतियाँ कुप्रभावित होती हैं। सन्तुलित पर्यावरण के लिए आवश्यक है कि हम सभी ध्वनि प्रदूषण को नियन्त्रित करने में सहयोग दें।

(छ) ताप प्रदूषण

जल के तापमान में वृद्धि होने से तापीय प्रदूषण होता है। उद्योगों द्वारा जल के बहाव से भी तापीय प्रदूषण बढ़ता है। ग्रीन हाउस की गैसों में वृद्धि होने से तापमान में वृद्धि होती है। इन गैसों में प्रमुख हैं कार्बन-डाइ-ऑक्साइड, नाइट्रस ऑक्साइड एवं क्लोरोफ्लोरो कार्बन आदि। तापीय प्रदूषण के बढ़ने से जीव-जन्तुओं के अस्तित्व का खतरा भी बढ़ता है। महानगरों में वाहनों की संख्या में वृद्धि और उसके उपयोग से ताप में वृद्धि होती है। ईंट के भट्टों में प्रयुक्त विद्युत् शक्ति से वायुमण्डल का तापमान बढ़ता है। कल-कारखानों से जो जल बहता है उसके तापमान में और सामान्य जल के तापमान में अन्तर होता है अर्थात् कारखानों से निकलनेवाले जल में उष्णता ज्यादा होती है।

वर्तमान में ग्रीन हाउस बेल्ट कम होती जा रही है, वनों एवं पेड़-पौधों का सफाया हो रहा है, इससे तापमान बढ़ता है। वृक्ष तापमान को सोखते हैं और उनके सफाये से स्वाभाविक है कि तापमान बढ़ेगा। ओजोन की परत मे छेद होने के तथ्य की पुष्टि हो चुकी है, इसके कारण भी तापमान बढ़ रहा है। वनों में यदा-कदा आग लगती रहती है, युद्ध में घातक हथियारों का उपयोग बहुतायत से किया जाता है, ज्वालामुखी के फटने से आग का विकराल रूप देखने को मिलता है, आये दिन परमाणु परीक्षण होते रहते हैं, इन सबसे भी तापमान बढ़ता है। जल में बाहरी तत्त्वों के प्रवेश से जल का तापमान बढ़ता है।

तापीय प्रदूषण से मृत्यु दर बढ़ती है क्योंकि हानिकर रसायन और कीटनाशकों का उपयोग बढ़ रहा है। जल में ऑक्सीजन की मात्रा का कम होना, तापमान के बढ़ने का संकेत देता है। तापमान वृद्धि से फसलें झुलसती हैं अर्थात् कुप्रभावित होती हैं। तापमान में वृद्धि होने से हिमखण्ड पिघलते हैं। ओजोन परत में छेद होने तथा इसमें वृद्धि होने से पराबैंगनी किरणों का खतरनाक प्रभाव होता है जिससे विभिन्न बीमारियाँ होती हैं जैसे कैन्सर, चर्म व त्वचा रोग आदि। इसकी रोकथाम के लिए पौधे अधिक-से-अधिक लगाये जायें जिससे लोगों की श्वास प्रक्रिया सामान्य रह सके। उद्योगों से निकलनेवाले जल का शोधन कर जलाशयों में छोड़ा जाये। जलाशय, नदियों, झाड़ियों और सागर को स्वच्छ रखने का प्रयास किया जाना चाहिए। केवल पौधे ही न लगाये जायें, अपितु उन्हें संरक्षित किया जाये जिससे वे विकसित हो सकें। तुलसी के पौधे से भी तापमान में कमी आती है। इन सभी उपायों के क्रियान्वयन से तापीय प्रदूषण नियन्त्रित होना सम्भव होगा।

(ज) प्लास्टिक प्रदूषण

प्लास्टिक एक ऐसा पदार्थ है जो जल्दी नष्ट नहीं होता तथा इसका उपयोग बहुतायत से किया जाता है जो चिन्तनीय है। पानी या दूध की प्लास्टिक की बोतलों से निकलती है बेन्जीन ऑक्साइड जिसके कारण कैन्सर हो सकता है। इससे बच्चों के विकास पर विपरीत प्रभाव पड़ता है। यह हृदय, मांसपेशियों और फेफड़े आदि को कुप्रभावित करती है। इससे हड्डियाँ गलने लगती हैं। बोतलों की तली में अंकित मार्क-1 से 6वाली बोतलें इस्तेमाल नहीं करनी चाहिए। केवल मार्क 7 से ऊपरवाली बोतलों का इस्तेमाल करना चाहिए। प्लास्टिक प्रदूषण से कैन्सर एवं इनफर्टिलिटी की वृद्धि होती है। प्लास्टिक की बोतल में पानी हानिप्रद है, इसके कण जानलेवा हो सकते हैं और बढ़ते उपयोग से सेहत पर कुप्रभाव पड़ता है क्योंकि इससे बीमारियाँ फैलती हैं। कम्प्यूटर की-बोर्ड, रिमोट, खाने-पीने के सामान का कण्टेनर, डेबिट एवं क्रेडिट कार्ड तथा अन्य कई उपयोग में लायी जानेवाली चीजों में प्लास्टिक का उपयोग बढ़ता जा रहा है, जिससे प्रदूषण बढ़ता है।

प्लास्टिक प्रदूषण से वर्ष भर में लगभग एक लाख जलीय जीवों की मृत्यु होती है। समुद्र के प्रति वर्गमील में लगभग 46 हजार प्लास्टिक के टुकड़े औसतन मिलते हैं। प्लास्टिक बैग बनाने में प्रतिवर्ष 4.3 अरब गैलन कच्चे तेल का प्रयोग होता है। एक टन प्लास्टिक के रिसाइकिलिंग से 685 गैलन तेल बचता है इसके साथ ही एक टन प्लास्टिक के रिसाइकिलिंग से 5.774 किलोवाट बिजली की बचत होती है। 9.8 करोड़ ब्रिटिश थर्मल यूनिट की भी बचत होती है रिसाइकिलिंग से तथा 23 वर्गमीटर डम्पिंग जमीन की बचत होती है।

प्लास्टिक की खोज 1933 में 27 मार्च को एरिक फॉसेट तथा रेजिनाल्ड गिब्सन द्वारा हुई। वर्ष 2017 तक 8.3 अरब मीट्रिक टन प्लास्टिक का उत्पादन हो चुका है साथ ही 6.3 अरब मीट्रिक टन प्लास्टिक कचरा भी इकट्ठा हुआ। इस सम्पूर्ण कचरे में 79 फीसदी कचरा पर्यावरण में डम्प किया गया। केवल 9 प्रतिशत कचरे की रिसाइकिलिंग की गयी तथा शेष 12 फीसदी कचरे को जलाकर नष्ट किया जा चुका है।

झारखण्ड के जमशेदपुर में कोलतार में 10 प्रतिशत प्लास्टिक मिलाकर सड़क का निर्माण हो रहा है। टाटा स्टील की कम्पनी जुस्को (जमशेदपुर यूटिलिटीज ऐण्ड सर्विसेज लिमिटेड) ने इसके लिए प्रॉसेसिंग प्लाण्ट लगाया है। इससे सड़क मजबूत बनती है और जल्दी टूटती नहीं है। ग्यारह हजार प्लास्टिक की बोतलों से टेल्को के हिलटाप की छात्रा मोद्रिता चटर्जी ने शौचालय बनाने में सफलता प्राप्त की तथा बाद में पश्चिम बंगाल के अशोक भौमिक ने भी प्लास्टिक की बोतलों से शौचालय बनाकर सराहनीय कार्य किया है। इसके लिए पचास रुपये में एक किलो प्लास्टिक की बोतलें खरीदी जाती हैं। रायपुर की शुभांगी आप्टे कपड़े के थैले को निःशुल्क बाँटकर प्लास्टिक की थैलियों का उपयोग न करने का सन्देश दे रही हैं तथा कतिपय एन. जी. ओ. भी इस पहल का अनुसरण कर रहे हैं।

रूहेलखण्ड विश्वविद्यालय के असिस्टेण्ट प्रोफेसर प्रमोद कुमार और डॉ. भीमराव अम्बेडकर यूनिवर्सिटी लखनऊ के डॉ. ज्योति पाण्डेय ने कुदरती सिन्थेटिक पॉलीमर से नष्ट होने लायक अर्थात् बायोडिग्रेडेबल पॉलीथीन का निर्माण किया है जो मिट्टी में दबाने पर पूर्णरूपेण नष्ट हो जाती है। उत्तर प्रदेश के मऊ जनपद के कुशमौर में स्थित आई. सी. ए. आर. के अन्तर्गत कृषि उपयोगी सूक्ष्म जीवी ब्यूरो एवं राष्ट्रीय बीज विज्ञान संस्थान के परिसर को प्लास्टिकमुक्त कर दिया गया है। यहाँ कोई प्लास्टिक का उपयोग नहीं करता है।

प्लास्टिक से सम्बन्धित हमारे देश में कानून यह है कि 50 माइक्रान से कम मोटी प्लास्टिक का विक्रय दूकानदार नहीं कर सकता जिसके कारण प्लास्टिक के उपयोग की मात्रा कम नहीं हो पा रही है। आँकड़े बताते हैं कि विश्व औसत व्यक्ति 28 किलोग्राम प्लास्टिक का प्रतिवर्ष उपयोग करता है, जबकि भारत में यह औसत 11 किलोग्राम, अमरीका में 109, यूरोप में 65, चीन में 38 और ब्राजील में 32 किलोग्राम उपयोग प्रति व्यक्ति वर्ष भर में करता है। प्लास्टिक की बोतलों में पानी का उपयोग मिनरल वाटर के रूप में करते हैं। किन्तु उसमें प्लास्टिक के सूक्ष्मकण होने की बात सिद्ध हो चुकी है। फ्रेडोनिया स्टेट यूनिवर्सिटी ऑफ न्यूयार्क के वैज्ञानिकों द्वारा किये गये 19 स्थानों के 259 प्लास्टिक की बोतलों पर अध्ययन कर पता चला कि प्रति लीटर पानी में औसतन 325 प्लास्टिक के सूक्ष्मकण विद्यमान थे, केवल 17 बोतलें ही प्लास्टिक के सूक्ष्म कण से मुक्त पायी गयीं।

बोतलबन्द पानी में पॉलीप्रोपायलिन प्रकार के प्लास्टिक के कण मिलते हैं। क्योंकि बोतलों के ढक्कन में इसी का इस्तेमाल होता है। यह अध्ययन भारत, अमरीका, इण्डोनेशिया, केन्या, चीन, मैक्सिको, लेबनान, थाईलैण्ड और ब्राजील आदि के देशों के बोतल बन्द पानी पर किया गया। ये भूजल को प्रदूषित करते हैं। भूजल की प्रॉसेसिंग में प्लास्टिक के सूक्ष्म कण नष्ट नहीं होते हैं। इस प्रकार अमृत रूपी जल को प्लास्टिक जहरीला बना रहा है। आँकड़े बंताते हैं कि प्रति सेकण्ड 20 हजार पानी की बोतलें बिकती हैं अथवा प्रति मिनट 10 लाख बोतलबन्द पानी की बिक्री होती है। वर्ष 2016 में 480 अरब पानी की बोतलें बेची गयीं जिसमें 110 अरब बोतलें कोका कोला कम्पनी द्वारा निर्मित थीं। कुल बोतलों में से 50 प्रतिशत यानी आधी संख्या में बोतलों को रिसाइकिल करने के लिए एकत्र किया जाता है तथा केवल 7 फीसदी बोतलों से नयी बोतलें बनायी जाती हैं।

500 अरब प्लास्टिक के बैग प्रतिवर्ष विश्व में इस्तेमाल होते हैं। दो ब्रिटिश वैज्ञानिकों द्वारा अनजाने में पॉलीथीन की खोज हुई थी। इथाईलीन में ऑक्सीजन के अणु मिल जाने से पॉलीथीन निर्मित हो गया था। कुल कचरे में प्लास्टिक कचरे की भागीदारी 10 फीसदी रही है। गत शताब्दी में प्लास्टिक का जितना उत्पादन हुआ, उससे अधिक प्लास्टिक का उत्पादन पिछले दस वर्ष में हुआ है। प्रति व्यक्ति औसतन वार्षिक 4600 चम्मचों के बराबर की मात्रा का प्लास्टिक डम्प होता है। यदि प्लास्टिक के उपयोग में कमी नहीं लायी गयी तो 2050 तक पर्यावरण में 12 अरब टन प्लास्टिक कचरा एकत्र हो जायेगा। ब्रिटिश और अमरीकी वैज्ञानिकों ने पी.ई.टी. – ऐज एंजाइम विकसित किया है जो प्लास्टिक को गलाकर नष्ट कर सकता है।

सिन्थेटिक अथवा कृत्रिम पॉलीमर के स्थान पर विकल्प के रूप में प्राकृतिक पॉलीमर का इस्तेमाल किया जाये जैसे रेशम आदि। स्टार्च भी प्लास्टिक का विकल्प बन सकता है। मिट्टी, धातु और काँच के बर्तनों का अधिक उपयोग करने से प्लास्टिक उत्पादन को नियन्त्रित किया जा सकता है। प्लास्टिक-रिसाइकिलिंग की जाये न कि एक बार इस्तेमाल कर फेंक दिया जाये। पंजाब के जालन्धर में कमल अग्रवाल ने प्लास्टिक कचरा से प्लास्टिक के दाने का निर्माण कार्य शुरू किया है जिसका उपयोग बैटरी की प्लेट बनाने में होता है। इस प्लास्टिक कचरे में प्लास्टिक की सीरिंज को भी शामिल कर दाना बनाने का कार्य किया जा रहा है। प्लास्टिक व थर्माकोल से बनी प्लेट और गिलास की जगह पर कुल्हड़ व दोना, पत्तल के उपयोग की प्रवृत्ति लोगों में बढ़ी है, पर्यावरण संरक्षण की दृष्टि से।

ग्रीन वारियर्स लोगों ने आमजन को प्लास्टिक के कचरे को इधर-उधर न फेंककर इकट्ठा करने के लिए प्रेरित किया है। 2 अक्टूबर, 2014 को प्रधानमन्त्री नरेन्द्र मोदी

ने स्वच्छता अभियान प्रारम्भ किया और 3 अक्टूबर, 2014 से पंजाबी फिल्मों के पटकथा लेखक राहुल देवेश्वर ने अपने साथियों के साथ माणा गाँव से, जो बदरीनाथ में है, लेकर ऋषिकेश तक लोगों को प्लास्टिक का प्रयोग न करने के प्रति जागरूक कर स्तुत्य कार्य किया है तथा प्लास्टिक कचरे को एकत्र कर रिसाइकिलिंग के प्रति लोगों में चेतना विकसित की है।

प्लास्टिक कचरा बढ़ाने में पैक किये हुए खाद्य व पेय पदार्थ योगदान देते हैं। नलों में आ रहे पानी में भी प्लास्टिक के सूक्ष्म कण पाये जाने लगे हैं। पाँच महाद्वीपों के 12 से अधिक देशों के पानी के नमूने को एकत्र कर पाया गया कि उसमें से 83 प्रतिशत पानी के नमूने में प्लास्टिक के सूक्ष्म कण पाये गये। इन देशों में अमरीका, इक्वाडोर, यूगाण्डा, लेबनान, इण्डोनेशिया, भारत और यूरोप के देश प्रमुख रूप से हैं। समुद्र में प्लास्टिक के कचरे को छानने के लिए रबर का अवरोधक तैयार कर नीचे जाली लगा दी गयी है। तिकोने आकार के बने हुए इस साधन से उतराते हुए प्लास्टिक के कचरे को एकत्र किया जा सकेगा। जीव-जन्तुओं में गाय को सम्मिलित करते हुए 267 प्रजातियाँ ऐसी हैं जो प्लास्टिक को निगल रही हैं।

भारत में 6.20 अरब टन कचरा प्रतिवर्ष तैयार होता है जिसमें 56 लाख टन केवल प्लास्टिक कचरा होता है। भारतीय प्लास्टिक उद्योग 2022 तक प्रति व्यक्ति प्लास्टिक की खपत को दो गुना करने का प्रयास कर रहा है। यह सन्तोष का विषय है कि कुछ राज्य सरकारों ने प्लास्टिक के उपयोग को बन्द करने का प्रयास किया है और जनता में भी इसका उपयोग न करने की चेतना विकसित हो रही है। 50 माइक्रान से कम प्लास्टिक इस्तेमाल करने का जो कानून बना है वह प्लास्टिक बैग पर लागू नहीं होता है। अफ्रीका देशों में यूगाण्डा ऐसा देश है जो 2008 से ही प्लास्टिक मुक्त है। स्वीडन पड़ोसी देशों से कचरा खरीदकर रिसाइकिल कर विद्युत् उत्पादन करता है। आयरलैण्ड में प्लास्टिक बैग पर टैक्स लगाया गया जिससे 94 प्रतिशत प्लास्टिक के उपयोग में कमी आयी।

केन्द्रीय प्रदूषण नियामक बोर्ड की 2015 की रिपोर्ट के अनुसार 70 प्रतिशत प्लास्टिक पैकेजिंग उत्पाद जल्दी ही कचरे में परिवर्तित हो जाते हैं। 66 प्रतिशत प्लास्टिक कचरा मिश्रित कचरा होता है। रोजाना 50.592 मीट्रिक टन ठोस कचरे में प्रति मीट्रिक टन के अन्तर्गत 6.92 किलोग्राम प्लास्टिक कचरा होता है। प्लास्टिक कैरी बैग के विकल्प पर सब्सिडी दिया जाना अच्छा कदम होगा। इससे प्लास्टिक के उपयोग में निश्चित ही कमी आयेगी। 2016 में ई. पी. आर. (एक्सटेण्डेड प्रोड्यूसर रिस्पान्सिबिलिटी) की योजना बनायी गयी किन्तु सफल क्रियान्वयन नहीं हो सका। फ्रान्स में 2020 तक प्लास्टिक के सभी तरह के बर्तनों को प्रतिबन्धित कर दिया जायेगा और जैविक पदार्थ से बने उत्पाद प्रयुक्त होंगे।

देहरादून (उत्तराखण्ड) चिड़ियाघर ने एक अच्छी पहल की है। दर्शक प्लास्टिक की बोतल भीतर ले जाते हैं तो दस रुपये जमा करना होता है, वापस आने पर प्लास्टिक की बोतल जमा करते हैं तो दस रुपये वापस कर दिया जाता है। वापसी पर बोतल न लाने पर जुर्माना लिया जाता है। प्लास्टिक की खाली बोतलों का चूरा बनाकर 15 से 17 रुपये किलो बेचा जाता है। सितम्बर 2018 तक साठ हजार रुपये का चूरा बेचा जा चुका है तथा चिड़ियाघर साफ-सुथरा हो गया है। प्लास्टिक से फ्यूल बनाने में, गाजियाबाद के इंजीनियरिंग कॉलेज के छात्र मनीष कुमार वर्मा को उत्तर प्रदेश प्रदूषण नियन्त्रण बोर्ड ने पुरस्कृत किया है। क्लोस्ड सिस्टम में पायरोलिसिस पद्धति से प्लास्टी फ्यूल तैयार किया जाता है फिर प्लास्टी फ्यूल को रिफाइन करके डीजल एवं पेट्रोल ग्रेड एथेनाल बनाया जाता है। अनुमान है कि इस फ्यूल की कीमत लगभग 46 रुपये लीटर होगी। अतः कहा जा सकता है कि प्लास्टिक को रिसाइकिल करके विभिन्न उत्पाद के निर्माण को बढ़ावा दिया जाये तथा फ्यूल बनाये जाने की प्रक्रिया को विकसित किया जाये। बढ़ता हुआ प्लास्टिक प्रदूषण एक गम्भीर खतरा है स्वास्थ्य एवं जीव-जन्तुओं के लिए इसलिए प्लास्टिक प्रदूषण से मुक्ति पाने हेतु इसका प्रयोग बन्द किया जाये अथवा न्यूनतम उपयोग करना ही पर्यावरण की दृष्टि से उपयुक्त होगा।

(झ) जल प्रदूषण

जब कोई बाह्य तत्त्व भौतिक या मानवीय कारणों के कारण जल में मिलकर उसके प्राकृतिक गुणों में परिवर्तन इस प्रकार लाता है कि उसका दुष्प्रभाव प्राणियों के स्वास्थ्य पर पड़ता है तो वह प्रदूषित जल कहलाता है। इसी अभिप्राय से विश्व स्वास्थ्य संगठन ने जल प्रदूषण की परिभाषा दी है – "Any foreign material or other sources are contaminated with water supplied and may be harmful to life cause of their toxicity, reduction of normal oxygen level of water aesthetically unpalatable, effects and spread of epidemic diseases is called water pollution" कुआँ, तालाब एवं नदियों के जल में कीटाणुओं के उत्पन्न हो जाने पर जल प्रदूषित हो जाता है साथ ही कल-कारखानों का अपशिष्ट झील, तालाब एवं नदी के जल में जब मिलता है तो जल गन्दा एवं दुर्गन्धयुक्त हो जाता है जिसके कारण वह जल प्रदूषित हो जाता है।

मानव शरीर में लगभग दो तिहाई मात्रा जल की होती है और जल द्रव हमारे लिये सुरक्षा कवच होते हैं, पेड़ों में लगभग 40 प्रतिशत जल की मात्रा होती है तथा जलीय पौधों में यह मात्रा 90 प्रतिशत तक होती है। प्राकृतिक एवं अन्य स्त्रोतों से कतिपय तत्त्वों के मिल जाने से जल प्राणियों एवं वनस्पतियों के लिए नुकसानदेह

इसलिए हो जाते हैं क्योंकि उसमें ऑक्सीजन की मात्रा कम हो जाती है जो स्वास्थ्य के लिए हानिकर होते हैं तथा इस प्रदूषित जल से विभिन्न प्रकार की बीमारियाँ उत्पन्न होती हैं। प्रदूषित जल मानव आहार, जीवों के स्वास्थ्य, कृषि एवं मत्स्य आदि के लिए हानिकारक होते हैं। जल के रासायनिक, भौतिक और जैविक गुणों में परिवर्तन होना ही जल प्रदूषण है। हमारे देश की लगभग 60 फीसदी भूमि मृदा-अपरदन, जल भराव एवं लवणता से ग्रस्त है, तथा लगभग एक हजार बच्चे प्रतिदिन डायरिया आदि रोगों से मरते हैं जिसका मुख्य कारण जल प्रदूषण है। मनुष्य के शरीर में यदि 5 प्रतिशत जल की कमी हो जाये तो बेचैनी, 10 प्रतिशत कम हो जाये तो चलने-फिरने में दिक्कत एवं 20 प्रतिशत कम हो जाये तो जीवन पर खतरा मँडराने लगता है। सिंचाई के लिए बोरिंग एवं पम्पिंग में डीजल व बिजली का बेतहाशा इस्तेमाल चिन्ताजनक है। ज्वालामुखी के फटने, भूकम्प आने एवं मृदा अपरदन से जल प्रदूषित होता है।

खारा जल भी जल के प्रदूषण का संकेत देता है। हम प्रायः कूड़े-कचरे को इधर-उधर फेंक देते हैं और वर्षा के कारण वह बहकर नदियों में मिल जाता है। ड्रेनेज सिस्टम ठीक न होने से शौचालय का पानी नदियों में मिलकर जल को अशुद्ध करता है। कभी-कभी पाइप लाइन फट जाती है तथा सीवर से इसका सम्पर्क होता है जिसके कारण जल प्रदूषित होता है और विभिन्न प्रकार के रोग फैलते हैं, जैसे पोलियो, पीलिया, विकलांगता और वायरस सम्बन्धी रोग आदि। गुणों के अनुसार जल प्रदूषण दो प्रकार के हैं भौतिक और रासायनिक। भौतिक कारकों के अनुसार जीवाश्म, रंग एवं गन्ध, कीचड़, तेल और सूक्ष्म कण आदि जल को प्रदूषित करते हैं। रासायनिक प्रदूषकों में विभिन्न प्रकार के रसायन होते हैं यथा सल्फाइड, अमोनिया, नाइट्रोजन, खर-पतवार, कीटनाशक दवाएँ, पारा, नमक, रेडियोधर्मी तत्त्व तथा क्लोराइड आदि जल को प्रदूषित करते हैं। स्रोत के आधार चार हैं औद्योगिक, कृषिजन्य, नगरीय एवं प्राकृतिक प्रदूषक। औद्योगिक प्रदूषक में गन्दा जल, औद्योगिक अपशिष्ट एवं रासायनिक तत्त्व आदि आते हैं, कृषिजन्य में कीटनाशक दवाओं तथा रासायनिक उर्वरक आदि को सम्मिलित किया जा सकता है। गन्दा जल, मृत शरीर, कचरा और मलमूत्र नदियों या जलाशयों के पानी में मिलकर जल प्रदूषण का विस्तार करते हैं। ज्वालामुखी तथा भूकम्प से निकला पदार्थ तथा विघटित जैविक सामग्री आदि जल प्रदूषण हेतु प्राकृतिक प्रदूषक कहलाते हैं। कुछ प्रदूषक जल में विलीन हो जाते हैं तथा कुछ विलयित न होनेवाले पदार्थ भी होते हैं। ये दोनों जल प्रदूषण के लिए उत्तरदायी हैं। इस प्रकार विभिन्न चीजों से जल प्रदूषित होता है जिसमें मुख्य हैं गन्दा जल एवं मल-मूत्र, कल-कारखानों के अपशिष्ट पदार्थ, जलयानों से रिसाव के कारण निकला

पेट्रोलियम तथा जैविक सामग्री आदि। जो जल स्थिर होता है जैसे तालाब एवं झील का जल, वह शीघ्र प्रदूषित हो सकता है तथा जिस जल में बहाव होता है वह धीरे-धीरे प्रदूषित होता है जैसे नदी एवं सागर का जल।

आजकल नदियों का सफाई अभियान जारी है विशेष रूप से गंगा को निर्मल बनाने का। इसका मुख्य उद्देश्य है कि नदियों के जल को प्रदूषण से मुक्त किया जाये। विभिन्न कल-कारखानोंवाले नगरों में जैसे कानपुर आदि औद्योगिक शहरों में लाखों लीटर जल प्रतिदिन नदियों में समाहित होता है और अन्ततोगत्वा नदियों का यह जल समुद्र में पहुँचता है जिससे जल-जीवों को भारी हानि होती है। कई उद्योगों की जहरीली सामग्री भी जल में मिल जाती है जिससे वह उपयोग लायक नहीं रह जाता है। कृषि में प्रयोग में आनेवाले रासायनिक उर्वरक एवं कीटनाशक वर्षा जल के साथ मिलकर भूगर्भ स्थित जल में मिल जाते हैं। जलयानों से पेट्रोलियम पदार्थों के रिसाव द्वारा समुद्रीय जल में मिल जाने से सागरीय जीव-जन्तु कुप्रभावित होते हैं। मृत पशु एवं मानव शरीर को जल में प्रवाहित करने से भी जल प्रदूषण में बढ़ोतरी होती है। बाँध आदि के कारण जल प्रवाह में गतिरोध उत्पन्न होता है जिससे जल अशुद्ध होता है।

उत्तर प्रदेश के दो तिहाई जिले अर्थात् 49 जिलों के पानी में नाइट्रेट विद्यमान हैं। कुछ जिलों के पानी में खारेपन, आयरन तथा फ्लोराइड की समस्या पायी गयी है। इन कारणों के निराकरण हेतु सार्थक प्रयास का अभाव है। फ्लोराइड के कारण फ्लोरोरिस की बीमारी होती है जिससे हड्डियाँ टेढ़ी होने लगती हैं। उन्नाव जिले के पानी में फ्लोराइड की मात्रा अधिक है। खारे पानी की बेल्ट मथुरा-आगरा से प्रतापगढ़-जौनपुर तक है। उन्नाव के अलावा रायबरेली, मथुरा, फिरोजाबाद, अलीगढ़ और हमीरपुर के पानी में फ्लोराइड की समस्या है। आगरा, अलीगढ़, फिरोजाबाद, बदायूँ, बुलन्दशहर, भदोही, मैनपुरी और वाराणसी जिलों के भूजल में आयरन की समस्या है। लखनऊ सहित कई जिलों के पानी में नाइट्रेट की समस्या है। भूमिगत जलस्रोतों में सीवर के मिलने से जल प्रदूषण बढ़ा है। प्रदूषित जल से पेट-सम्बन्धी बीमारी होती है। पानी में खारेपन एवं फ्लोराइड की समस्या से दाँतों में विकृति आती है। हड्डियों में विकार के फलस्वरूप विकलांगता बढ़ सकती है। आयरन की मात्रा अधिक होने से हानि होती है। नाइट्रेट के कारण नवजात में मेथमोग्लोबिनिमिया रोग हो सकता है, आँतों का कैन्सर हो सकता है, केन्द्रीय तन्त्रिका तन्त्र व हृदय तन्त्र प्रभावित होता है।

खारेपन की समस्या से ग्रस्त होनेवाले प्रमुख जिले हैं – लखनऊ, आगरा, हमीरपुर, कासगंज, कानपुर, अलीगढ़, फिरोजाबाद, मथुरा, उन्नाव और रायबरेली आदि। जिन जिलों के पानी में आयरन की मात्रा ज्यादा है वे हैं – मथुरा, चन्दौली, एटा, ललितपुर, वाराणसी, आगरा, अलीगढ़, बुलन्दशहर, बदायूँ, मऊ, भदोही, मैनपुरी,

नोएडा, जौनपुर, कन्नौज, फर्रुखाबाद एवं फिरोजाबाद आदि। नाइट्रेट की समस्यावाले जिले हैं – सोनभद्र, लखनऊ, सुल्तानपुर, आगरा, श्रावस्ती, अलीगढ़, सिद्धार्थनगर, प्रयागराज, उन्नाव, अम्बेडकर नगर, शाहजहाँपुर, औरैया, भदोही, आजमगढ़, सीतापुर, बंदायूँ, बागपत, रामपुर, बलरामपुर, रायबरेली, बाँदा, बाराबंकी, मिर्जापुर, मुजफ्फरनगर, बरेली, बस्ती, मुरादाबाद, मऊ, बिजनौर, बुलन्दशहर, मेरठ, मथुरा, चित्रकूट, एटा, महोबा, लखीमपुर खीरी, इटावा, फतेहपुर, कानपुर देहात, कन्नौज, फिरोजाबाद, नोएडा, झाँसी, जौनपुर, हाथरस, हमीरपुर, हरदोई, गाजियाबाद एवं गाजीपुर आदि। फ्लोराइड की समस्या से ग्रस्त जिले हैं – उन्नाव, आगरा, रायबरेली, अलीगढ़, मथुरा, फिरोजाबाद, कानपुर नगर, हमीरपुर तथा कासगंज आदि। इस प्रकार उत्तर प्रदेश के अधिकांश ज़िले जल प्रदूषण से ग्रस्त हैं जिसके निराकरण हेतु प्रभावी क्रियान्वयन की आवश्यकता है।

शुद्ध या अशुद्ध जल का मानक pH है, यदि यह 7.0 से 8.5 के मध्य है तो वह शुद्ध जल है। 7 pH से कम होने पर अम्लीय होता है और 6.5 से कम तथा 9.2 से अधिक होने पर जल प्रदूषित माना जाता है। विश्व स्वास्थ्य संगठन के अनुसार प्रतिवर्ष 6 लाख बच्चे जल प्रदूषण से ग्रस्त होते हैं तथा हमारे देश में 35 से 45 फीसदी मनुष्यों की मृत्यु जल प्रदूषण के कारण होती है। राजस्थान में प्रदूषित जल के सेवन से वहाँ के निवासी नास नामक बीमारी से ग्रस्त होते हैं। प्रदूषित जल के मिट्टी में मिल जाने से फसलों को नुकसान पहुँचता है। शुद्ध जल में निर्धारित सीमा तक विभिन्न तत्त्व आदि पाये जाते हैं तो जल प्रदूषण रहित होता है और ये तत्त्व हैं कैल्शियम, लोहा, मैगनीज, ताँबा, मैग्नीशियम, सल्फेट और जस्ता। यदि ये तत्त्व निर्धरित मात्रा से अधिक जल में पाये जाते हैं तो जल प्रदूषित होगा। विश्व स्वास्थ्य संगठन के अनुसार लगभग 80 प्रतिशत बीमारियों का प्रत्यक्ष या परोक्ष सम्बन्ध प्रदूषित जल से होता है। प्रदूषित जल फसलों को नुकसान पहुँचाते हैं जिससे इसका प्रभाव फल, सब्जियों एवं खाद्यान्नों पर पड़ता है। प्रदूषित जल से होनेवाली बीमारियों से शहरी एवं ग्रामीण दोनों क्षेत्र के लोग प्रभावित होते हैं। पश्चिम बंगाल के कतिपय औद्योगिक क्षेत्रों से निकले विषैले रसायन के जल में मिलने से शरीर की हड्डियाँ टेढ़ी हो जाती हैं जिससे कुआँ या हैण्डपम्प का पानी पीने लायक नहीं रहता है। एक रिपोर्ट के अनुसार सड़क दुर्घटना या एच.आई.वी. आदि बीमारियों से विश्व में जितनी मौतें होती हैं उससे अधिक मौतें प्रदूषित जल के सेवन और उससे होनेवाली बीमारियों के कारण होती हैं। यूनेस्कों की महानिदेशक एरिना बोकोवा का कथन है कि जितनी तेजी से ताजा पानी के उपयोग की मात्रा में बढ़ोतरी हो रही है उतनी तेजी से ताजा पानी में बढ़ोतरी नहीं हो पा रही है जिससे बीमारी और पलायन जैसी गम्भीर समस्याएँ उत्पन्न हो रही हैं। एशिया, अफ्रीका और लैटिन अमरीका में प्रतिवर्ष 35 लाख लोग प्रदूषित जल एवं तज्जनित बीमारी से काल-कवलित हो जाते हैं।

जल प्रदूषण से रोकथाम हेतु विभिन्न उपाय अपनाये जाने चाहिए जैसे कीटनाशक, रसायन एवं डी. डी. टी. आदि का प्रयोग आवश्यकतानुसार ही किया जाना चाहिए। संक्रमण रोगों से ग्रस्त पशु या मनुष्यों को नदी एवं तालाब में नहाने से वंचित रखा जाये। कूड़े-कचरे को इधर-उधर न फेंककर डस्टबिन में डाला जाये उसमें भी गीले और सूखे कूड़े को पृथक् करके। सीवर संशोधन यन्त्रों का इस्तेमाल अधिक संख्या में हो। मीडिया द्वारा जल प्रदूषण के उपायों को प्रचारित करना चाहिए। जल प्रदूषण के नियन्त्रण के लिए समय-समय पर विभिन्न अधिनियम बनाये गये हैं विशेष रूप से 1974 में तथा इसके पूर्व उन्नीसवीं शताब्दी में दि नार्थ इण्डिया कैनाल एवं ड्रेनेज ऐक्ट, दि आब्स्ट्रक्शन ऑफ फेयरवेज ऐक्ट तथा दि इण्डियन फिशरीज' ऐक्ट भी बनाये गये हैं। केन्द्र सरकार ने केन्द्रीय प्रदूषण नियन्त्रण बोर्ड द्वारा केन्द्रीय गंगा प्राधिकरण गठित किया है लेकिन अभी तक अपेक्षित परिणाम की प्राप्ति नहीं हो सकी है। नदियों में कम-से-कम पचहत्तर फीसदी जल अवश्य रहना चाहिए। उद्योगों की स्थापना नदियों से निर्धारित दूरी पर हो। नदियों में अधजले शव, दाह संस्कार के बाद हड्डी एवं राख तथा मृत पशुओं के विसर्जन पर रोक लगनी चाहिए। पूजा सामग्री को नदियों में बहाने पर रोक हो तथा बेहतर होगा कि इसे भूमि में गाड़ दिया जाये, इससे भूमि का उपजाऊपन बढ़ेगा। जलीय जीव-जन्तुओं को मारने पर प्रतिबन्ध लगे। बाँध इस प्रकार बनाये जायें जिससे नदियों की अविरल धारा के बहाव पर प्रतिकूल प्रभाव यथासम्भव कम-से-कम पड़े। कीटनाशक एवं रासायनिक खादों का उपयोग रीमित मात्रा में ही हो जिससे जलीय स्रोतों की गुणवत्ता कुप्रभावित न हो। आमजन में जल प्रदूषण को रोकने हेतु जागृति उत्पन्न की जाये। नदियों के किनारे लगे वनों का विनाश न हो इससे मृदा अपरदन, मलबा, कीचड़ तथा कटाव में कमी आयेगी। सरकार के अतिरिक्त जन सेवी संस्थाएँ भी इसमें योगदान दें। नदी बोर्ड ऐक्ट, 1956, मर्चेण्ट नेवी ऐक्ट, 1974 तथा वाटर प्रिवेन्शन ऐक्ट, कण्ट्रोल ऑफ एफ्लूशन ऐक्ट, 1977 आदि बनाये गये हैं किन्तु इसका प्रभावी क्रियान्वयन नहीं किया गया जिससे जल प्रदूषण की समस्या आज भी हमारे समक्ष गम्भीर चुनौती के रूप में है। वर्तमान केन्द्र सरकार की 'नमामि गंगे' परियोजना जल प्रदूषण को नियन्त्रित करने का एक उपयोगी प्रयास है।

विश्व स्वास्थ्य संगठन की रिपोर्ट, जो 2004 में प्रकाशित हुई, के अनुसार हमारे देश में लगभग पाँच लाख व्यक्तियों की मौत जनजनित बीमारियों के कारण हुई। वर्तमान में सीवेज एक प्रमुख समस्या है, कई नगरपालिकाओं द्वारा इनका शोधन नहीं किया जाता है और अशोधित रूप में ये नदियों एवं तालाबों के जल में मिल जाती हैं। केन्द्रीय प्रदूषण नियन्त्रण बोर्ड के अनुसार देश में केवल 31 प्रतिशत सीवेज का शोधन होता है। देश में अधिकांश शहर नदियों के तट पर बसे हैं। हमारे देश की एक बड़ी आबादी की जीवन

रक्षक ये नदियाँ हैं क्योंकि इनके जल का हम उपयोग करते हैं। गंगा नदी सबसे पावन और हमारे लिये पूज्य है। यह विडम्बना ही है कि प्रत्येक 100 मिली लीटर में 60 हजार मल बैक्टीरिया हैं। इसका अर्थ है कि नहाने के लिए जिस प्रकार के स्वच्छ जल की हमें आवश्यकता है उससे 120 गुना ये प्रदूषित हैं। समय-समय पर 'गंगा बचाओ' या नदियों के जल को स्वच्छ करने का अभियान चलाया जाता है। अनुमान है कि भारत में प्रतिदिन एक हजार बच्चों की मृत्यु डायरिया के कारण होती है। डायरिया का मुख्य कारण प्रदूषित जल का उपयोग है। गंगा को राष्ट्रीय नदी का दर्जा दिया गया है। साधु-सन्त इसकी स्वच्छता के लिए जब-तब अनशन करते हैं लेकिन प्रभावी परिणाम अभी तक प्रतीक्षित है। गंगा नदी की लम्बाई 1560 मील के लगभग है। इससे देश के चालीस करोड़ लोगों का जीवन जुड़ा है। इस नदी के बेसिन अथॉरिटी का गठन भी हो चुका है। इसी प्रकार अन्य नदियाँ यमुना, गोमती, घाघरा, नर्मदा, राप्ती, दामोदर एवं सहायक नदियाँ हैं। कमोबेश सभी की स्थिति एक जैसी है। आँकड़े बताते हैं कि 89 प्रतिशत लोगों को स्वच्छ पेयजल मिलता है और सफाई की व्यवस्था केवल 28 प्रतिशत जनसंख्या के लिए है। दो लाख से अधिक ग्रामीण परिवारों को शुद्ध पेयजल उपलब्ध नहीं हो पाता है। नदियों के किनारे प्रदूषित स्थलों को चिह्नित किया जा चुका है, जरूरत है इन प्रदूषित स्थलों के जल के प्रदूषण को दूर करने की। इण्टरनेशनल ज्वाइण्ट कमीशन की रिपोर्ट के अनुसार झीलों व नदियों को फास्फेट डिटर्जेण्ट से मुक्त रखा जाये। इसके इस्तेमाल से बर्तन व कपड़े तो साफ हो जाते हैं लेकिन पानी की स्वच्छता के लिए खतरा उत्पन्न हो जाता है। अम्लीय वर्षा झीलों के पानी को अशुद्ध कर देती है। कनाडा की झीलों के प्रदूषित होने का कारण है ऑरगेनोहेलोजन व ऑरगेनोक्लोरीन। हमारे देश में नैनीताल की झील, कश्मीर की डल झील और माउण्ट आबू की झील आदि में पर्यटकों द्वारा खाद्य सामग्री के पैकेट्स डालने से जल प्रदूषित होता है। शुद्ध पेयजल की हो रही कमी वैश्विक चिन्ता का विषय है। आज भी बहुतेरे लोग पानी की विकराल समस्या से अनभिज्ञ हैं। आवश्यकता है कि पंचायत के स्तर से भी पानी के समुचित उपयोग का प्रबन्ध हो। जल प्रदूषण को नियन्त्रित करने हेतु केन्द्र सरकार, राज्य सरकारों स्वयंसेवी संस्थाओं एवं आम नागरिकों अर्थात् सभी का दायित्व है कि वे अपेक्षित योगदान अवश्य दें।

❑

ऊर्जा

किसी भी राष्ट्र के औद्योगिक विकास के लिए ऊर्जा अत्यन्त आवश्यक है। विश्व बैंक के अध्ययन के अनुसार भारत के आर्थिक विकास में वर्तमान उपलब्ध शक्ति पर्याप्त नहीं है यद्यपि ऊर्जा के उत्पादन में निरन्तर वद्धि हो रही है। पाश्चात्य देशों में औसत ऊर्जा की उपलब्धता हमारे देश की तुलना में अधिक है जिसका कारण है अधिक आबादी। आर्थिक विकास अधिक उत्पादन और अधिक खपत पर आधारित है। ऊर्जा संरक्षण के प्रति लोगों में जागरूकता जरूरी है। हमारे देश क़ी कुल आय में सेवा क्षेत्र का योगदान पचास प्रतिशत से अधिक है। देश में उपलब्ध संसाधनों के अनुरूप ही उत्पादन होना चाहिए। कुछ सेवा क्षेत्र ऐसे हैं जिसमें ऊर्जा की खपत कम़ होती है, जैसे स्वास्थ्य सेवा, फिल्म उद्योग तथा साफ्टवेयर आदि तथा कुछ क्षेत्र ऐसे हैं जिसमें ऊर्जा की खपत ज्यादा होती है जैसे स्टील एवं ऐल्युमिनियम उद्योग आदि। सेवा क्षेत्र में जिसकी आय देश की सकल आय के आधे से अधिक है, देश की समस्त खपत होनेवाली ऊर्जा का लगभग आठ प्रतिशत है। यह भी एक विडम्बना है कि बिजली उत्पादन के नाम पर उत्पादन तो बढ़ाया जा रहा है लेकिन ज्यादातर इसका उपयोग उच्च वर्ग की सुविधा के लिए है। वर्तमान में सभी वर्गों को बिजली उपलब्ध कराने का प्रयास सराहनीय है क्योंकि गाँव-गाँव में बिजली पहुँचायी जा रही है तथा पूर्वापेक्षा बिजली की कटौती में कमी आयी है।

हमारे देश में कोयला, तेल, गैस और जल प्रमुख रूप से ऊर्जा के स्रोत हैं। अधिकांश ऊर्जा की खपत रासायनिक खाद, ऐल्युमिनियम, टेक्सटाइल्स, सीमेण्ट, कागज एवं स्टील आदि उद्योगों पर व्यय होती है। कोयला के उत्पादन में भारत का विश्व में तीसरा स्थान है। ऊर्जा के दो स्रोत हैं वाणिज्यिक एवं गैर-वाणिज्यिक। गैर-वाणिज्यिक स्रोत में लकड़ी एवं कृषि हैं जैसे गन्ना, ऊर्जा का स्वच्छ स्रोत है। इसके खोई या बगास से बिजली उत्पादन के साथ शीरे से एथनाल निर्मित होता है। इसको जैव ईंधन के रूप में पेट्रोल के साथ मिलाये जाने की पर्याप्त सम्भावनाएँ हैं। वाणिज्यिक ऊर्जा के अन्तर्गत पारम्परिक और गैर-पारम्परिक दो प्रकार हैं। पारम्परिक में कोयला, पेट्रोल और गैस हैं तथा गैर-पारम्परिक में सौर ऊर्जा, वायु, जल तथा बायोमास आदि हैं।

पवन ऊर्जा जैसे पवन चक्की बाँध बनाकर ऊर्जा का उत्पादन और सूर्य के ताप से सौर ऊर्जा बनायी जाती है। पवन चक्की एक ऐसी मशीन है जो हवा की ऊर्जा से

अन्य मशीनों को संचालित करती है। नीदरलैण्ड की जमीन की सतह कई जगहों पर समुद्र तल से नीची है जिसके कारण पानी को नहरों तक पहुँचाने के लिए पवन चक्की का उपयोग किया जाता रहा है। इसलिए इस देश को पवन चक्कियों का देश भी कहते हैं।

राजस्थान में एक सौर ऊर्जा कम्पनी ने 2.44 या 3 रुपये में प्रति यूनिट की दर से बिजली की आपूर्ति की है। कोयले से उत्पन्न तापीय बिजली, पनबिजली और परमाणु बिजली की दरें लगभग 6 रुपये से 10 रुपये प्रति यूनिट होती है। सौर ऊर्जा का उत्पादन दिन में सूर्य के ताप से होता है। पनबिजली उत्पादन में पर्यावरणजनित समस्याएँ उत्पन्न होती हैं जैसे तटीय क्षेत्रों का हरण होना या बाँधों के कारण मछली के रास्ते को रोकना आदि। पनबिजली नदी के पानी के वेग को रोककर टरबाइन में डालकर उत्पन्न होती है, क्योंकि इसमें नदी के ढलान का उपयोग बिजली के उत्पादन में होता है। सौर ऊर्जा में कार्बन उत्सर्जन नहीं होता है। सौर ऊर्जा उत्पादन के मूल्य में गिरावट एक उपलब्धि है, क्योंकि इसके उत्पादन में वृद्धि होने से तापीय एवं परमाणु बिजली उत्पादन में कोयले और यूरेनियम पर निर्भरता कम होगी। सौर ऊर्जा को स्वतन्त्र पम्प स्टोरेज के साथ जोड़ने पर ऊर्जा सुरक्षा में बढ़ोतरी होगी। 3 अक्टूबर, 2018 को भारत के प्रधानमन्त्री नरेन्द्र मोदी को संयुक्त राष्ट्र के सर्वोच्च पर्यावरण पुरस्कार 'चैम्पियन्स ऑफ अर्थ अवार्ड' से सम्मानित किया गया क्योंकि उनके तत्त्वावधान में विश्व पर्यावरण के संरक्षण में उत्कृष्ट योगदान हमारे देश द्वारा दिया गया। वर्ष 2017-18 में पवन ऊर्जा को मिलाकर अक्षय ऊर्जा के विभिन्न साधनों एवं स्रोतों से ऊर्जा के उत्पादन में 11,788 मेगावाट की वृद्धि हुई है। हमारे देश में 2030 तक कार्बन उत्सर्जन में 30 से लेकर 35 फीसदी तक कमी लाने का लक्ष्य निर्मित किया गया है तथा ई-वाहनों पर निर्भरता की वृद्धि भी। वर्ष 2022 तक नवीकरणीय ऊर्जा के उत्पादन का लक्ष्य 175 गीगावाट रखा गया है। वर्ष 2015 में सौर ऊर्जा को बढ़ावा देने हेतु हमारे देश ने अन्तरराष्ट्रीय सौर गठबन्धन की स्थापना की तथा इससे 120 से अधिक देश जुड़ चुके हैं। 11 मार्च, 2018 को दिल्ली में अन्तरराष्ट्रीय सौर गठबन्धन शिखर सम्मेलन का आयोजन हो चुका है। स्वच्छ ऊर्जा की क्षमता को बढ़ाने के संयन्त्र स्थापित होंगे। सृष्टि योजना के माध्यम से घरों की छत पर सोलर प्रोजेक्ट को बढ़ावा दिया जायेगा तथा दस किलोवाट के सोलर प्रोजेक्ट को वित्तीय मदद भी दी जायेगी। इस प्रकार वर्ष 2022 तक 40 हजार मेगावाट ऊर्जा उत्पादन सम्भव होगा। किसी भी भौतिक निकाय की कुल ऊर्जा का परिमाण निश्चित होता है। उसका न तो सृजन होता है और न विनाश, केवल स्थानान्तरण होता है। इसे ही ऊर्जा संरक्षण का नियम कहते हैं। ऊर्जा के विभिन्न उपकरण हैं जैसे विद्युत् बल्ब, इंजन, माइक्रोफोन, लाउडस्पीकर, डायनमो, मोटर, विद्युत् सेल, फोटो इलेक्ट्रिक सेल, मोमबत्ती

आदि तथा ऊर्जा के विभिन्न प्रकार हैं जैसे यान्त्रिक ऊर्जा, ध्वनि ऊर्जा, विद्युत् ऊर्जा व प्रकाश ऊर्जा आदि।

अनुमान है कि 2033 तक जैविक सोलर सेल के उत्पादन और तकनीकी विकास से सस्ती सौर ऊर्जा उपलब्ध होगी तथा 2045 तक अन्तरिक्ष स्टेशन से धरती पर लगे एण्टीना द्वारा सौर ऊर्जा ग्रहण करना सम्भव होगा। वर्ष 2016 में कुल 46,327 मेगावाट ऊर्जा का उत्पादन हुआ। 28279 मेगावाट पवन ऊर्जा से प्राप्त हुआ, 8,728 मेगावाट सौर ऊर्जा से प्राप्त हुआ तथा 4,323 मेगावाट के लगभग उत्पादन हाइड्रोपावर से किया गया। 2022 तक 175 गीगावाट नवीकरणीय ऊर्जा उत्पादन का लक्ष्य रखा गया है। पूर्व की अपेक्षा 3,423 मेगावाट की वृद्धि पवन ऊर्जा से हुई है।

उत्तर प्रदेश के लखनऊ में ट्रान्सफार्मर एवं उपकेन्द्रों पर कैपिसिंटर बैंक लगाये जा रहे हैं जिससे तारों एवं ट्रान्सफार्मर में प्रवाहित करण्ट का प्रतिरोधक व्यवधान कम होगा, ऊर्जा की बचत होगी तथा गुणवत्ता का विकास होगा साथ ही ये उपकरण कम करण्ट खींचते हैं। सामान्य वोल्टेज मिलने से अधिक दिन तक उपकरण का उपयोग होगा। लोड यदि बढ़ जाये तो शीघ्र गरम नहीं होंगे, उपकरणों के फुँकने में कमी आयेगी तथा ढाँचे यथा तार, पैनल एवं रिले आदि की क्षमता में वृद्धि होगी। यदि उत्तर प्रदेश के सभी विद्युत् उपभोक्ता एक घण्टे के लिए बिजली का उपयोग न करें तो अनुमानतः इससे 5.52 करोड़ रुपये की बचत होगी। मार्च माह में अन्तिम शनिवार को प्रतिवर्ष 'अर्थ आवर डे' मनाया जाता है। इस दिन विश्व के अधिकांश देशों के अधिकांश नगरों में एक घण्टे के लिए लोग अपनी इच्छा से बिजली गुल रखते हैं विशेष रूप से गैर जरूरी बिजली। इस अवधि में यथासम्भव बिजली उपकरणों से सम्बन्धित स्विच ऑफ रखे जाते हैं और यह सब किया जाता है ऊर्जा की बचत के लिए। वर्ष 2004 से इस पर मन्थन चल रहा था, विभिन्न संस्थाएँ इस दिशा में कार्यरत और शोधरत थीं जलवायु परिवर्तन से लड़ने के लिए। वर्ष 2007 से प्रतिवर्ष यह दिवस मनाया जाता है। इसमें जितनी बिजली की बचत होती है वह उस मात्रा के दोगुना उत्पादन के बराबर मानी जाती है। इस अभियान की शुरुआत वर्ल्ड लाइफ फण्ड द्वारा की गयी। प्रारम्भ में इस अभियान में कुछ देशों के शहरों ने ही शिरकत की और जागृति आने के साथ-साथ इस संख्या में बढ़ोतरी हुई। अब यह विश्व के 135 देशों से अधिक संख्या में विभिन्न देशों के पाँच हजार से अधिक शहरों में मनाया जाता है।

ग्लोबल वार्मिंग की वजह से जल, वनस्पतियों और प्राणियों का जीवन प्रभावित हो रहा है। वर्तमान में धरती का औसत तापमान लगभग पन्द्रह डिग्री सेल्सियस है। ग्रीन हाउस गैसें जिसमें कार्बन-डाइ-ऑक्साइड भी शामिल है, पृथ्वी की गर्माहट को बनाये रखने का कार्य करती है, पौधे इन गैसों को संश्लेषित करते हैं और सूर्य द्वारा उत्सर्जित

गर्मी वायुमण्डल के बाहर नहीं जा पाती है। औद्योगिकीकरण और वनों में कमी के कारण वायुमण्डल गर्म होता जा रहा है जिससे प्राकृतिक आपदाओं की बढ़ोतरी हो रही है साथ ही ग्लेशियर्स का क्षेत्र कम होता जा रहा है और हिमखण्ड पिघलते जा रहे हैं। सूर्य की रोशनी प्रतिमिनट की इतनी अधिक होती है कि वर्ष भर की ऊर्जा की आवश्यकता की पूर्ति की जा सके। अब सी. एफ. एल. की तुलना में एल. ई. डी. को अधिक महत्त्व दिया जा रहा है क्योंकि यह लम्बे समय तक बनी रहती है। एक अनुमान के अनुसार एक टन रिसाइकिल कागज से दर्जनों पेड़, सैकड़ों गैलन तेल, हजारों किलोवाट ऊर्जा और हजारों गैलन पानी बचाया जा सकता है। आन लाइन खरीदारी करने से औसत रूप में हजार किलो कार्बन-डाइ-ऑक्साइड प्रति परिवार प्रतिवर्ष बचायी जा सकती है। हिमाचल के शूलिनी विश्वविद्यालय के प्रो. सौरभ अग्रवाल, डॉ. नीरज जडेजा, तथा प्रो. भास्कर गोयल ने सन ट्रैकिंग सोलर पैनल सिस्टम कम खर्च में बनया है जो सूर्य की रोशनी के साथ दिशा परिवर्तित करता रहेगा।

हमें सौर ऊर्जा के अधिक प्रयोग किये जाने के प्रति प्रेरित होना चाहिए। दीमक कागज को पचाकर हाइड्रोजन पैदा करने में सक्षम हैं। वर्षा वन जिस प्रकार संकट से घिरते जा रहे हैं उससे यह अनुमान लगाया जा सकता है कि भविष्य में वर्षा के मुख्य कारक वन नहीं रह जायेंगे। प्रायः हम दाँत साफ करने के दौरान सम्पूर्ण समय, नल खुला रखते हैं और यदि उसे बन्द रखें तथा अन्य आवश्यकताओं को पूरा करने के लिए केवल जरूरत पड़ने पर ही नल खोलें तो कई गैलन पानी रोजाना बचा सकते हैं। अर्थ आवर के अभियान में अब अन्तरिक्ष स्टेशन भी शामिल हो गये हैं। हमारे देश ने इस अभियान में वर्ष 2009 से प्रतिभागिता शुरू की है। एक घण्टे के स्विच ऑफ से देश में एक हजार मेगावाट से अधिक बिजली बचायी जा सकती है। वर्ष 2011 में हमारे देश के 130 नगरों ने भाग लिया और धीरे-धीरे शहरों की संख्या में वृद्धि होती जा रही है। इस अभियान का मुख्य उद्देश्य पर्यावरण को संरक्षित करना है। कैण्डल लाइट डिनर को हमें प्रोत्साहित करना चाहिए। लैपटाप को बेहतर होगा पावर बैक मोड में चलायें। धूम्रपान से परहेज करना भी अर्थ आवर मनाने का ढंग हो सकता है। वृक्षारोपण की ओर प्रत्येक व्यक्ति और परिवार को ध्यान देना चाहिए। सोच-विचार अँधेरे में भी बखूबी किया जा सकता है। जरूरी नहीं कि वर्ष में एक दिन ही एक घण्टे के लिए अर्थ आवर मनायें। यह तो जागरूकता उत्पन्न करने का एक ढंग है। प्रतिदिन न सही तो समय-समय पर एक अवधि निश्चित कर हम अर्थ आवर मना सकते हैं। इससे ऊर्जा की बचत होगी जो भावी पीढ़ियों के काम आयेगी और खर्च में भी बचत होगी। इस प्रकार थोड़ी देर के अँधेरे से भविष्य सुखमय होगा। हम सभी का यह पुनीत दायित्व है कि अर्थ आवर के इस अभियान में अधिक-से-अधिक योगदान दें।

धान के अवशेषों को जलाने से धुआँ फैलता है, जिससे वायु प्रदूषित होती है। रिसाइकल्ड लकड़ी के साथ पुआल, धान की भूसी और रेजीन मिलाकर पार्टिकल बोर्ड का निर्माण कर इस प्रोटोटाइप को ग्रीनवुड की संज्ञा लोगों ने दी। इसके इस्तेमाल से कन्स्ट्रक्शन की सामग्री तैयार की जा सकती है जिससे पर्यावरण को नुकसान नहीं पहुँचेगा। कतिपय इंजीनियर्स ने एक उल्टा छाता बनाया है जिससे स्वच्छ जल, ऊर्जा व शेड उपलब्ध हो जाता है। यह छतरी 15 किलोवाट ऊर्जा बनाती है और वर्ष भर में एक लाख लीटर स्वच्छ जल उपलब्ध हो जाता है। एक मीट्रिक टन पेपर के लिए 17 पेड़ों की आवश्यकता होती है। ह्वाइट आफिस पेपर के लिए 24 पेड़ तथा इतने ही न्यूज प्रिण्ट पेपर के लिए 12 पेड़ों की जरूरत होती है। पेपर का इस्तेमाल कम करके पेड़ों को बचाया जा सकता है। वेस्ट प्लास्टिक की बोतलों से बर्डफीडर तैयार किया जा सकता है। थर्माकोल और कार्ड बोर्ड की सहायता से लोग बर्ड हाउस बना सकते हैं। केले के पत्ते तीन-चार दिनों में सूख जाते हैं। इन पत्तों से इकोफ्रेण्डली प्लेट्स एवं कप्स बनाये जा सकते हैं तथा खाद भी तैयार की जा सकती है। एक ऐसा ऐप लान्च किया गया है जिससे कीटनाशक मुक्त खाद बनाकर फल एवं सब्जियाँ उगायी जा सकती हैं। देश में वर्ष भर में 6.2 करोड़ टन कचरा निकलता है जिसमें 15 लाख टन ई-वेस्ट होता है। इसमें 22 से 28 प्रतिशत कचरा री-ट्रीट हो पाता है। सी. आर. आर. आई. के अनुसार दिल्ली में 40 हजार लीटर ईंधन बेकार हो जाता है। ट्रैफिक सिग्नल पर गाड़ी बन्द कर ऊर्जा की बचत की जा सकती है।

परमाणु ऊर्जा से बिना कार्बन उत्सर्जन से विद्युत् का उत्पादन होता है। कनाडा की एक कम्पनी जनरल फ्यूजन, व्यावसायिक पावर प्लाण्ट लगाने जा रही है। फ्यूजन अर्थात् संलयन से ग्रीन हाउस गैस का उत्सर्जन नहीं होता है क्योंकि इससे केवल हीलियम गैस निकलती है। फ्यूजन से उत्पन्न कचरा शीघ्र नष्ट होता है तथा दीर्घकाल तक ऊर्जा प्राप्त होती है। भारत में स्वच्छ ऊर्जा को बढ़ावा देने के लिए लगभग एक लाख बायोगैस प्लाण्ट लगाने के लिए योजना बनायी गयी है जिससे खेतों को प्राकृतिक खाद मिलेगी और वर्ष भर में दस हजार टन यूरिया की बचत भी होगी। विभिन्न राज्यों में फेमिली साइज के बायोगैस प्लाण्ट लगेंगे तथा इससे जो वेस्ट निकलेगा उसकी खाद बनायी जायेगी। इस प्लाण्ट से शौचालय जोड़े जायेंगे, लकड़ियों एवं उपले या कण्डे के उपयोग से छुटकारा मिलेगा तथा वर्ष भर में 21.9 लाख सिलेण्डरों की बचत होगी अर्थात् लगभग प्रतिदिन 6 हजार सिलेण्डर की खपत कम होगी। ये बायोगैस प्लाण्ट एक से छह घनमीटर के क्षेत्रफल में लगेंगे जिससे 4.5 लाख टन कार्बन उत्सर्जन में कमी आयेगी साथ ही 2.5 लाख टन मीथेन उत्सर्जन भी कम होगा। आपदाओं से बचने के लिए जो बायोडोम बनाये जायेंगे वे सौर ऊर्जा से संचालित होंगे जिससे बिजली की बचत होगी। परमाणु कचरे से बिजली बनाने का प्रयास जारी है। ब्रिटेन के वैज्ञानिकों ने एक

ऐसा हीरा बनाया है जिसे रेडियो एक्टिव क्षेत्र में रखा जायेगा और बिजली उत्पादित होगी। परमाणु कचरा पर्यावरण के लिए गम्भीर खतरा है क्योंकि इसके रसायन को नष्ट होने में लाखों साल लग सकते हैं इसलिए उपग्रहों में इसका इस्तेमाल होगा। ड्रोन तथा अन्तरिक्ष यान के लिए भी फायदेमन्द होंगे। रेडियो एक्टिव मैटीरियल को हीरे के अन्दर बन्द करने से यह बैटरी का रूप ले लेता है तथा बिना किसी दबाव के अपने आप बिजली उत्पन्न होगी। यह बैटरी अर्थात् कार्बन-14 वाली बैटरी की ऊर्जा खत्म होने में लगभग दस हजार साल लगेंगे।

वैज्ञानिकों के अनुसार भविष्य में चाँद ऊंर्जा का स्रोत बनेगा। पृथ्वी पर हीलियम-3 कम है जबकि चाँद की सतह पर हीलियम-3 पर्याप्त है। वर्ष 2015-16 के आँकड़ों के अनुसार हमारे देश में 1,116 टेरावाट बिजली का उत्पादन होता है तथा खर्च 1,031 टेरावाट है। चाँद की सतह पर 11 लाख मीट्रिक टन हीलियम-3 है जिससे दस हजार साल तक विश्व की ऊर्जा की जरूरत पूरी की जा सकती है। सूर्य हीलियम-3 का सबसे बड़ा स्रोत है लेकिन पृथ्वी के वातावरण से टकराकर यह अन्तरिक्ष में ही रह जाती है। चाँद की धूल को 600 डिग्री सेल्सियस तक गर्म करके हीलियम को अन्य पदार्थों से अलग किया जा सकता है। अमरीका, रूस, चीन के अलावां भारत भी इस अभियान से जुड़ा है।

अमरीका की कोलम्बिया यूनिवर्सिटी के शोधकर्त्ताओं ने झीलों के वाष्पोत्सर्जन से ऊर्जा उत्पादन का दावा किया है। इवैपोरेशन इंजन नामक मशीन से पवन ऊर्जा की अपेक्षा तीन गुना ऊर्जा उत्पन्न की जा सकती है। इससे जल संरक्षण भी होगा। झीलों के वाष्पीकरण से उत्पन्न की गयी ऊर्जा से कार चलाने में सफलता प्राप्त कर ली गयी है तथा इस योजना को विस्तार दिया जा रहा है। दक्षिण चीन सागर में स्वच्छ ईंधन का भण्डार पाया गया है। यहाँ ज्वलनशील बर्फ अर्थात् मीथेन हाइड्रेट पाया गया है। यह ईंधन समुद्र में 1640 फीट से लेकर 9800 फीट तक मिलता है। यह प्राकृतिक गैस है और सूर्य की ऊर्जा को सोखकर तापमान बढ़ाने में सक्षम है। जीवाश्म ईंधन की अपेक्षा इससे प्राप्त ऊर्जा पर्यावरण के लिए अनुकूल है। रिन्यूएवल एनर्जी पालिसी नेट वर्क फार-21 सेंचुरी (आई. ई. एन. 21) द्वारा 2016 की जारी रिपोर्ट के अनुसार ऊर्जा क्षेत्र में रोजगार के सन्दर्भ में भारत का विश्व में चौथा स्थान है।

विश्व बैंक के अनुमान के अनुसार 2020 तक भारत में कुल बिजली उत्पादन का 20 प्रतिशत भाग सौर ऊर्जा से प्राप्त होने की सम्भावना है। ऊर्जा संरक्षण के सम्बन्ध में डॉ. मनमोहन सिंह का यह उद्‌गार अत्यन्त सारगर्भित है - "मैं चाहता हूँ कि हमारे देश का युवा वर्ग ऊर्जा संरक्षण के लिए एक नये अभियान की शुरुआत करे।" प्रतिवर्ष 3 मई को अन्तरराष्ट्रीय ऊर्जा दिवस और 14 दिसम्बर को अन्तरराष्ट्रीय ऊर्जा

संवर्द्धन/संरक्षण दिवस मनाया जाता है ऊर्जा विकास और ऊर्जा संरक्षण के लिए क्योंकि यह सभी की महती आवश्यकता है।

ऊर्जा का एक स्रोत कोयला है इसलिए कोयले के उत्पादन में वृद्धि और मूल्य नियन्त्रित करने की बात की जाती है। हमारे देश में बिजली के दाम कम हैं जिससे उपभोक्ताओं को लाभ होता है और उत्पादकों को हानि। इस हानि की पूर्ति हेतु गत वर्षों में बिजली के दामों में समय-समय पर वृद्धि की गयी है। उत्पादन वृद्धि हो और कोयला सस्ता हो तो उत्पादक और उपभोक्ता दोनों लाभ की स्थिति में होंगे लेकिन इससे प्राकृतिक संसाधनों का दोहन अधिक हो जायेगा जबकि पृथ्वी की ऊर्जा उत्पन्न करने की मात्रा सीमित है इसलिए भविष्य में संकट और गहरायेगा। ऊर्जा के अन्य संसाधन तेल और यूरेनियम आदि हैं। यदि तेल, कोयला और यूरेनियम के मूल्य में वृद्धि कर दी जाय तो उपयोग की मात्रा नियन्त्रित होगी और भावी संकट भी नहीं गहरायेगा। उपभोक्ताओं द्वारा ऊर्जा शक्ति के उपयोग में वृद्धि उत्पादकों द्वारा उत्पन्न की जानेवाली ऊर्जा की अपेक्षा वर्तमान में अधिक है। विद्युत् उत्पादन का कुछ भाग निर्धनों के उपयोग के लिए आरक्षित कर देने से उनको बिजली उपलब्ध हो सकती है। अतः इस दिशा में प्रभावी कदम उठाये जाने की आवश्यकता है। ऊर्जा संकट के हल के लिए उपयुक्त होगा कि ऊर्जा सघन उद्योगों को कम किया जाये, ऊर्जा के वैकल्पिक साधनों द्वारा ऊर्जा उत्पादन में शोध और बढ़ोतरी किया जाये तथा आर्थिक विकास के लिए सेवा क्षेत्र का विस्तार किया जाये। अन्तरराष्ट्रीय मूल्य के अनुपात में विद्युत् मूल्य बढ़ाने से ऊर्जा संकट का प्रभावी हल सम्भव है।

❑

वृक्ष, वन एवं वनस्पति

वृक्ष, वन एवं वनस्पति ये सभी प्रकृति के उपहार हैं अथवा प्रकृति के अविभाज्य अंग हैं और प्रकृति तो साक्षात् ईश्वर की कला है। वृक्ष ही जीवन हैं। ये पर्यावरण सन्तुलन में महत्त्वपूर्ण भूमिका का निर्वहन करते हैं। वैज्ञानिकों का अनुमान है कि 42.5 करोड़ वर्ष पहले पौधों की उत्पत्ति हुई। आज वनों का अन्धाधुन्ध शोषण जारी है। वृक्षों की कटान और वनों के दोहन के कारण पर्यावरणीय असन्तुलन व्याप्त हो गया है जो मानव के लिए गम्भीर खतरा है। सम्पूर्ण विश्व का तीस प्रतिशत भाग वनों से आच्छादित है और भारत में कुल क्षेत्रफल का लगभग 23.81 फीसदी हिस्सा वनों से आच्छादित है। उत्तर प्रदेश की राजधानी लखनऊ का क्षेत्रफल लगभग 2,528 वर्ग किलोमीटर है लेकिन वन क्षेत्र 5.1 प्रतिशत ही है। कृषकों को अपनी भूमि पर फलदार प्रजातियों के पौधे और टिम्बर लगाने के लिए प्रेरित करना चाहिए। ऐसी योजना है कि रोपे गये पौधों का स्वामित्व कृषक का ही होगा। हमारे देश में मणिपुर, अण्डमान निकोबार, मिजोरम, मेघालय तथा नागालैण्ड ऐसे क्षेत्र हैं जहाँ 75 से 87 फीसदी हिस्से कुल रकबे में से वन से परिपूर्ण हैं। रूस, अमरीका, कनाडा, चीन, ब्राजील और आस्ट्रेलिया ऐसे देश हैं जहाँ वनाच्छादित भाग पर्याप्त हैं। पिछले पचास सालों में धरती की एक चौथाई मिट्टी उधेड़ दी गयी है और एक तिहाई जंगल साफ कर दिये गये हैं। आवश्यकता इस बात की है कि वनों के संरक्षण के प्रति जागरूकता हम सभी में उत्पन्न हो साथ ही नये-नये शोध किये जायें।

वर्ष 1974 में उत्तराखण्ड (तत्कालीन उत्तर प्रदेश) में पर्यावरणविद् सुन्दरलाल बहुगुणा के नेतृत्व में 'चिपको आन्दोलन' एक अनूठा अभियान था जिसमें पेड़ों की कटान को रोकने के लिए ह्यूमन शील्ड के रूप में लोग वृक्षों का बचाव करते थे। इससे लोगों में जागृति आयी और यह फारेस्ट सत्याग्रह सफल रहा। भारत की वनस्थिति रिपोर्ट 2011 के अनुसार वनक्षेत्र में पूर्व की तुलना में 367 वर्ग किलोमीटर की कमी हुई है। देश मे वन और वृक्ष क्षेत्र कुल 78.29 मिलियन हेक्टेयर हैं। विश्व में हर साल लगभग पचास लाख हेक्टेयर वन क्षेत्र कम होता जा रहा है।

पौधे सामान्यतया नहीं चलते हैं लेकिन एक कोशीय सूक्ष्म जीवाणु अमीबा कूदपादों के सहयोग से पानी में चलते रहते हैं। पेड़-पौधों के तीन वर्ग होते हैं एकवर्षीय,

द्विवर्षीय एवं बहुवर्षीय। एकवर्षीय पेड़-पौधों में गेहूँ, जौ, चना, मटर एवं टमाटर आदि हैं। द्विवर्षीय पेड़-पौधों में पहले वर्ष में पत्तियाँ तथा दूसरे वर्ष में फूल और फल आते हैं जैसे फॉक्स ग्लोब एवं होलीकाक आदि। बहुवर्षीय पेड़-पौधों में नीम, आम, जामुन और अमरूद आदि को सम्मिलित किया जा सकता है। कैलीफोर्निया के ग्रेट सिकुआ वृक्ष की उम्र 4 हजार वर्ष से अधिक होती है, ऐसा अनुमान है। चीड़ का अंग्रेजी नाम (Pine) है। इस शब्द की व्युत्पत्ति लैटिन भाषा के शब्द पाइनस से हुई है। इसका अर्थ नोक है। पौधों के नामकरण के पीछे तथ्य छिपे हैं जैसे साइप्रस पौधे को साइप्रस द्वीप से लाया गया था। बारबर पौधे की पत्तियों को चेहरे पर रगड़ा जाता था जिससे दाढ़ी बढ़ने से रुक जाये। सेल्फहील पौधे को जख्म में लगाने से राहत मिलती है। डेडली नाइट शेड जहरीला पौधा है।

पेड़ हमारे लिये अत्यन्त उपयोगी हैं। जन्म से लेकर मृत्यु तक ये हमारे काम आते हैं फिर वह चाहे पालना हो, ईंधन, फर्नीचर, खिड़की और दरवाजे आदि और अन्त में चिता में लकड़ियों का इस्तेमाल होता है। वट प्रजाति के वृक्षों में बरगद, गूलर, पाकर और ढेशुर आदि वृक्ष सम्मिलित हैं। इनकी टहनियाँ स्वयं को लपेट लेती हैं जिसके कारण इसे वट वृक्ष कहा जाता है। पीपल ऑक्सीजन का उत्सर्जन करते हैं तथा अन्य वृक्ष भी। बरगद धरती के ताप की वृद्धि को रोकने में सहायक हैं। कहीं-कहीं पर इसे फाइबर रिलीजियस और फाइकस ग्लूमेरेटियस के नाम से भी जाना जाता है। वनस्पति विज्ञान का मानना है कि बरगद के वृक्ष के अभाव में गर्मी में धरती पर जीवन नष्ट होना सम्भावित है। ऐसा कहा जाता है कि सूर्य के ताप का सत्ताईस प्रतिशत भाग बरगद सोख लेता है और नमी मिलाकर वापस आकाश में लौटाता है। गायत्री मन्त्र में भी सन्देश है कि सूर्य की किरणें, जो वरण योग्य हों, वही मिलें जिससे जीवन प्रकाशित हो। वट वृक्ष की संरचना मनुष्य जैसी होती हैं। इसकी जटाएँ ऊपर से नीचे आती हैं। जैसे – मनुष्य के मस्तिष्क से निकलनेवाली तन्त्रिका प्रणाली भी ऊपर से नीचे होती हैं। अनेक स्त्री रोगों में वट वृक्ष का उपयोग राहत देता है। इसके रोपण का समय, ज्येष्ठ माह उपयुक्त माना जाता है।

भारतीय संस्कृति में वृक्षों को देवस्वरूप माना गया है तथा विभिन्न त्योहारों एवं समारोहों या उत्सवों में वृक्ष पूजन की प्रथा है। ये हमारे लिये ऑक्सीजन के स्रोत हैं और ऑक्सीजन तो प्राणवायु है। मानव-जीवन तथा प्राणियों का जीवन तभी सुरक्षित है जब हम वनों को संरक्षित रखें। प्रकृतिवादी जिम कार्बेट का मानना है कि प्रकृति सम्बन्धी अध्ययन अथाह है, इसको मापा नहीं जा सकता है। अभी तक सभी ग्रहों में पृथ्वी ही एक ऐसा ग्रह है जहाँ जीवन है। आज वनों के अस्तित्व पर गम्भीर संकट मँडरा रहा है जिसके विभिन्न कारक हैं जैसे ग्लोबल वर्मिंग, पिघलते ग्लेशियर्स, क्षतिग्रस्त होती ओजोन परत और विभिन्न गैसें आदि।

वृक्षों के संवर्द्धन हेतु दस-पन्द्रह वर्गफीट की जगह पर भी दो-चार पेड़ लगाये जा सकते हैं। बेंगलुरू में उत्तराखण्ड के मूल निवासी शुभेन्दु शर्मा ने सात सौ वर्गफीट क्षेत्र में पौधों को उगाकर सुन्दरवन के निर्माण का उत्कृष्ट कार्य किया है। वन प्रकृति का अमूल्य करिश्मा है। वनों से ही मौसम में सन्तुलन स्थापित होगा तथा पर्यावरण की सुरक्षा भी होगी। शुभेन्दु और उनकी टीम ने अब तक छह देशों में सौ से अधिक जंगल बना चुके हैं। पौधे को वृक्ष बनने में प्रायः 4 से 8 वर्ष तक का समय लगता है। वृक्षों की कई प्रजातियाँ विलुप्त होती जा रही हैं जिनकी सुरक्षा अत्यन्त आवश्यक है। वनों के निर्माण से स्वास्थ्य का तोहफा मिलता है। छायादार पेड़ों और कृषि वानिकी से सम्बन्धित पेड़ों की संख्या में वृद्धि होने से पक्षियों के आने की संख्या बढ़ेगी और उनका मधुर कलरव सुनायी पड़ेगा। हमें चाहिए कि हम वृक्षों के जीवन-चक्र को समझें तथा सम्बन्धित सुरक्षात्मक उपाय करें। मकान के छोरों पर एक-एक वृक्ष लगायें। विलुप्त होती प्रजातियों के पौधों को पार्कों में लगायें, कूड़ाघर के पास विषैली गैसों को सोखनेवाले पौधे लगायें। घनी आबादी में पेड़ों के लिए जगह निर्धारित हो और वहाँ पौधे लगायें तो ट्री गार्ड अवश्य लगायें जिससे वे सुरक्षित रहें। बड़े होते पौधों के चारों ओर सम्भव हो तो पक्का चबूतरा बनवायें। शहतूत, इमली, बेर, गूलर, बड़हल, बेल, खिन्नी, शरीफा, खैर, जामुन, पीपल, बरगद, पाकड़, अशोक, अर्जुन, कदम्ब और शीशम के पेड़ लगायें। ऑक्सीजन देनेवाले पेड़ों की संख्या कम होती जा रही है। अतः यथेष्ट प्रयास अपेक्षित है। पीपल 100 प्रतिशत कार्बन-डाइ-ऑक्साइड सोखता है, बरगद अस्सी प्रतिशत और नीम पचहत्तर प्रतिशत। पिछले दो वर्षों में उत्तर प्रदेश, महाराष्ट्र, छत्तीसगढ़ और मध्यप्रदेश में लगभग 22 करोड़ पौधे लगाये जा चुके हैं जो विश्व रिकार्ड है लेकिन पौधे लगाना ही पर्याप्त नहीं है जब तक कि उनकी सुरक्षा और देख-रेख समुचित ढंग से न हो।

उत्तर प्रदेश में हरियाली लगभग 7 प्रतिशत है जबकि लक्ष्य है 33 प्रतिशत का। ब्रिटेन के वैज्ञानिकों के शोध के अनुसार घर के आस-पास पेड़-पौधे लगाने से हरियाली में वृद्धि होती है तथा प्रसन्नता यहाँ के लोगों में अन्य की तुलना में अधिक होती है। हरियाली के निकट रहनेवाले लोगों की मनोदशा और मानसिक स्वास्थ्य अच्छा रहता है। हमारे प्रदेश उत्तर प्रदेश में पौधारोपण के लिए जमीन सहज उपलब्ध नहीं हो पा रही है। सामाजिक वानिकी से हरियाली में बढ़ोतरी हो सकती है जैसे खेतों की मेंड़ या फार्म आदि स्थानों पर पौधारोपण द्वारा। पेड़ न केवल वर्षा को सोखते हैं बल्कि उद्योगों से निकलनेवाली प्रदूषित हवाओं को भी सोखते हैं। वर्तमान में वन विभाग, नगर निगम, आवास और विकास प्राधिकरण आदि संस्थान या विभाग पौधारोपण और हरियाली की बढ़ोतरी के लिए प्रयासरत हैं। चीड़ के पेड़ की पत्ती को पिरुल भी कहते हैं। यह पृथ्वी की सूखी परत पर फैले रहते हैं और आग लगने पर ज्यादा भड़क जाती है। अब इससे परफ्यूम बनाया जायेगा, जिसमें कस्तूरी की खुशबू होगी। इसका प्रस्तुतीकरण अन्तरराष्ट्रीय

जैव विविधता कांग्रेस के कार्यक्रम में शोधकर्त्ता पल्लवी दुबे ने किया। पिरुल में वैक्स की मात्रा 1.62 प्रतिशत होती है लेकिन रासायनिक प्रक्रिया के बाद यह 80 फीसदी हो जाती है। एफ.आर.आई. के केमिस्ट्री डिवीजन के प्रमुख डॉ. विनीत कुमार ने इससे रेशे बनाने की तकनीक खोज कर ली है और रस्सी तैयार करने में सफलता पायी है। वर्ष भर में उत्तराखण्ड में एक मिलियन टन पिरुल निकलता है। इसकी बिछी परत के कारण वनस्पति नहीं उग पाती है। समूचे राज्य में वर्ष भर में लगभग 2151 घटनाएँ आग लगने की हो चुकी हैं जिससे 4500 हेक्टेयर क्षेत्रफल में भारी हानि हुई।

साख्यिकी दृष्टि से भारत में लगभग 35 अरब पेड़ हैं, रूस में 641 अरब तथा कनाडा में 318 अरब। इसी प्रकार कई देशों में पेड़ों की संख्या भारत से अधिक है। वृक्षों में कई वृक्ष अधिक ऑक्सीजन का उत्सर्जन करते हैं तथा कई वृक्ष अपेक्षाकृत कम ऑक्सीजन का उत्सर्जन करते हैं। तुलसी, बरगद, पीपल और नीम आदि के द्वारा अधिक ऑक्सीजन उत्सर्जित होता है। वृक्षों से अनुमानतः नौ डिग्री तापक्रम में कमी आती है ऐसा पर्यावरणविदों का कहना है। मणिपुर का लगभग 76 प्रतिशत भूभाग वनों से आच्छादित है। इस सीमान्त राज्य को उत्तर-पूर्व का स्विट्ज़रलैण्ड भी कहते हैं। पोलो गेम की शुरुआत मणिपुर से हुई है। यहाँ पर विश्व की प्रथम ऐसी झील है जहाँ घास के तैरते हुए टापू बनाये जाते हैं।

फुटपाथ टाइल्स के कारण पौधारोपण को आघात लगा है। पौधे वे ही लगाने चाहिए जो बेहतर हरियालीवाले हों। वन हमारे लिये अत्यन्त उपयोगी हैं। वृक्ष के जड़ से लेकर पत्ती तक हमारे काम आती है। विश्व के कुल वन क्षेत्र का 93 प्रतिशत भाग प्राकृतिक है और मानव निर्मित केवल 7 प्रतिशत। विश्व के कुल वन क्षेत्र का 50 प्रतिशत भाग रूस, ब्राजील, कनाडा, अमरीका और चीन अर्थात् कुल पाँच देशों में है। पर्यावरण, संरक्षण के प्रति हाल के वर्षों में लोगों में जागृति आयी है। अन्य देशों में जहाँ वन क्षेत्र कम हो रहे हैं वहीं वर्ष 2015 की तुलना में वर्ष 2017 में भारत के वन क्षेत्रों में 1.36 प्रतिशत की वृद्धि हुई है। वंन क्षेत्र में जिन राज्यों में वृद्धि हुई है उनमें क्रमानुसार प्रमुख राज्य हैं आन्ध्र प्रदेश, कर्नाटक, केरल, ओडिशा एवं तेलगांना। वन क्षेत्र के अनुसार शीर्ष पर होनेवाले राज्य हैं मध्यप्रदेश, अरुणांचल प्रदेश और छत्तीसगढ़। कुल क्षेत्रफल में वन रकबे के प्रतिशत के अनुसार जो राज्य शीर्ष पर हैं उनके नाम हैं लक्षद्वीप, मिजोरम तथा अण्डमान निकोबार द्वीप समूह। वन के मध्य जलस्रोतों को यदि शामिल करें तो जलस्रोतों में बढ़ोतरी करनेवाले राज्य हैं महाराष्ट्र, गुजरात और मध्यप्रदेश। एक ओर जहाँ वन क्षेत्र में वृद्धि हुई है वहीं दूसरी ओर कतिपय राज्य हमारे देश के ऐसे हैं जहाँ वन क्षेत्र में पूर्वापेक्षा कमी आयी है और ये राज्य हैं छत्तीसगढ़, मध्यप्रदेश, महाराष्ट्र, अरुणांचल प्रदेश, त्रिपुरा, सिक्किम, नागालैण्ड, मिजोरम और मेघालय आदि। हमारे देश में पूर्वापेक्षा वर्ष 2017 में वन क्षेत्र में 8,021 वर्ग किलोमीटर की वृद्धि हुई है।

द्विवार्षिक इण्डिया स्टेट फारेस्ट रिपोर्ट 2017 के अनुसार वन क्षेत्र की दृष्टि से हमारा देश विश्व में दसवें पायदान पर है। भारत का कुल वन क्षेत्र लगभग 7,08,273 वर्ग किलोमीटर है तथा 93,815 वर्ग किलोमीटर वृक्षों से आच्छादित क्षेत्र है। देश के कुल क्षेत्रफल में वनों का भाग लगभग 21.54 प्रतिशत है। वन और वृक्षों से आच्छादित क्षेत्र दोनों को मिलाकर 8,02,088 वर्ग किमी क्षेत्र है।

वृक्ष सामाजिक दायित्व का निर्वहन करते हैं। शिकागो में हुए एक अध्ययन से निष्कर्ष निकला है कि पेड़-पौधों अर्थात् हरियाली के वातावरण में रहनेवाले व्यक्तियों का पड़ोसियों से अच्छा सम्बन्ध होता है। पेड़ों से वातावरण सुगन्धित होता है जैसे चेरी का एक पेड़ लगभग दो लाख फूलों से वातावरण को सुगन्धमय बनाता है। अमरीकी वन-विभाग पोर्टलैण्ड के एक अध्ययन से ज्ञात हुआ कि जहाँ पेड़ ज्यादा होते हैं वहाँ सामाजिक अपराध कम होते हैं। वृक्षों से ध्वनि प्रदूषण में कमी आती है। ऐसा देखा गया है कि सौ फीट चौड़ी वृक्षों की पंक्ति उस क्षेत्र में ध्वनि प्रदूषण को पचास प्रतिशत तक कम करती है। आस-पास में यदि पेड़-पौधे अधिक हैं तो उस स्थान के इमारत की कीमत बढ़ जाती है। पेड़ हमें स्वास्थ्य लाभ भी कराते हैं तथा उन पर चिड़ियों की चहचहाहट से हमें संगीतमयी ध्वनि प्राप्त होती है जिससे हमें आनन्द मिलता है।

पर्यावरण के संरक्षण हेतु आवश्यक है कि पेड़-पौधों का केवल संरक्षण हीं न करें अपितु रोपण भी करें। कतिपय अध्ययनों ने बताया है कि 2 करोड़ पौधों का रोपण करने से ऑक्सीजन में 250 टन की वृद्धि हो जाती है साथ कार्बन-डाइ-ऑक्साइड की मात्रा में भारी कमी आती है। यदि कार्यालय हरियालीवाले स्थान पर है तथा कार्यालयकर्मी को कार्य करते समय वृक्ष के दर्शन होते रहते हैं तो इससे कर्मी की कार्यक्षमता में वृद्धि होगी। इसी प्रकार अस्पताल में भरती मरीजों को यदि पेड़-पौधे दिखायी पड़ते रहते हैं तो इससे उन्हें स्वास्थ्य लाभ होता है। पेड़-पौधों के बीच यानी प्राकृतिक वातावरण में रहने से तनाव कम होता है तथा रक्तचाप एवं हृदय रोग की बीमारियों में भी लाभ होता है। पेड़-पौधों से दवाएँ बनायी जाती हैं। पुरानी पीढ़ी के लोग अब भी देशी उपचार पर ज्यादा जोर देते हैं। हमारे पूर्वजों को पेड़-पौधों तथा इससे बननेवाली दवाओं के विषय में गहन जानकारी थी। आस्ट्रेलिया के यूनिवर्सिटी ऑफ एडीलेड और ब्रिटेन की यूनिवर्सिटी ऑफ लिवरपूल के शोधकर्त्ताओं का कहना है कि आज से चालीस हजार वर्ष पूर्व हमारे पूर्वज पेड़-पौधों के माध्यम से दर्द निवारक दवा बनाकर इस्तेमाल करते थे। स्पेन में निएण्डर थल्स लोगों के दाँतों के प्राप्त अवशेष से ज्ञात हुआ कि एस्प्रीन एवं पेनिसिलीन दवाओं के मूलस्वरूप से हमारे पूर्वज परिचित थे। ऐसा कहा जाता है कि 7.6 लाख साल पहले स्पेन में रहनेवाले निएण्डर थल्स की उत्पत्ति हुई थी तथा अफ्रीका में 2 लाख वर्ष पूर्व मानवों की उत्पत्ति हुई थी। मुँह में पाये जानेवाले सूक्ष्म जीव, साँस व भोजन की नली में पाये जानेवाले रोगाणु दाँतों के मैल में फँसे रह जाते हैं। इस प्रकार दाँत के अवशेष हजारों

साल तक के सुरक्षित पाये गये हैं। पेट-दर्द और डायरिया से लाभ प्राप्त करने हेतु लोग पोपलर पेड़ की छाल खाया करते थे। पोपलर पेड़ सैलसिलिक एसिड बनाता है तथा इसका उपयोग एस्प्रिन में होता है जिससे दर्द में राहत मिलती है।

कतिपय पेड़ ऐसे होते हैं जो वर्षों तक पर्यावरण को स्वच्छ बनाये रखने का कार्य करते हैं। पेड़ों से धार्मिक व सामाजिक जुड़ाव भी होता है। बरगद का पेड़ 500 वर्षों से भी अधिक समय तक हरा-भरा बना रहता है। आन्ध्र प्रदेश के अनन्तपुर में दो सौ साल पुराना बरगद का पेड़ तिम्मम्मा मर्रि मानु है जो 19 हजार वर्गमीटर में फैला है तथा इसकी शाखाएँ आठ एकड़ के क्षेत्रफल में हैं। इस पेड़ का उल्लेख 1989 गिनीज बुक ऑफ वर्ल्ड रिकार्ड्स में किया गया है। पीपल के पेड़ का उपयोग मलेरिया, दमा, खाँसी, सर्दी, पीलिया तथा रतौंधी आदि रोगों के इलाज में होता है। यह पेड़ दिन और रात दोनों समय में ऑक्सीजन निःसृत करता है तथा इससे आयुर्वेदिक दवाएँ बनती हैं। भगवान् बुद्ध को पीपल के पेड़ यानी बोधिवृक्ष के नीचे तप करते हुए ज्ञान की प्राप्ति हुई थी। इसी प्रकार नीम का पेड़ कई साल तक हरा-भरा बना रहता है, पश्चिम बंगाल एवं तमिलनाडु में इसकी पत्तियाँ खान-पान में शामिल हैं। यह भूमि को बंजर होने से रोकता है तथा इससे कई प्रकार की आयुर्वेदिक दवाएँ बनायी जाती हैं जिससे स्वास्थ्य लाभ होता है।

पौधों के विभिन्न उपयोग हैं जैसे दवा का निर्माण, वस्तुओं का निर्माण, पर्यावरण को बढ़ावा, खाद्य पदार्थों की प्राप्ति, पशुओं का आहार, ईंधन, सामाजिक, वैज्ञानिक कार्यों एवं अध्ययन में तथा विष बनाने आदि में। पौधों से पेय पदार्थ के रूप में जिन बनायी चीजों का हम सेवन करते हैं, वे हैं चाय, ताड़ी, ब्राण्डी, रम, कोको, ह्विस्की, बियर एवं देशी शराब आदि और ये सभी चीजें ताड़, खजूर, महुआ, अंगूर, चावल, जौ, गन्ना, थियोब्रोमा, काकाओ तथा फमेलिया, साइनेन्सिस आदि पौधों से बनायी जाती हैं। पौधों से कई प्रकार की ओषधियाँ बनायी जाती हैं जैसे मार्फीन, नक्सवोमिका, एकोनाइट, अशोकारिष्ट, कुनीन, बेलाडोना तथा एफेड्रिन आदि जिनसे विभिन्न रोगों का उपचार होता है जैसे मधुमेह, मलेरिया, दमा, गठिया, ज्वर, दर्द, खाँसी और गले का रोग आदि साथ ही अन्य दवाइयाँ भी बनती हैं जिनमें कतिपय नाम हैं – टेरामाइसिन, स्ट्रेप्टोमाइसिन, पेनिसिलीन, कोकेन, ईसबगोल, त्रिफला, सर्पगन्धाचूर्ण आदि जो निमोनिया मियादी बुखार, टी.बी. टेटनस, फ्लू, उदर रोग, जुकाम, कुष्ठ रोग, खुजली, अनिद्रा तथा रक्तचाप आदि। सड़क किनारे या वन में कई पौधे ऐसे विद्यमान रहते हैं जिनमें ओषधीय गुण पाये जाते हैं। इन पौधों से प्राप्त फूल, फल, पत्ती एवं जड़ आदि का उपयोग चिकित्सा में किया जाता है। इसी प्रकार जड़ी-बूटियों से ओषधि का निर्माण किया जाता है जो हमें वनस्पतियों से मिलती हैं जैसे दुद्धी का उपयोग अतिसार में, कंघी का उपयोग त्वचा रोग में, कालादाना का उपयोग ज्वर, कीटनाशक एवं सिरदर्द में, अडूसा का उपयोग खाँसी, श्वास व दमा के रोगों में, कुन्दरू का उपयोग मधुमेह एवं सुजाक में,

सप्तपर्णी का उपयोग विभिन्न प्रकार के ज्वर में, गुटेल का उपयोग उदर रोग, गठिया और सूजन में, आक (मदार) का उपयोग दमा में, भृंगराज का उपयोग केशवृद्धि में, चकबड़ का उपयोग उदर विकार में, मूआमलकी का उपयोग यकृत विकार और पीलिया में, पाठा का उपयोग मूत्र विकार में, पुनर्नवा का उपयोग पीलिया में, जलजमनी का प्रयोग वात रोग, पुरुष जननेन्द्रिय के विकार में, गिलोय का उपयोग प्रतिरोधक क्षमता बढ़ाने व रक्त विकार में, हुर हुर का उपयोग कान दर्द में एवं मकोय का उपयोग खून की कमी को दूर करने आदि में किया जाता है।

पेड़-पौधों की 3.91 लाख प्रजातियाँ हैं ऐसा वनस्पतिशास्त्रियों का कथन है जिसमें 2,034 प्रजातियों की खोज वर्ष 2015 में की गयी है। महत्त्वपूर्ण पौधों के लिए 1,771 विशेष क्षेत्रों की घोषणा की गयी है। पौधों की ज्ञात कुल प्रजातियों में 21 प्रतिशत प्रजातियों पर लुप्त होने का खतरा मँडरा रहा है। कई पेड़-पौधों में ओषधीय गुण हैं साथ ही वे कीट-पतंगों को भगाने में भी सहायक हैं उदाहरण के लिए तुलसी के पौधे से मक्खियाँ और मच्छर दूर भागते हैं, सलाद में इसका इस्तेमाल होता है साथ ही सर्दी, जुकाम में इसका सेवन लाभकारी है। लैवेण्डर ऐसा पौधा है जो पतंगे, मक्खी, मच्छर को भगाता है। यह पौधा उस जगह लगाया जाता है जहाँ पर्याप्त रोशनी मिले। इसका इस्तेमाल सुगन्ध के लिए भी किया जाता है। इसी प्रकार पुदीने के पौधे से भी मच्छर भागते हैं। इसे गमलों में लगाना लाभप्रद होगा। मेंहदी का पौधा सजावट के साथ-साथ कीटों को भी दूर भगाता है। केला फल की लगभग 200 प्रजातियाँ होती हैं। पौधों से हमें रेशेदार पदार्थ, गोंद, रबड़, रंग, वसा, तेल और कागज निर्माण हेतु चीजें प्राप्त होती हैं। विभिन्न प्रकार के पौधों के जड़, तना, पत्ती, पुष्पकलिका, छाल और फल से हमें विभिन्न चीजें प्राप्त होती हैं जिन्हें हम भोजन में प्रयुक्त करते हैं। इस प्रकार पेड़-पौधे और वनस्पतियाँ हमारे बड़े काम आती हैं इसलिए इसके संवर्द्धन में हमें योगदान देना चाहिए।

कतिपय पेड़-पौधे मांसाहारी होते हैं जैसे पिचर प्लाण्ट, सनड्यू, बीनसफ्लाई ट्रैप और इण्डियन पाइप (शिमला की पहाड़ियों में) आदि। ये कीड़े-मकोड़े या छोटे जीव-जन्तुओं का आहार कर लेते हैं। पौधों की विभिन्न किस्में होती हैं। कुछ पौधे सकारात्मक ऊर्जा का संचार करते हैं तो इसके विपरीत कुछ पौधे ऐसे हैं जो पर्यावरण को नुकसान पहुँचाते हैं। कैक्टस पौधे के बारे में कहा जाता है कि यह बुरी नजर और नकारात्मक ऊर्जा को दूर करता है। चमेली के पौधे को दाम्पत्य जीवन तथा सभी रिश्तों को सुखमय बनानेवाला कहते हैं इसीलिए वास्तु विशेषज्ञ इसे घर के अन्दर लगाने हेतु कहते हैं। एलोवेरा पौधे को किस्मत बदलनेवाला, बुरी शक्तियों, बुरी नजर और जादू-टोने के दुष्प्रभाव को दूर करनेवाला माना जाता है। बांस के पौधे को पारदर्शिता एवं पवित्रता के प्रतीक के रूप में हम देखते हैं। यूकेलिप्टस पौधे को सकारात्मक ऊर्जा का संचार

करनेवाला माना जाता है। ये सभी बातें मान्यता के रूप में प्रचलित हैं भले ही वैज्ञानिक रूप से ये तथ्य प्रमाणित न भी होते हों।

कतिपय पौधे ऐसे हैं जो पर्यावरण को हानि पहुँचाते हैं और इनमें कुछ विदेशी प्रजातियों के हैं। यूकेलिप्टस या सफेदा पौधा दलदल सुखाने के काम आता है। तुलसी का पौधा परिवार में सद्भाव व शान्ति लाता है ऐसा लोगों का विश्वास है। तुलसी 21 प्रकार की होती है। यूकेलिप्टस का प्रयोग अंग्रेजों ने 1870 में प्रारम्भ किया लेकिन इस पौधे की कई प्रजातियाँ पर्यावरण के लिए हानिकर हैं कारण वे जल को अवशोषित करते हैं अधिक मात्रा में जिससे जलस्तर में कमी आती है। इसी प्रकार सुबबूल पौधा 19वीं शताब्दी में मैक्सिको से भारत लाया गया था और इस समय यह पौधा हमारे देश के इक्कीस राज्यों में पाया जाता है। यह आसानी से उगता है किसी भी मौसम या किसी भी स्थान पर लेकिन यह अपने निकट अन्य पौधों को पनपने नहीं देता है। एक और पौधा है जिसे विलायती बबूल या काबूली कीकर कहा जाता है। यह भी 1870 में विदेश से लाया गया पौधा है। यह पौधा और इसके बीज तेजी से फैलते हैं तथा जमीन पर कब्जा कर लेते हैं जिससे दूसरे पौधे नहीं पनप पाते हैं। यह पौधा हमारे देश के तेरह राज्यों में पाया जाता है। अकेसिया पौधे को 19वीं शताब्दी में आस्ट्रेलिया से भारत लाया गया। यह बहुत जल्द अपनी कॉलोनी बना लेता है जिससे देशी पौधों को नुकसान होता है क्योंकि वे पनप नहीं पाते हैं। बाँस की 600 किस्में होती हैं। वास्तव में यह पेड़ या झाड़ी के बजाय घास है जो 30 साल से 100 साल में फलते हैं।

पुरानी घास को जला देने से नयी घास उगती है शीघ्र और अच्छी हालत में इसलिए सूखे पत्ते आदि को एकत्र कर जला देने से खड़े पेड़ों को हानि नहीं पहुँचती है और सूखे पत्ते अधिक मात्रा में एकत्रित भी नहीं होते हैं। गन्ने के खेत में गन्ना को काटकर खेत में आग लगा देने से नये पौधे अच्छे आते हैं। अगर सूखी पत्तियाँ अधिक एकत्रित हो जायें और आग लग जाये तों उससे काफी नुकसान होता है इसलिए नियोजित ढंग से आग लगायी जाती है। अमरीका में रेड इण्डियन भी जंगल की घास को जलाते हैं। निचले स्तर पर रहनेवाली आग को जलने दिया जाता है जिससे भविष्य में भीषण आग लगने की सम्भावना कम हो जाती है। इस प्रकार की आग से वनस्पतियों को लाभ मिलता है पर घास को हानि होती है। उत्तराखण्ड के जंगलों में चिह्नित क्षेत्र के चारों ओर लाइन बना दी जाती है और इससे बीस फीट की चौड़ाई में आग लगा दी जाती है। मिश्रित प्रजाति के जंगल ज्यादा उपयुक्त होते हैं, उनको काटकर चीड़ के जंगल में आग लगाने से चीड़ के पेड़ प्रभावित भले ही न हों पर मिश्रित जंगलों को भारी हानि होती है। आग लगने से चीड़ के पेड़ के बीज उड़कर दूसरे स्थान पर कब्जा कर लेते हैं, जिससे चीड़ के पेड़ बहुतायत से जंगल में विकसित होते हैं। सड़क, रेल लाइन और हाइड्रोपावर योजनाओं को अमलीजामा पहनाने में विस्फोटकों का प्रयोग किया जाता है जिससे

जलाशयों में दरारें पड़ जाती हैं और जल की अधिक निकासी होती है, परिणामस्वरूप जलस्रोत सूख जाते हैं। नियोजित ढंग से जंगलों में आग लगाने से बड़ी आग के भयावह परिणाम से बचत होती है। ग्लोबल वार्मिंग से तापमान बढ़ता है जिससे भीषण आग लगने की सम्भावना भी बढ़ती है। घास की जरूरत की पूर्ति के लिए नियोजित ढंग से आग लगानी चाहिए साथ ही फायर लाइन का जाल भी बनाना चाहिए तथा विस्फोटकों का प्रयोग कम-से-कम किया जाना चाहिए।

वनाग्नि से जैव विविधता नष्ट हो रही है। उत्तराखण्ड के राज्य पक्षी हिमालयन मोनाल और चीर फिजेट पर यह खतरा अधिक मँडरा रहा है क्योंकि ये दोनों पक्षी जमीन पर रहते हैं और जंगल की आग में इन्हें अपने प्राण से हाथ धोना पड़ता है। ग्रीष्म में उनके प्रजनन काल का समय होता है पर आग से इनके कुनबे की वृद्धि पर संकट उपस्थित हो जाता है। प्रायः आग जमीन पर विस्तार पाती है और यह पेड़ के ऊपरी हिस्से तक नहीं पहुँचती है किन्तु चीड़ की पत्तियों में लीसा होने के कारण बेहद ज्वलनशील पदार्थ विद्यमान रहता है जिससे आग की लपटें ऊपर तक पहुँचती हैं। इससे पक्षी एवं वन्य जीव-जन्तुओं को भारी क्षति पहुँचती है। दुर्लभ पक्षी कोकलाज, तराई के क्षेत्र में पाये जानेवाले कलीज व जंगली मुर्गे आग में भस्म हो जाते हैं। गोल्डन, फ्लेम बैक, नकटा, सिलाही, वर डिटर फ्लाई कैचर, लाली कोहू, क्रिस्टेड पीड किंग फिशर, लिटिल कामरेण्ट, फिशिंग आउल, हरियाल, हर्नविल, रेड हेड ट्रोगोन, रॉल फिच तथा राकेट हेल्ड ड्रोनगो आदि पक्षियों को वन की अग्नि से काफी हानि हो रही है। हिमालयी इलाके के प्रकृति प्रदत्त वन समस्त देश के लिए पर्यावरण के फेफड़े हैं। राष्ट्रीय वन नीति का क्रियान्वयन अधूरा है। जंगल में आग लगने से आजीविका भी प्रभावित हो रही है क्योंकि चीड़ की लकड़ी से फर्नीचर भी बनते हैं। समग्र रूप में वनाग्नि के कारणों का अवलोकन करें तो वे निम्नवत् हैं –

1. शीतकालीन वर्षा न होने से तापमान का बढ़ना।
2. वन क्षेत्र में जलती बीड़ी या सिगरेट के टुकड़े फेंकना।
3. जंगल से सटे खेतों में कूड़ा जलाने में लापवाही बरतना।
4. अच्छी घास के लालच में जंगल में आग लगाना।
5. अवैध कटान को छिपाने के लिए शरारती तत्त्वों द्वारा आग लगा देना।
6. नमी के अभाव में पत्थरों के लुढ़कने से घर्षण द्वारा चिन्गारी निकलना।

उपर्युक्त कारणों को नियन्त्रित करके ही वनाग्नि पर नियन्त्रण या कमी लायी जा सकती है।

कई बार विभिन्न कारणों से जंगलों में आग लग जाती है जिससे काफी नुकसान होता है। वैज्ञानिकों ने ऐसे यन्त्र का आविष्कार किया है जो आग बुझाने में सहायक है। कनाडा के चार्ल्स बमबार्डियर ने फायर साउण्ड नाम का एक ड्रोन तैयार किया है जो

ध्वनि तरंगें उत्पन्न करता है जिससे आग बुझ जाती है। जंगलों में जो आग लगती है उसमें नब्बे प्रतिशत भाग में आग लगने का मानवीय कारण होता है। हमारे देश में साल भर में 37 लाख हेक्टेयर जंगल आग से कुप्रभावित होते हैंद्ध जबकि हमारे देश के जंगल 6.33 करोड़ हेक्टेयर भूमि में फैले हुए हैं। इस फायर साउण्ड यन्त्र से 60 हट्र्ज आवृत्ति तक ध्वनि तरंगें उत्पन्न होती हैं। एक मीटर चौड़ा यह यन्त्र हाइड्रोजन की बैटरी से संचालित होता है। आग लगने से तापमान बढ़ता है जिसे यह यन्त्र थर्मल कैमरे में गहरे लाल और पीले रंग में जाहिर करता है जबकि सामान्य तापक्रम को यह नीले रंग में प्रदर्शित करता है। इसके द्वारा उत्पन्न ध्वनि तरंगों से आग से वायु हट जाती है जिससे ऑक्सीजन न मिलने से आग बुझ जाती है।

पादप कोशिकाओं के कारण मानवीय कोशिकाओं का पालन होता है। प्रकृति का यह वरदान है कि मनुष्य और पेड़-पौधे दोनों एक-दूसरे के विकास में सहयोगी हैं। धीरे-धीरे औद्योगिक विकास के कारण इन दोनों के सम्बन्ध दरकने लगे। मौसम की अनिश्चितता तथा वायु प्रदूषण से पेड़-पौधों की कई प्रजातियाँ विलुप्त होने लगी हैं। हम सभी 21 मार्च को प्रतिवर्ष विंश्व वानिकी दिवस मनाते हैं। इसका प्रयोजन है कि विश्व में कम हो रहे जंगलों का संरक्षण हो तथा पौधारोपण द्वारा वनों के क्षेत्र का विकास सम्भव हो। पेड़ का हर अंग अर्थात् पत्तियाँ, टहनियाँ और शाखाएँ उपयोगी हैं। ये वर्षा की तेजी को कम करते हैं, शोर में भी कमी आती है साथ ही मृदाक्षरण भी कम होता है। कीट-पतंगों, पक्षियों और पशुओं को पेड़-पौधे आवास मुहैया कराते हैं। पेड़ों से हमें गर्मी में छाया मिलती है। हमारे देश के कई राज्यों के वन क्षेत्र में वृद्धि अवश्य हुई है फिर भी कई राज्यों में वनक्षेत्र का प्रतिशत कम भी है जो चिन्तनीय है। विभिन्न देशों के क्षेत्रफल के हिसाब से वनक्षेत्र की भागीदारी के प्रतिशत को यदि हम देखें तो विश्व में रूस, कनाड़ा, ब्राजील, अमरीका, चीन, कांगो गणराज्य, आस्ट्रेलिया, अर्जेण्टीना, इण्डोनेशिया इन नौ देशों के पश्चात् भारत का स्थान दसवें क्रमांक पर आता है। गोस्वामी तुलसीदास ने कहा है – "संत, विटप, सरिता, गिरि धरनी" अर्थात् पेड़ों को सन्त के समकक्ष बताया है। पेड़ से हमें फूल और फल प्राप्त होते हैं। पेड़ों का हम विभिन्न रूपों में प्रयोग करते हैं किन्तु हमने इनका विनाश ज्यादा किया है, संरक्षण या वृद्धि कम की है। आज आवश्यकता इस बात की है कि वनीकरण को बढ़ावा दिया जाये तथा वनों का दोहन अत्यन्त सन्तुलित रूप में हो। अन्धाधुन्ध पेड़ों की कटाई से वायु प्रदूषण तथा विभिन्न समस्याओं में वृद्धि हुई है और पर्यावरण संरक्षण को नुकसान पहुँचा है।

प्राकृतिक संसाधनों में कमी होने का एक प्रमुख कारण जनसंख्या वृद्धि है। पौधारोपण की प्रक्रिया फाइलों में काफी कुछ सीमित हो गयी है क्योंकि पौधारोपण तो किया जाता है, फाइलों में अंकित भी होता है लेकिन उनका संरक्षण नहीं किया जाता जिससे सभी पौधे, वृक्ष के रूप में विकसित नहीं हो पाते हैं और नष्ट हो जाते हैं। विदेश

से लकड़ी के आयात के कारण हमारे घरेलू बाजारों को नुकसान पहुँच रहा है। पोपलर पेड़ की लकड़ी का भाव पूर्वापेक्षा कम हो गया है जबकि इसका उपयोग प्लाईवुड, माचिस और खेल सामग्री के निर्माण में होता है। देश में वेस्टलैण्ड डेवलपमेण्ट बोर्ड का गठन किया गया जिससे सामाजिक वानिकी का नारा बुलन्द हुआ। ज्वाइण्ट फारेस्ट मैनेजमेण्ट नामक योजना प्रारम्भ की गयी लेकिन होनेवाली आय में किसानों को भागीदारी नहीं मिली। जंगलों को उत्पादक बनाने के लिए बचाव की जगह प्रबन्धन पर जोर देना अधिक उपयुक्त होगा। वर्ष 2016-17 में पहाड़ी क्षेत्रों के वन क्षेत्र में 1,680 वर्ग किलोमीटर की वृद्धि हुई तथा आदिवासी जिलों में वन क्षेत्र में 438 वर्ग किलोमीटर की वृद्धि पायी गयी। सर्वाधिक वृक्ष क्षेत्र की भूमि महाराष्ट्र में है। भौगोलिक क्षेत्रफल के हिसाब से सर्वाधिक वृक्ष क्षेत्र का प्रतिशत कुल क्षेत्रफल के परिप्रेक्ष्य में लक्षद्वीप में है। वनों से प्रत्यक्ष एवं परोक्ष लाभ दोनों होते हैं। प्रत्यक्ष लाभ में चारा, अकाष्ठ उपज, प्रकाश, बाँस एवं जलाऊ लकड़ी आदि सम्मिलित हैं तो अप्रत्यक्ष लाभ में भूस्खलन की रोकथाम, जलवायु सुधार, जल की आपूर्ति, परागण, खाद्य, जल सुरक्षा एवं जैविक नियन्त्रण आदि को सम्मिलित किया जा सकता है। अर्थव्यवस्था की दृष्टि से देखा जाये तो भारत की जी. डी. पी. में वनों का योगदान 0.9 प्रतिशत ही है। वनों से लगभग 12.8 करोड़ टन लकड़ी प्राप्त की जाती है तथा 4.1 करोड़ टन टिम्बर मिलता है। वनों से हमें महुआ, मशरूम, तेल, ओषधीय पौधे, शहद एवं चन्दन आदि उपयोगी वस्तुएँ प्राप्त होती हैं। महत्त्व की दृष्टि से देखें तो ज्ञात होता है कि हमारे देश में कुल 6.4 लाख गाँवों में से 2 लाख गाँव ऐसे हैं जो वनक्षेत्र के निकट हैं तथा लगभग 40 करोड़ आबादी की प्रत्यक्ष एवं परोक्ष रूप से वनों पर निर्भरता है। वनों से 74.1 करोड़ टन के लगभग चारा उपलब्ध होता है जो 27 करोड़ मवेशियों के काम आता है। भूमि के कटाव को वनों की वृद्धि से रोका जा सकता है।

पेड़-पौधे स्वयं को कीटों से बचाते हैं और यह सम्भव होता है। उनके द्वारा फाइटोनसाइड रसायन हवा में छोड़ने से क्योंकि इसमें एण्टी बैक्टीरियल गुण होता है। साँस के जरिये इस रसायन के शरीर में जाने से रोग प्रतिरोधक की क्षमता में वृद्धि होती है। पेड़ कार्बन-डाइ-ऑक्साइड सोखते हैं और बदले में हमें ऑक्सीजन देते हैं। एक अनुमान के अनुसार 26,000 मील कार के चलने से जितने कार्बन का उत्सर्जन होता है उतनी मात्रा के कार्बन को एक एकड़ में लगे पेड़ अवशोषित कर सकते हैं। हरियाली के क्षेत्र में मकान होने से ए.सी. की आवश्यकता में पचास प्रतिशत की कमी आ जाती है। पेड़-पौधे धूप की अल्ट्रावायलेट किरणों के कुप्रभाव को पचास प्रतिशत तक कम कर देते हैं। डॉ. एस. ए. अंसारी, निदेशक वन उत्पादकता संस्थान राँची का कथन है कि देश में 173 घुसपैठिया वृक्षों की प्रजाति चिह्नित किये गये हैं जिनको नष्ट करना आवश्यक हो गया है। इन बुरे पौधों में जलकुम्भी, गाजर घास, यूपेटोरियम, वनतुलसी, आरजीमोन

मेकसीकाना या सत्यानाशी, सीलोसिया या सफेद मुर्गा एवं लेण्टाना आदि प्रमुख हैं। इनसे चरागाहों, बागानों, कृषि क्षेत्रों एवं परती भूमि को नुकसान पहुँचता है। गाजर घास बाह्य आक्रामक प्रजाति है जिसने 35 मिलियन हेक्टेयर भूमि को कुप्रभावित किया है। पर्यावरण की दृष्टि से जैविक नियन्त्रण कारगर उपाय है। सभी बाहरी घुसपैठिये प्रजाति के पौधे अनुपयोगी हों, ऐसा नहीं है। उनमें से भी कुछ पौधों से विभिन्न प्रकार के उत्पाद बनाये जा सकते हैं। विश्व की सत्रह प्रतिशत आबादी भारत में रहती है लेकिन वनक्षेत्र की दृष्टि से भारत में विश्व के वनक्षेत्र का केवल 2.4 प्रतिशत भाग है। मानक के अनुसार वन क्षेत्र 33 प्रतिशत भूभाग में होना चाहिए लेकिन हमारे देश का प्रतिशत इससे काफी कम है। विगत दस वर्षों में वनक्षेत्र में वृद्धि का कारगर प्रयास किया गया है, पौधारोपण भी काफी हुआ किन्तु समुचित देख-रेख के अभाव में अपेक्षित परिणाम की प्राप्ति नहीं हो सकी। वनों से लगभग 7 लाख करोड़ रुपये की सेवाएँ मिलती हैं। वैज्ञानिक संस्थान, सरकारी एवं गैर-सरकारी संगठन, कृषक और सामान्य जन की जागरूकता से ही वानिकी के अपेक्षित लक्ष्य की पूर्ति सम्भव होगी।

पर्यावरणविद् डी. ब्राण्डिस का कथन है कि पहाड़ी क्षेत्रों में जहाँ वन नष्ट हुए हैं वहाँ के प्राकृतिक जलस्रोत भी प्रभावित होकर कम हो गये हैं। वर्षा काल में कम घने तथा खुले जंगल में निकलनेवाली जलधाराएँ व नदी-नाले बाढ़ग्रस्त हो जाते हैं जबकि घने जंगल में बहनेवाले नदी-नाले शान्त एवं बाढ़रहित होते हैं। एक एकड़ वन भूमि के उजाड़ने से जो हानि होती है वह एक कार द्वारा तीस वर्षों में गैसों के उत्सर्जन के बराबर होती है। मनुष्य व वनस्पति एक-दूसरे के सहयोगी व पूरक हैं। हम जो कार्बन-डाइ-ऑक्साइड का उत्सर्जन करते हैं, उसे वनस्पतियाँ अपनी खुराक बना लेती हैं तथा बदले में हमें ऑक्सीजन देती हैं। पक्षियों के द्वारा फसलों को नुकसान पहुँचानेवाले कीट-पतंगों का जैविक नियन्त्रण होता है। हमारे देश में ऑक्सीजन के लिए प्रति वृक्ष सोलह आदमियों की निर्भरता है, यह कथन अमरीका के कृषि वैज्ञानिक पाव्लो का है। यह निर्भरता घनी आबादीवाले शहरों में प्रति वृक्ष बढ़ती जाती है जैसे पटना एवं कोलकाता जैसे शहरों में सैकड़ों एवं हजारों की संख्या में निर्भरता बढ़ चुकी है। एक दशक में यहाँ की आबादी 17.64 प्रतिशत बढ़ जाती है अतः पौधारोपण तथा उसका संरक्षण निरन्तर चलनेवाली प्रक्रिया है। हरियाली के बीच व्यायाम करने से व्यक्ति में मानसिक मजबूती आती है तथा मानसिक रोगों में भी हरियाली लाभ पहुँचाती है। इसलिए बगीचे में घूमने, पानी देने, खेती करने और साइकिल चलाने जैसी गतिविधियाँ व्यक्ति के लिए लाभकारी होती हैं।

एक हेक्टेयर वन औसत रूप में प्रतिवर्ष तीन मीट्रिक टन अशुद्ध वायु ग्रहण करते हैं तथा बदले में हमें एक मैट्रिक टन शुद्ध वायु प्रदान करते हैं। एक वृक्ष एक दिन में

लगभग 400 लीटर तक जल वाष्प कर वातावरण में पहुँचाता है। वनों की कटाई से कार्बन-डाइ-ऑक्साइड की वृद्धि का खतरा मँडराता रहता है नदियों के तेज बहाव से गाद जमा हो जाती है, कटाव होता है, बाढ़ का खतरा बढ़ता है, इसको रोकने का उपाय वनीकरण में वृद्धि करना है। खेती एवं चरागाह की अपेक्षा वन बीस से सौ गुना अधिक कार्बन-डाइ-ऑक्साइड का अवशोषण करता है। विद्वानों का कथन है कि एक व्यक्ति वर्ष भर में 1.752 टन ऑक्सीजन का उपयोग करता है तथा औसत आकार का एक पेड़ वर्ष भर में 1.6 टन ऑक्सीजन हमें देता है। विश्व की ग्रीन हाउस गैसों का 24.6 प्रतिशत का उत्सर्जन ऊर्जा उत्पादन में होता है जिसमें कार्बन-डाइ-ऑक्साइड की मात्रा सर्वाधिक होती है। वृक्षों की संख्या में वृद्धि होने से ही ग्रीन हाउस गैसों की समस्या से निपटा जा सकता है। पक्षियों के विनष्ट होने से पेड़ों की प्रजाति के विलुप्त होने का खतरा बढ़ जाता है उदाहरणार्थ 17वीं शताब्दी में मारिशस में डोडो पक्षी अत्यधिक शिकार होने से विलुप्त हो गये और इसके कारण कैल्वेरिया प्रकार के वृक्ष अंकुरित न होने से विनष्ट होने के कगार पर पहुँच गये।

रैफलेसिया आर्नोल्डी बड़ा फूल है। इसका व्यास लगभग एक मीटर तथा .75" मोटा और भार 7 किलोग्राम तक होता है। वोल्फिया पंकटाटा सबसे छोटा जलीय पौधे का फूल है जो 0.6 मिलीमीटर लम्बा और 0.13 मिलीमीटर चौड़ा है। हमारे देश में माइक्रोफुला सबसे छोटा फूल है जिसका व्यास 0.35 मिलीमीटर होता है। घरों में प्रयुक्त कूड़ेदान से फार्मेल्डिइड, गैस चूल्हे से कार्बन मोनोक्साइड, टॉयलेट से अमोनिया, डिटर्जेण्ट से बेंजीन, क्लीनर से एक्सलीन तथा पेण्ट से ट्रिक्लोरोथीन आदि निःसृत होती रहती है जो वायु में मिलकर स्वास्थ्य को हानि पहुँचाती है और विभिन्न प्रकार की बीमारियाँ जैसे खाँसी, एलर्जी तथा आँखों में जलन आदि उत्पन्न करती है। इनसे बचाव के लिए विभिन्न प्रकार के पौधे विशेष रूप से एअरफ्रेशनर पौधे घरों में लगाये जा सकते हैं। घरों में जो पौधे लगाने के लिए उपयुक्त हैं उनमें प्रमुख हैं – पीसलिली, एलोवेरा, बैम्बू पाम, धारदार स्नेक प्लाण्ट, स्पाइडर प्लाण्ट, वीपिंग फिग, चाइनीज एवरग्रीन या एब्लोननेमा, डेजी प्लाण्ट, इंग्लिश आई वी प्लाण्ट, मनीप्लाण्ट एवं अरेका पाम आदि। ये पौधे आबोहवा में विषैले रासायनिक तत्त्वों को दूर करने में सहायक हैं और यदि घर के आस-पास जगह हो तो पीपल, बरगद, ढाक, जामुन, हरड़-बहेड़ा, रीठा, चिलबिल, टीक, साल, अमलतास, सेमल, बेल, कदम्ब, लसोढ़ा एवं रबर प्लाण्ट आदि लगाने चाहिए। ये पौधे या वृक्ष हानिकारक केमिकल्स एवं बैक्टीरिया आदि को नष्ट करने में लाभप्रद हैं जिससे स्वास्थ्यप्रद वातावरण बना रहता है।

फूल, फल और पौधे किसका मन नहीं मोहते हैं। समय-समय पर फूलों पर डाक टिकट जारी किये गये हैं। कई लोगों ने लिली, डहेलिया और फैन्सी फ्लावर्स के साथ

अपनी फोटो लगाकर माइस्टैम्प बनवाये हैं। 7 अप्रैल, 2003, 5 जून, 2005, 29 मई, 2006, 7 फरवरी, 2007, 26 अप्रैल, 2008, 6 मार्च, 2009, 30 सितम्बर, 2013 एवं 8 अगस्त, 2016 को अलग-अलग अवसरों पर विभिन्न पेड़-पौधों एवं फूलों पर भारत सरकार द्वारा पाँच रुपये, पन्द्रह रुपये, बीस रुपये एवं नब्बे रुपये के डाक टिकट जारी किये गये हैं जिसमें हरियाली की कहानी निहित है। अब तक जिन चीजों पर डाक टिकट जारी किये गये हैं, उनमें उल्लेखनीय नाम है – गुग्गुलु, आँवला, अश्वगन्धा, ब्राह्मी, दीलनिया इण्डिका, वर्ल्ड इनवायरनमेण्ट ग्रीन सिटीज़, रेनवाटर, कुरिजी फूल, गुलाब, जूही, मुचकुण्डा, हिमायलन सूरजमुखी, सफेद बुराँस, वाइल्ड फ्लावर्स, दिवांग चिरायता, सजामूल, नीली कण्डाली, पद्म पुष्कर, ब्लैडर कैपियन, कोबरा लिली, गोकरू, हरचुर डेण्ड्रोलियम फाल्कोनेरी, एस्मेराल्डा केथकारटी, डेण्ड्रोबियम गिबसोनी एवं पाफियो पिडियम मिलोसम आदि। इसी प्रकार पशु-पक्षियों पर भी डाक टिकट जारी हुए हैं। यदि इसका संग्रह किया जाये तो कही भी जाने पर आप इसे साथ रख सकते हैं और हरियाली का खुशनुमा अहसास पा सकते हैं।

सड़कें चौड़ी की गयीं लेकिन इससे हरियाली विनष्ट हुई और हरियाली की स्थापना के लिए आवश्यकतानुसार नये पेड़ नहीं लग पाये। लखनऊ में मेट्रो लाइन पर ट्रेन चलायी गयीं और 5 से 25 साल के वृक्षों को 800 से अधिक संख्या में शिफ्ट करके पेड़ों को नया जीवन देने का उत्कृष्ट कार्य किया गया है। यहाँ पर कुकरैल में हरियाली की बढ़ोतरी हुई है। यह स्थान पिकनिक स्पाट के साथ पर्यावरण के लिए पंचवटी सदृश है। इस पंचवटी में बेल, बरगद, आँवला, अशोक और पीपल के पेड़ बहुतायत से लगे हैं। यहाँ के प्राणि उद्यान में लगभग सौ प्रजातियों के पाँच हजार पेड़ देखने को मिलते हैं जिसमें ओषधि के निर्माण में सहायक पेड़ भी हैं। वर्ष 1936 में महात्मा गाँधी जब लखनऊ आये थे, उन्होंने बरगद का पौधा लगाया था जो अब विशाल पेड़ बन चुका है। अतीत में देखें तो दोनों इमामबाड़े के बीच की सड़क ठण्डी सड़क कही जाती थी क्योंकि दोनों ओर तब छायादार वृक्ष लगे थे। नीम के पेड़ को वैश्विक मान्यता मिली हुई है। इसमें कीटनाशक गुण तो हैं ही साथ ही उर्वरक के रूप में भी यह प्रभावी है। भारत में नीम के जितने पेड़ हैं उसकी 40 प्रतिशत संख्या केवल उत्तर प्रदेश में है। पेड़ों को हानि पहुँचानेवाले, लगभग तीन सौ कीटाणुओं पर नीम प्रभावी है। मराठी लोग 'गुड़ी पड़वा' पर्व वर्ष प्रतिपदा चैत्र माह में मनाते हैं, उसमें इसकी पत्ती खायी जाती है। 'वट सावित्री' में बरगद की पूजा होती है। मान्यता है कि केले के पेड़ में वृहस्पतिदेव, पीपल में शनि देव और आँवले में भगवान् विष्णु निवास करते हैं। अक्षय नवमी के दिन आँवले की पूजा की जाती है। भगवान् शिव को बेल पत्र, गणेश जी को दूर्वा और देवी माँ को लाल गुड़हल का फूल चढ़ाया जाता है। पीपल के चारों ओर घूमने से रोगों से

छुटकारा मिलने का लोगों में विश्वास है। तुलसी की पूजा की जाती है क्योंकि इसकी पत्ती खाने से कई रोगों में लाभ होता है और ऐसी मान्यता है कि इससे स्वर्ग की राह प्रशस्त होती है। इसमें ओषधीय गुण होते हैं तथा तुलसी की माला से लोग जाप करते हैं। अरब देशों में तथा मुस्लिमों में खजूर को पवित्र माना जाता है। वैसे इसका सेवन सभी करते हैं क्योंकि यह लाभकारी है। लखनऊ को बगीचों का शहर कहा जाता है। अब उतने बाग तो रहे नहीं जितने नवाबों के काल में थे। पर्यावरण के प्रति जागरूकता से नये-नये पार्क बन रहे हैं। इस प्रकार ये ऑक्सीजन हब बनते जा रहे हैं। यहाँ नये एवं पुराने पार्कों एवं बगीचों की एक लम्बी शृंखला है जिनमें प्रमुख हैं अरविन्दो पार्क, जनेश्वर मिश्र पार्क, लोहिया पार्क, बुद्धा पार्क, हाथी पार्क एवं गुलाब वाटिका आदि। कुछ लोगों ने हरियाली की मुहिम के अन्तर्गत छत को ही बगीचे का स्वरूप दिया है विभिन्न प्रकार के पौधों का रोपण करके जो प्रशंसनीय है।

ऐसा विश्वास किया जाता रहा है कि 6 हजार से 9 हजार वर्ष पूर्व मानव ने कृषि कार्य आरम्भ किया लेकिन थाईलैण्ड में उत्खनन में 10 हजार वर्ष पूर्व के चावल और सोयाबीन की प्राप्ति हुई है। वनस्पति का सबसे छोटा स्वरूप काई या शैवाल का है। पौधों व पेड़ों से प्राप्त होनेवाले खाद्य पदार्थों में कार्बोहाइड्रेट्स, खनिज व विटामिन मिलते हैं जो पोषक तत्त्व हैं। वनस्पतियों से हमें खानेवाले तेल तथा सिर में लगानेवाले तेल की प्राप्ति होती है और ये तेल हमें सरसों, मूँगफली, सोयाबीन, तिल, नारियल एवं सूरजमुखी से मिलता है। गर्म मसाले यथा कालीमिर्च, तेजपात, दालचीनी, लौंग और सोंठ आदि भी वनस्पति की देन हैं साथ ही चाय और काफी भी। झोंपड़ी से महल तक लकड़ी का उपयोग होता रहा है। जल यातायात में भी नावों का प्रयोग होता है जो लकड़ी की बनी होती है। वुड पल्प यानी लकड़ी की लुगदी से कागज निर्मित होते हैं। महिलाएँ अपने केशों में बेला, चमेली, गुलाब व गेंदे के फूल लगाती हैं जिनसे उनका सौन्दर्य बढ़ता है। शीकाकाई और आँवला आदि का प्रयोग सौन्दर्य प्रसाधनों में होता है। हिमालय के पर्वतीय क्षेत्रों में पौधों की अनेक प्रजातियाँ पायी जाती हैं जिनमें हम सभी को नहीं जानते, लगभग दस प्रतिशत से ही परिचित हैं। अतः शोध की आवश्यकता है जिससे उनकी पहचान और उपयोग बढ़े। आजकल टेस्ट ट्यूब बेबी की तरह टेस्ट ट्यूब पौधों पर प्रयोग हो रहे हैं जिसे 'टिश्यू कल्चर' कहते हैं। डॉ जयन्ती सेन का कहना है कि लुप्त हो रहे पौधे के कुछ भाग को लेकर टेस्ट ट्यूब में उगाकर उन्हीं स्थानों को भेज दिया जाता है जिससे उनकी वंश वृद्धि हो और वे फले फूलें। ओषधीय पौधे पर्यावरण की निधि हैं। नीम एवं कचनार की छाल का उपयोग ऐण्टीसेप्टिक के रूप में किया जा सकता है। सिनकोना वनस्पति की एक प्रजाति से कुनैन की दवा मलेरिया के इलाज के लिए बनायी गयी थी। वनस्पतियों से ही हमें गोंद, रेजिन, मोम, यीस्ट, रबर एवं वेक्टिन आदि

मिलना सम्भव हो सका है। अनुमान है कि दो लाख साठ हजार के लगभग फूल-पौधों की प्रजातियाँ हैं जिसमें 33,698 अर्थात् 12.5 फीसदी पौधे विनाश के कगार पर हैं। 380 जंगली प्रजाति के पौधे नष्ट हो चुके हैं और आये दिन कोई-न-कोई प्रजाति विलुप्त होती जा रही है। आर्किड्स की पच्चीस से तीस हजार प्रजातियाँ हैं। इनके फूल का रस तितलियों व कई प्रकार के कीड़ों को पोषण देता है। पाम से फर्नीचर, छत, हैट व तेल बनाते हैं तथा घर एवं बगीचों में सजावट के रूप में भी ये प्रयुक्त होते हैं।

वनस्पति हमारे बिना भले ही रह लें लेकिन हमारे जीवन का संचालन उनके बिना नहीं हो सकता है। हमारे देश की चार प्रतिशत भूमि पर लगभग 73 राष्ट्रीय उद्यान हैं तथा चार सौ सत्रह के करीब संरक्षित क्षेत्र हैं। हमारे देश में समय-समय पर वन संरक्षण अधिनियम बने हैं जिससे वन के विनाश को रोका जा सके। वन संरक्षण अधिनियम 1980 को 25 अक्टूबर, 1980 को क्रियान्वित किया गया। इसके पूर्व 9 सितम्बर, 1972 को वन्य जीव संरक्षण अधिनियम बनाया गया। अधिनियम 1980 के अनुसार राज्य सरकार की अनुमति के बिना वन को बेचना या हस्तान्तरण दोनों अपराध हैं तथा धारा संख्या - 2 के अन्तर्गत दण्ड का प्रावधान है। वन विभिन्न प्रकार के होते हैं जैसे सदाबहार वन, मानसूनी पतझड़वाले वन, सुन्दर वन या डेल्टाई वन, घास के मैदान, कोणधारी या पर्वतीय वन, अर्द्ध मरुस्थलीय या मरुस्थलीय कँटीले वन एवं शुष्क वन आदि। वनों के विनाश के प्रमुख कारण हैं – आबादी में वृद्धि, ऊर्जा के लिए वनों का नाश, पशुचारण से वन का नष्ट होना, बाँध परियोजनाओं का वनों पर प्रतिकूल प्रभाव, फर्नीचर की बढ़ती माँग तथा कृषि भूमि के विस्तार से वनों का नाश आदि। अतः वन के विनाश के कारणों को यथासम्भव दूर कर वन का संरक्षण एवं वृद्धि के प्रति हम सभी को सचेत होना चाहिए।

एक अनुमान के अनुसार विश्व के 54 देशों में वन वहाँ के कुल रकबे के दस प्रतिशत से भी कम है और दस देशों में वन क्षेत्र नहीं हैं। 2000 से 2010 तक के दशक में 1.30 करोड़ हेक्टेयर जंगल साफ किये जा चुके हैं। अकाल के समय वनों पर हमारी निर्भरता और बढ़ जाती है। वनों की कटाई ग्लोबल वार्मिंग का एक प्रमुख कारक है। हमारे देश में वन से प्रतिवर्ष 31.75 लाख घनमीटर लकड़ी हमें मिलती है। वन यदि न हों तो ऑक्सीजन की कमी से जीवन दूभर हो जाये और मानव जाति के लिए गम्भीर संकट उत्पन्न हो जाये। इसलिए प्राकृतिक संसाधनों के लिए संकल्पित होना हमारा दायित्व है।

फारेस्ट्री में कैरियर के विभिन्न विकल्प हैं और लोग इसके अन्तर्गत आनेवाली सेवाओं के प्रति उन्मुख भी हो रहे हैं जैसे फारेस्ट रेंजर, जू क्यूरेटर, इको टूरिज्म एवं फारेस्ट आफिसर आदि के पद। वन्य कानून भी बने हैं जरूरत है उसके सख्ती से

अनुपालन की। डेण्ड्रोलॉजी में वृक्षों का वर्गीकरण और जीवन चक्र का अध्ययन होता है तथा अनुसन्धान किये जाते हैं, इथनोलॉजी में जैव सम्पदा व वन के सम्बन्ध में अध्ययन होता है, इसी प्रकार सिल्बी कल्चर में पौधों की वृद्धि पर कार्य होता है। अतः इसके क्षेत्र में सेवायोजन के पर्याप्त अवसर हैं। आल इण्डिया सर्विस ऐक्ट 1951 में बना और 1966 से भारतीय वन सेवा प्रारम्भ हुई। आई.एफ.एस. एक प्रतियोगी परीक्षा है जो अखिल भारतीय स्तर की है। वैसे प्रादेशिक वन सेवा एवं अधीनस्थ सेवाओं का विस्तार हुआ है। इस वन सेवा में विभिन्न पद हैं जैसे रेंज आफिसर, कंजरवेटर या असिस्टेण्ट कंजरवेटर व चीफ कंजरवेटर आदि। प्रतियोगी परीक्षा में सफल होकर और उत्कृष्ट सेवा के द्वारा पद स्थापित और पदोन्नत होने के अवसर मिलते हैं। केवल सरकारी ही नहीं, निजी क्षेत्र में भी वानिकी से सम्बन्धित सेवायोजित होने के विविध अवसर हैं। देहरादून (उत्तराखण्ड), भोपाल (मध्य प्रदेश), राजस्थान, पंजाब और हिमाचल प्रदेश आदि स्थानों पर विविध संस्थान हैं जहाँ से डिग्री या डिप्लोमा प्राप्त कर इस सेवा में जाया जा सकता है। वनों के संरक्षण से पर्यावरण में सन्तुलन हेतु योगदान सम्भव होता है और प्रगति का आधार प्राप्त होता है।

1 से 7 जुलाई तक वन महोत्सव सप्ताह प्रतिवर्ष मनाया जाता है जिसका उद्देश्य है वन सम्पदा में वृद्धि जिसका आधार वन संरक्षण है। यह प्रसन्नता की बात है कि उत्तर प्रदेश में पौधारोपण का विश्व रिकार्ड बनाया गया है। वर्ष 2016 में उत्तर प्रदेश में पाँच करोड़ पौधे लगाकर विश्व रिकार्ड बना था। वर्ष 2018 में भी हमारे प्रदेश में नौ करोड़ पौधारोपण हुआ लेकिन वर्ल्ड रिकार्ड इसलिए नहीं बना क्योंकि पहले से गिनीज बुक ऑफ वर्ल्ड रिकार्ड को सूचना नहीं दी गयी थी। अब 15 अगस्त, 2019 में 11 करोड़ पौधे लगाये जाने की योजना बनी है और वर्ष 2018 की हुई चूक को दोहराया नहीं जायेगा, जिससे पौधारोपण का नया कीर्तिमान उत्तर प्रदेश में बनेगा। पौधारोपण के साथ संरक्षण पर भी यदि पर्याप्त ध्यान दिया गया तो निश्चित ही उत्तर प्रदेश की हरियाली में इजाफा होगा।

वन हमारे लिये जीवन प्रदाता हैं। प्रत्येक व्यक्ति को अपने जीवन-काल में पेड़ लगाने के दायित्व का निर्वहन करना चाहिए। जितना अधिक सम्भव हो हमें इस क्षेत्र में योगदान देना चाहिए। हमारे देश में कुल क्षेत्रफल का 23.81 प्रतिशत भाग ही वनों से आच्छादित हैं जो मानक से कम हैं। विगत पचास वर्षों में धरती की एक चौथाई मिट्टी उधेड़ दी गयी है और एक तिहाई जंगल साफ कर दिये गये हैं। प्रतिवर्ष विश्व में 50 लाख हेक्टेयर वन क्षेत्र कम होते जा रहे हैं। यूनेस्को ने प्रकृति के संरक्षण हेतु सदाबहार वन को पर्यावरण उद्यान के रूप में बढ़ावा देने की अनुशंसा की है। सामाजिक वानिकी से हरियाली में वृद्धि होती है। पौधे वे ही लगाये जायें जो हरियालीवाले हैं। वनों की

उपयोगिता के सम्बन्ध में विशेषज्ञों द्वारा व्याख्यानमाला एवं संगोष्ठियाँ आयोजित हों साथ ही प्रदर्शनी भी जिसमें हमारे जीवन में इनकी उपयोगिता से सम्बन्धित चीजें प्रदर्शित की जायें। कहानी, कविता, नाटक एवं भाषण आदि की प्रतियोगिताएँ इस प्रकार आयोजित हों जिससे लोग वनों के विकास और संरक्षण के प्रति आकृष्ट हों, पोस्टर, स्लोगन और वनों पर आधारित डाक्यूमेण्ट्री फिल्मों का प्रदर्शन भी हो। विद्यालयों हेतु विभिन्न पाठ्यक्रम में भी इस विषयवस्तु का समावेश हो जिससे शिक्षार्थी इसके महत्त्व को समझकर योगदान के प्रति प्रेरित हों और शासन स्तर पर नीति निर्माण भी इसके विकास में सहायक हो। वन विभाग, स्थानीय निकाय, आवास विकास या विकास प्राधिकरण आदि विभिन्न विभागों में समन्वय हो जिससे प्रभावी कार्य किये जा सकें तभी वानिकी की वृद्धि के उद्देश्य की पूर्ति सम्भव होगी।

आम का पेड़ हमारे लिये अत्यन्त उपयोगी है। वैसे भी आम फलों का राजा माना जाता है। 7 जुलाई को विश्व आम दिवस मनाया जाता है। इसकी विभिन्न किस्में हैं जैसे दशहरी, मल्लिका, आम्रपाली, बम्बइया, लँगड़ा, नीलम, बैगलोरा, सफेदा और चौसा आदि। आम के उत्पादक देशों में हमारा देश सर्वप्रमुख है। आम का रोपण जुलाई से सितम्बर तक में होता है तथा रोपण की दूरी दस से बारह मीटर तक रखी जाती है। प्रथम पाँच वर्ष तक कम्पोस्ट, यूरिया, अण्डी की खली और सुपरफास्फेट खाद के रूप में वर्ष में दो बार दिसम्बर एवं जुलाई में दी जाती है। मुनगा, गाजियाक्रोट, तना छेदक, इन्दखेला, पीटल, पाउडरी मिल्ड्यू, जड़ एवं तना सड़न और एन्थाक नोज आदि कीट एवं रोग हैं जिससे इसे बचाने का उपक्रम करना होता है। यह नम और शुष्क दोनों प्रकार की जलवायु में उत्पन्न होता है। गहरी एलूवियल मिट्टी इसकी उपज के लिए आदर्श है तथा लाल दोमट और लाल लेटेराइट मिट्टी भी उपयुक्त होती है। बरसात में इसकी पौध लगाते हैं, दिसम्बर/जनवरी महीने में मंजर या फूल आते हैं तथा पाँच-छह महीने बाद फल प्राप्त होने लगते हैं। आम का कुल नाम है Anacardiaceae तथा वानस्पतिक नाम Magnifera indica है। आम की कुछ किस्मों के पेड़ में प्रतिवर्ष फल लगते हैं तथा कुछ किस्मों के पेड़ में हर दूसरे साल फल आते हैं। देश में आम का उत्पादन उत्तर प्रदेश, बिहार, आन्ध्र प्रदेश, पश्चिम बंगाल, तमिलनाडु, उड़ीसा, महाराष्ट्र, केरल, मध्यप्रदेश और पंजाब आदि में होता है। उत्तर प्रदेश की राजधानी लखनऊ की मलिहाबाद बेल्ट दशहरी आम के लिए सर्वाधिक विख्यात है। यहाँ प्रयोगशाला है जहाँ तीन सौ किस्मों के आमों का उत्पादन होता है। ऐसा विश्वास किया जाता है कि आम्र शाखा और मंगल पत्र का प्रयोग वैदिक अनुष्ठानों में करने से मनोकामनाएँ पूर्ण होती हैं। आम के निर्यात से विदेशी मुद्रा भी प्राप्ति होती है। आम के रस से अमावट और मैंगोशेक आदि चीजें बनती हैं। इसका उत्पादन बढ़ाने से खुशहाली भी बढ़ेगी।

आम यदि फलों का रामा है तो गुलाब फूलों का राजा है। फूल की विभिन्न किस्में हैं जैसे कमल, गुलाब, डहेलिया, सूरजमुखी, चम्पा, लिली, पलाश, रात की रानी, गेंदा, हरसिंगार, बेला, चमेली और रजनीगन्धा आदि। अप्रैल का मुख्य फूल डेजी है जो सादगी, शुद्धता और सच्चे प्यार के प्रतीक के रूप में जाना जाता है। भारत का राष्ट्रीय फूल कमल है और उत्तर प्रदेश का राजकीय पुष्प पलाश है जो वर्ष 2011 में घोषित हुआ है। प्रतिवर्ष 22 सितम्बर को गुलाब दिवस मनाया जाता है। गुलाब अत्यन्त आकर्षक होता है। भारत के प्रथम प्रधानमन्त्री जवाहरलाल नेहरू शेरवानी में गुलाब का फूल लगाते थे। वैलेण्टाइन डे आदि के अवसर पर प्रिय व्यक्ति को लोग यह पुष्प या इसकी कली को उपहारस्वरूप देते हैं। यह गुलाबी, लाल और अन्य विविध रंगों में पाया जाता है। इसे क्यारियों और गमलों में लोग लगाते हैं। यह आँखों के लिए प्रयुक्त होता है तथा फेस मास्क के लिए भी। इसमें विभिन्न विटामिन्स होते हैं, जैसे ए, बी-3, सी, डी और ई। ऐसा कहा जाता है कि प्रातःकालीन खाली पेट गुलाब की कच्ची पंखुड़ियाँ खाने से व्यक्ति स्वयं को दिन भर तरोताजा महसूस करता है। यह विभिन्न बीमारियों में लाभ पहुँचाता है जैसे अस्थमा, हाई ब्लडप्रेशर, डायरिया, खाँसी-बुखार, पाचन क्रिया की गड़बड़ी और ब्रोंकाइटिस आदि। यदि पानी में पंखुड़ियों को डालकर उबाल लें और ठण्डा करके उसका सेवन करें तो तनाव निवारण में यह लाभप्रद है साथ ही मांसपेशियों की अकड़न दूर करने में सहायक है। पेशाब सम्बन्धी रोगों में यह राहत पहुँचाता है। चाय में पंखुड़ियों का प्रयोग करने से शरीर में अतिरिक्त टॉक्सिन का निष्कासन होता है। इससे कब्ज, हाजमे, मसूढ़ों की बीमारी, पेट दर्द व अल्सर आदि में आराम पहुँचाता है। गुलाब जल को चन्दन में मिलाने और प्रयोग करने से त्वचा मुलायम व कान्तियुक्त होती है। इससे मुँहासे भी दूर किये जा सकते हैं। शरीर को कान्तियुक्त तथा भीनी सुगन्धयुक्त बनाने के लिए गुलाब की पंखुड़ियों व गुलाब जल का पानी में मिश्रण कर स्नान किया जा सकता है। प्राकृतिक वनस्पति का हमारे जीवन में विविध उपयोग है। हम सभी का दायित्व है कि हम पेड़, वन और वनस्पति के विषय में अधिकाधिक जानकारी रखें, इसके गुणों को जानें, लाभान्वित हों, हम सभी में प्रकृति प्रेम बढ़े और प्राकृतिक वनस्पतियों के उत्पादन में बढ़ोतरी के प्रति हम जागरूक भी बनें।

❑

जैव विविधता

जल, थल एवं नभ में विचरण करनेवाले जीवों की संख्या अनगिनत है। इनमें कई दुर्लभ प्रजाति के हैं जिनके लुप्त होने का खतरा मँडराता रहता है। हम सभी का इन जीवों के संरक्षण के प्रति दायित्व है। आज प्राकृतिक संसाधनों के दोहन से हरियाली कम होती जा रही है, वनों की कटान जारी है, पर्यावरण असन्तुलित होता जा रहा है और कंक्रीट के जंगलों का विस्तार होता जा रहा है जिससे जीवों पर संकट की बढ़ोतरी हुई है। आज भी विभिन्न स्थानों पर यथा जलाशयों एवं झीलों पर विभिन्न प्रकार के पक्षियों को देखा जा सकता है। जिनमें विदेशी पक्षी भी हैं जो निश्चित अवधि के लिए यहाँ प्रवास करते हैं। बायोलॉजिकल डायवर्सिटी अर्थात् जैव विविधता से हमें कृषि, वानिकी, मत्स्य पालन तथा पर्यटन जैसे आर्थिक क्षेत्रों सहित सभी क्षेत्रों के स्थायी विकास का आधार मिलता है। वैज्ञानिकों का कथन है कि विश्व में एक लाख करोड़ से ज्यादा प्रजातियों की जैव विविधता है लेकिन हमें सभी के विषय में जानकारी नहीं है केवल एक प्रतिशत की ही जानकारी है। इन सभी जीवों का विकास विगत 3.5 अरब वर्ष में हुआ है। ज्ञात जैव विविधता की हमें जो जानकारी है उसका 70 प्रतिशत विश्व के कुल 190 देशों में से 17 देशों में ही है जिससे इन सत्रह देशों को मेगा डायवर्स भी कहा जाता है। इन सत्रह देशों में हमारा देश भारत भी सम्मिलित है जिससे दुनिया की कुल प्रजातियों में से 7 से 8 प्रतिशत प्रजातियाँ भारत में विद्यमान हैं।

हमारे देश में लगभग 91 हजार प्रजातियों के प्राणी और 45,500 प्रजातियों के पौधे दस जैव भौगोलिक क्षेत्रों में विद्यमान हैं। हमारे देश में पौधों की जितनी प्रजातियाँ हैं उनका 33 प्रतिशत देशज हैं जो विश्व में अन्यत्र नहीं पाये जाते हैं। विश्व में जैव विविधता की दृष्टि से 34 ग्लोबल बायोडायवर्सिटी हॉट स्पॉट चिह्नित किये गये हैं जिनमें से तीन भारत में हैं। भारत में विद्यमान जैव विविधता का एक बड़ा भाग हिमालय और पश्चिमी घाट की पर्वत शृंखलाओं में या उसके निकट है। प्रतिवर्ष 22 मई को जैव विविधता दिवस मनाया जाता है तथा संयुक्त राष्ट्र महासभा ने दिसम्बर, 2000 में इसको मनाने की घोषणा की। प्रतिवर्ष जैव विविधता की कोई थीम निर्धारित की जाती है लोगों को जागरूक करने हेतु यथा वर्ष 2016 में थीम रखी गयी थी 'मेन स्ट्रीमिंग बायो-डायवर्सिटी, सस्टेनिंग पीपुल ऐण्ड दियर लाइवलीहुड्स'। विश्व के सभी देशों की तरह

हमारे देश में भी यह दिवस मनाया जाता है लेकिन रायपुर, अल्मोड़ा, इम्फाल एवं कोयम्बटूर आदि स्थानों पर यह व्यापक रूप में तथा धूमधाम से मनाया जाता है।

पक्षियों में गोल्डेन ओरियोल, गौरैया, टिटहरी, ग्रेटिट, विभिन्न प्रकार के कबूतर, फ्लाई कैचर, पैराडाइज, मोर, सारस, अबाबील, फाख्ता, बत्तख, लाइम तितली, प्लेन टाइगर, कामन मारमोन, ब्लू टाइगर, सोहन चिड़िया, हंस, चिंकारा, साइबेरियन क्रेन, बगुला, पेलीकन फ्लैमिंगो, कौआ एवं गिद्ध आदि यत्र-तत्र देखे जा सकते हैं। प्राकृतिक विरासत या सम्पदा क्षयोन्मुख है। कृत्रिम जलाशयों या झील का निर्माण करने से इनके बसेरों की संख्या में वृद्धि होती है, क्योंकि ये पक्षी यहाँ आकर अपनी प्यास बुझाते हैं। विभिन्न प्रकार के पेड़ों जैसे पीपल, नीम, आम, कल्पवृक्ष, कदम्ब, कचनार, अगासा, शीशम, पारिजा़त, सावनी, कुसुम, रुद्राक्ष और वट वृक्ष आदि पर ये पक्षी निवास करते हैं। उत्तर प्रदेश की राजधानी लखनऊ में कुकरैल फारेस्ट, दिलकुशा गार्डेन, विभिन्न उद्यानों, पार्कों एवं बाग-बगीचों में विभिन्न प्रकार के पक्षियों व तितलियों के झुण्ड दिखायी देते हैं। उत्तर प्रदेश में राज्य जैव विविधता बोर्ड द्वारा जीवों के संरक्षण का प्रयास अवश्य हो रहा है पर यह यथेष्ट नहीं है। हम सभी को दायित्व की पूर्ति हेतु सहयोग देना चाहिए।

मानव अस्तित्व के लिए जैव विविधता आवश्यक है। जैव विविधता की दृष्टि से हमारा उत्तर प्रदेश एक समृद्ध राज्य है। यहाँ ऊपरी गंगा के मैदान एवं अन्य जगहों पर बहुत-सी ऐसी वनस्पतियाँ हैं, जिनसे हम परिचित नहीं हैं। राष्ट्रीय वनस्पति अनुसन्धान संस्थान (एन. बी. आर. आई.) और वैज्ञानिक एवं औद्योगिक अनुसन्धान परिषद् (सी. एस. आई. आर.) आदि वनस्पतियों की पहचान की दिशा में कार्यरत हैं। हरिद्वार से लेकर गंगा सागर तक गंगा किनारे फ्लड जोन पर जैवविविधता का पूरा विवरण एकत्र किया जा रहा है जिससे वनस्पतियों के उपयोग एवं उनमें मौजूद रासायनिक तत्त्वों और जैव विविधता का गंगाजल की गुणवत्ता पर प्रभाव आदि विषयक जानकारी में बढ़ोतरी हो सके। विविध रोगों के इलाज के लिए आदिवासी एवं ग्रामीणजन जिन पेड़-पौधों या जड़ी-बूटियों का उपयोग करते हैं उससे सम्बन्धित विवरण एकत्र किया जा रहा है। एन. बी. आर. आई. की डॉ. प्रियंका अग्निहोत्री का कहना है कि कर्तनिया घाट, किशनपुर वन्य जीव विहार व दुधवा अभयारण्य से सम्बन्धित जैव विविधता के सम्बन्ध में अपेक्षित जानकारी सूचीबद्ध की जा रही है। एन. बी. आर. आई. की डॉ. एल. बी. चौधरी ने बताया है कि वृक्षों के विवरण को सचित्र प्रकाशित किये जाने का कार्य आरम्भ हो चुका है जिससे प्रदेश के वनस्पतियों के सम्बन्ध में अन्य लोगों को जानकारी मिल सके। सड़क के किनारे जो पेड़ लगाये जाते हैं, उनमें एण्डोपेपटियाना अवधेसिस अर्थात् जैती काफी सफल हो सकता है। जैती में पत्तियों का छत्र होता है और इसका विकासकर इसे अवध

की शान बनाया जा सकता है, साथ ही बहराइच का इण्डिगोफेरा और गोण्डा का डायोस्पाइरोशोलिया होलियाना का विकास कर राज्य जैव विविधता बोर्ड लहलहाते हुए देखने का इच्छुक एवं प्रयासरत है। जौनपुरी नेवाड़ मूली, दशहरी लखनऊ की तथा इटावा की भदावर भैंस आदि जैव विविधता का सन्देश देती हैं। इधर डाल्फिन, सारस और गिद्ध जो संख्या में कम हो रहे थे की संख्या का बढ़ना शुभ सन्देश है। पक्षियों की 2600 प्रजातियों में से 550 उत्तर प्रदेश में पायी जाती हैं। प्रदेश में बैगन की स्थानीय प्रजातियाँ, आम में लँगड़ा, मलिहाबादी, तुकमी, प्रिन्स, सफेदा और चौसा, अमरूद में इलाहाबाद अब प्रयागराज सुर्ख, सफेदा, चित्तीदार बीजसहित, गायों में केनकथा, पोढार, खेरीगढ़ और गंगातीटी, बकरियों में बरबरी जमुनापारी, भेड़ों में मुजफ्फरनगरी व जालौनी, फल एवं फूलदार वनस्पतियों में 1442 प्रजातियाँ तथा तितली की 150 प्रजातियाँ आदि इस बात की सूचक हैं कि उत्तर प्रदेश जैव विविधता से परिपूर्ण राज्य है। विश्व में 10 हजार से ज्यादा पक्षियों की प्रजातियाँ हैं, ऐसा वैज्ञानिकों का कहना है और इसमें 1232 प्रजाति के पक्षी भारत में पाये जाते हैं। उत्तर प्रदेश की राजधानी लखनऊ में पक्षियों की 150 प्रजातियाँ मौजूद हैं। यहाँ के बागों में तितलियों की 35 प्रजातियाँ पायी गयी हैं।

उत्तर प्रदेश में मछलियों की 378 प्रजातियाँ देखी गयी हैं जो मछलियों की कुल प्रजातियों का 14.86 फीसदी है। गोमती नदी में ग्रास कटर, कतला, रोहू, माँगू एवं क्लेरियस मछलियाँ मिलती हैं। उभयचरों की लगभग 209 प्रजातियाँ भारत में मिलती हैं जिसमें लखनऊ जनपद में दो दर्जन प्रजातियाँ हैं। विद्वानों का मानना है कि कीट-पतंगों से लेकर पेड़-पौधों की लगभग सौ अरब प्रजातियाँ इस धरती पर हैं। ग्लोबल वार्मिंग एवं ग्रीन गैसों की वृद्धि के कारण जैव विविधता को भारी नुकसान पहुँच रहा है क्योंकि कई प्रजातियाँ विभिन्न कारणों से, जिसमें मानव हस्तक्षेप भी शामिल है, या तो विलुप्त होने के निकट हैं अथवा विलुप्त हो चुकी हैं जो मानव अस्तित्व के लिए भी हानिकर हैं। इण्टरनेशनल सोसाइटी ऑफ इनवायरनमेण्टल बॉटनिस्ट्स (आई. एस. इ. बी.), सी. एस. आई. आर. और एन.बी.आर.आई. द्वारा आयोजित नवम्बर 2018 में चार दिवसीय छठें अन्तरराष्ट्रीय सम्मेलन में बी.एच.यू. के प्रोफेसर जे.एस. सिंह का कथन है कि वर्ष 2100 तक समुद्रतल में 88 सेण्टीमीटर की अनुमानित बढ़ोतरी होगी जिससे अनेक निचले इलाके डूब सकते हैं और पाँच करोड़ तक की आबादी का विस्थापित होना सम्भव है। इस सम्मेलन में वैज्ञानिकों ने बताया कि हर घण्टे वनस्पतियों व जीवों की लगभग 1800 किस्में विलुप्त हो रही हैं जिसके कारण अनुमान है कि वर्ष 2030 तक 25 प्रतिशत प्रजातियाँ विलुप्त हो जायेंगी। जर्मनी के प्रो. एडविन ग्रिल ने बताया कि तापभान में बढ़ोतरी होने से पौधों में पानी का वाष्पन बढ़ रहा है। इस नुकसान को रोकने के लिए

एब्सेसिस एडिस प्लाण्ट, हार्मोन व छिड़काव करना उपयुक्त होगा। दिल्ली के जवाहरलाल नेहरू विश्वविद्यालय के प्रो. सी. के. वार्ष्णेय का कथन है कि वर्ष 2050 तक जैव विविधता का 50 प्रतिशत हिस्सा समाप्त होने का अनुमान है। प्रदूषण से सिर्फ पौधे ही नहीं उन पर निर्भर रहनेवाले जीव भी कुप्रभावित होते हैं।

आज आवश्यकता इस बात की है कि जैव विविधता से सम्बन्धित डाटा बेस तैयार किया जाये। ये प्रकृति के तोहफे हैं। इन जीवों को संरक्षण प्रदान करके भावी पीढ़ी के लिए इन्हें सुरक्षित रखा जा सकता है और ये नष्ट होने के बजाय हमारे घर-आँगन में इनमें से कई चहकते हुए नजर आ सकते हैं। हमें चाहिए कि प्राकृतिक साधनों का सीमित मात्रा में उपयोग करें जिससे प्राकृतिक संसाधनों पर दबाव कम हो सके। माध्यमिक तथा उच्च कक्षाओं तक के पाठ्यक्रम में जैव विविधता संरक्षण को शामिल किया जाना चाहिए जिससे बच्चों में जागृति उत्पन्न हो, उन्हें जानकारी प्राप्त हो और समुचित उपाय किये जाने के प्रति वे उद्यत हो सकें। एक अनुमान के अनुसार समुद्र में 2 लाख 30 हजार प्रजातियाँ हैं, इसी प्रकार नभ एवं स्थल के जीवों को यदि सम्मिलित किया जाये तब तो संख्या कहीं अधिक होगी। प्रदूषण को नियन्त्रित किये जाने की आवश्यकता है। जैव विविधता के संरक्षण हेतु विधिक प्रावधान भी बनते रहे हैं जैसे ऑल इण्डिया एलीफैण्ट प्रिजर्वेशन ऐक्ट 1879, वाइल्ड लाइफ प्रोटेक्शन ऐक्ट 1954, वाइल्ड लाइफ प्रोटेक्शन ऐक्ट 1972 एवं मद्रास वाइल्ड एलीफैण्ट प्रिजर्वेशन ऐक्ट 1973 आदि। कई दवाओं के लिए हम समुद्र पर निभर हैं, इसलिए इनकी जैव विविधता को संरक्षित किया जाना अपेक्षित है। पृथ्वी पर लगभग 1.4 करोड़ जीवों की प्रजातियाँ हैं जिनमें से हमें लगभग 17 लाख के बारे में जानकारी है। अब इस क्षेत्र में अनुसन्धान कार्य को बढ़ावा दिये जाने की आवश्यकता है। जैव विविधता के संरक्षण के लिए उचित होगा कि समुद्र तट से पाँच किलोमीटर तक के क्षेत्र को आवासीय उपयोग के लिए इस्तेमाल न किया जाये। फोन टावर एवं विद्युत् ट्रान्समिशन से उत्पन्न होनेवाले विकिरणों से पक्षियों एवं जीवों को खतरा रहता है। जैव विविधिता के लिए हम सभी को संकल्पित होना चाहिए कि इनके संरक्षण हेतु वांछित प्रयास और सहयोग प्रदान करते रहेंगे।

बायोस्फेयर अर्थात् जीवमण्डल में विविधताओं का खजाना छिपा हुआ है। ज्यादातर जीव-जन्तु वनों में रहते हैं यानी ट्रोपिकल फारेस्ट में जो पृथ्वी पर मौजूद हैं। हर साल स्विट्जरलैण्ड के क्षेत्रफल से चौगुनी भूमि पर स्थित वन नष्ट हो रहे हैं जिसके कारण उस स्थान के जीव-जन्तु पलायन करते हैं जिसमें कई प्रजातियाँ नष्ट हो जाती हैं। पूर्वी अटलाण्टिक सागर में लगभग दो सौ अस्सी तथा इण्डोवेस्ट पैसिफिक सागर में मछलियों की लगभग पन्द्रह सौ प्रजातियाँ मिलती हैं। विगत तीन करोड़ वर्षों में जैविक विविधता बढ़ी है लेकिन पृथ्वी के आरम्भिक काल में जीवों की जो प्रजातियाँ थीं उनमें से काफी

नष्ट हो चुकी हैं। ध्यान देने योग्य बात यह है कि एक बार किसी प्रजाति के समूल नष्ट हो जाने पर दोबारा उसे प्राप्त नहीं किया जा सकता है। नेशनल साइन्स फाउण्डेशन ऑफ अमरीका की रिपोर्ट के अनुसार आगामी चालीस वर्षों में प्रजातियों के विलुप्त होने की रफ्तार में हजार गुने की वृद्धि हो जायेगी। मेडागास्कर में काफी की एक ऐसी प्रजाति की पहचान की गयी है जिसमें फफूँदी लगने की आशंका नहीं रहती है। विश्व पोषण के अन्तरराष्ट्रीय संगठन का कहना है कि प्रकृति और जैव विविधता को बढ़ाइये क्योंकि मानव अस्तित्व के लिए यह आवश्यक है। हमारे देश में जैव विविधता की दृष्टि से 6 क्षेत्र चिह्नित किये गये हैं जिनके नाम हैं राजस्थान की दुधवा टाइगर सेंचुरी व नेशनल पार्क, गुजरात का कच्छ नेशनल पार्क, असम में मानस वर्ल्ड हेरीटेज साइट, तमिलनाडु व केरल का नीलगिरि बायोस्फेयर रिजर्व एरिया, उड़िसा में मीटर कनिका तथा तमिलनाडु का गल्फ ऑफ मनार नेशन पार्क।

भारत पक्षियों को निर्यात करनेवाले देशों में प्रमुख था लेकिन पक्षियों के निर्यात पर प्रतिबन्ध लगा दिया गया है। शार्क मछली को कभी भगवान् समझा गया और कभी शैतान। इसकी 350 प्रजातियाँ हैं लेकिन सिर्फ बारह प्रजातियाँ ऐसी हैं जो मानव शरीर के लिए खतरा उपस्थित करती हैं। प्रतिवर्ष लगभग एक करोड़ शार्क मछलियों का शिकार कर लिया जाता है तथा इसकी खाल से जूते, पर्स, थैले तथा बेल्ट आदि बनाये जाते हैं। सिंगापुर में स्थित 'वर्ल्ड सोसाइटी फॉर द प्रोटेक्शन ऑफ एनीमल' के सलाहकार निदेशक का कथन है कि जंगली पशुओं का पुनर्वास बहुत कठिन तथा खर्चीला है। इनसाइक्लोपीडिया ब्रिटेनिका में बताया गया है कि जीवमण्डल में चारों ओर जल तथा थल में विभिन्न प्रकार के जन्तुओं एवं पौधों की जो प्रजातियाँ दिखायी पड़ती हैं वे प्रकृति को हरियाली तथा रंग, कलरव और रोमांच प्रदान करती हैं। इन्हीं सब में जैव विविधता निहित है। वैश्विक स्तर पर जैव विविधता को देखें तो पेलि आर्कटिक प्रदेश में स्थलीय कशेरुकियों की 135 प्रजातियाँ मिलती हैं, निआर्कटिक प्रदेश में 155, निओट्रोपिकल प्रदेश में भी 155, इथोपियन प्रदेश में 161, आस्ट्रेलिया प्रदेश में 134 तथा ओरिएण्टल प्रदेश में कशेरुकियों की 153 प्रजातियाँ मिलती हैं।

हमारे देश में 1,15,000 पौधों एवं जीव-जन्तुओं को चिह्नित किया जा चुका है। विश्व में सम्पूर्ण प्रकार की वनस्पतियों की 15 फीसदी वनस्पति हमारे देश में है। भारत में 45,000 पादप प्रजातियाँ हैं जिसमें कवक की बीस हजार, शैवाल की पाँच हजार, पुष्पीय पौधे की पन्द्रह हजार, बायोफाइट्स की सत्ताईस सौ, टेरिडोफाइट्स की छह सौ तथा लाइकेन्स की भी छह सौ प्रजातियाँ हैं। हमारे देश में जीव-जन्तुओं की जो विभिन्न प्रजातियाँ पायी जाती हैं उनमें पक्षियों की 1200, उभयचर की 140, सरीसृप की 426, स्तनी जन्तुओं की 340, कशेरुक प्राणियों की 650, मौलस्का की 4,000,

कीट की 6,700 तथा मछलियों को लगभग एक हजार प्रजातियाँ मौजूद हैं। कीटनाशकों के उपयोग से, प्राकृतिक आवासों के नष्ट होने से, प्रदूषण में बढ़ोतरी होने से तथा प्राकृतिक आपदाओं के बढ़ने से जैव विविधता पर खतरा मँडराता रहता है। जैव विविधता का संरक्षण दो प्रकार से किया जाता है पहला एक्स-सीट विधि है जिसमें जन्तु या पौधों को मूल स्थान से बाहर संरक्षित किया जाता है और दूसरा इन-सीटू विधि है जो स्थान-विशेष की दशाओं को ध्यान में रखते हुए जैविक विविधता को दीर्घकालीन संरक्षण दिया जाता है। वर्तमान समय में भारत में 394 अभयारण्य, 15 जैव मण्डलीय क्षेत्र तथा 68 राष्ट्रीय उद्यान हैं। जैव विविधता सम्बन्धी विविध राष्ट्रीय एवं अन्तरराष्ट्रीय संस्थाएँ हैं जैसे विश्व वन्य जीव कोष जिसकी स्थापना 1961 में स्विट्जरलैण्ड में की गयी। अब इसका नाम 'प्रकृति के लिए विश्व व्यापक कोष' कर दिया गया है और 130 देशों में लगभग चार हजार योजनाओं का संचालन हो रहा है। भारत में 1992 में केन्द्रीय चिड़ियाघर प्राधिकरण की स्थापना की गयी है। जिसका अध्यक्ष वन एवं पर्यावरण मन्त्री होता है। इसके अलावा यहाँ भारतीय जीव-जन्तु कल्याण बोर्ड भी गठित है तथा भुवनेश्वर में नन्दन कानन जीवविज्ञान उद्यान है। यहाँ पर विभिन्न प्रकार के प्रशिक्षण चिड़ियाघर से सम्बन्धित आयोजित किये जाते हैं।

ओषधीय पौधों में आँवला, नीबू, बेल, आम, सन्तरा, शरीफा, केला, अमरूद, अश्वगन्धा, एलोवेरा, शतावर, गूलर, हृडजोड, ब्राह्मी, पुदीना अडेनियम एवं पॉपी फ्लावर की कई किस्में आदि हैं। हमें चाहिए कि प्लास्टिक के बैग के स्थान पर कपड़े के बैग का इस्तेमाल करें। उत्तर प्रदेश सरकार ने वर्ष 2015 में पालीथीन की थैलियों पर रोक लगायी लेकिन प्रभावी क्रियान्वयन न हो सका। प्राणवायु देनेवाले पेड़ जैसे बरगद, पीपल, पाकड़ और आम दिनोंदिन कम होते जा रहे हैं। मानव और पशु का पावन रिश्ता है। पशु बेजुबान होते हैं लेकिन आपके द्वारा दिये गये प्यार को वे बखूबी समझते हैं। पशुओं के लिए शेल्टर होम बनाकर उन्हें बसेरा दिया जा सकता है तथा अस्वस्थता का उपचार भी कराया जा सकता है। उत्तर प्रदेश की राजधानी लखनऊ में एम. आर. एस. पी. सेवा समिति जीवों के कल्याण के लिए महत्त्वपूर्ण कार्य कर रही है जैसे सितम्बर 2018 तक में लगभग 1,300 साँपों को पकड़कर इलाज कराकर संस्था ने जंगलों में छोड़ दिया है, 2,500 आवारा कुत्तों का इलाज करवाया, 650 कुत्तों को रैबीज के इंजेक्शन लगवाये, कई बन्दर और पक्षियों के भी इलाज कराये तथा जख्मी घोड़ों का भी उपचार कराया। जैव विविधता के संरक्षण हेतु कानून भी बने हैं। भैंस, गाय, घोड़ा, कुत्ता और बिल्ली आदि पशुओं को नियमानुसार पाला जा सकता है पर रजिस्ट्रेशन करा लेना चाहिए। कछुआ, तोता एवं हिरन आदि जानवरों को पालने की मनाहीं है। वैसे भी संविधान के अनुच्छेद - 51 (ए) के अनुसार प्रत्येक जीवित प्राणी के लिए सहानुभूति

रखना नागरिक का कर्त्तव्य है। धारा 428 एवं 429 के अनुसार पशु को मारना या उसको अपंग बनाना अपराध है। प्रिवेन्शन ऑफ क्रूएलिटी आन एनिमल्स ऐक्ट, 1960 के अनुसार किसी पालतू पशु को आवारा छोड़ने पर तीन महीने की सजा का प्रावधान है। वाइल्ड लाइफ ऐक्ट में बन्दरों को कानूनी संरक्षण दिया गया है अतः उनको कैद में रखना अपराध है। विश्व पशु कल्याण दिवस प्रतिवर्ष 4 अक्टूबर को हम सभी मनाते हैं। यह दिवस असीसी के सेण्ट फ्रान्सिस का जन्मदिन है जो पशुओं के महान् संरक्षक थे। अतः प्रेरणास्रोत के रूप में सन्त और यह दिवस हमें सन्देश देते हैं कि जीवों के संरक्षण हेतु हम अपने दायित्व का निर्वहन करें।

वर्ल्ड वाइल्ड फण्ड और लन्दन की ज्योलॉजिकल सोसाइटी ने अपनी रिपोर्ट में 2020 तक धरती से दो तिहाई वन्य जीवों के खत्म होने की आशंका जतायी है। पशुओं के उपचार में खतरनाक दवाएँ देने से उनका भक्षण करनेवाले पशु या पक्षी भी दुष्प्रभाव से संक्रमित होते हैं। फफूँद के संक्रमण से जलीय जीवों की संख्या में कमी आयी है। विगत बीस वर्षों में गिद्धों की संख्या में काफी कमी आयी है। वन संसार कम होता जा रहा है। 1970 से 2012 तक वन्य जीवों की संख्या में 58 प्रतिशत की कमी हुई है। ऐसा अनुमान है कि पिछले पचास वर्षों में 81 फीसदी जलीय जीवों की संख्या कम हुई है। रेंगनेवाले जीव भी कम होते जा रहे हैं। अवैध शिकार के कारण स्तनपायी जीवों की 300 प्रजातियों पर विलुप्त होने का खतरा मँडरा रहा है। वैज्ञानिकों का कहना है कि अब से लगभग बारह हजार वर्ष पूर्व हिमयुग समाप्त हुआ और होलोसीन युग अर्थात् मानव सभ्यता के युग का विकास आरम्भ हुआ। वर्ष 1950 के बाद ऐसा प्रतीत होता है कि होलोसीन युग समाप्ति की ओर है और एन्थ्रोपोसीन अर्थात् मानव युग या मनुष्यों के प्रभुत्व का युग शुरू होने जा रहा है। तीन मार्च को वर्ल्ड वाइल्ड लाइफ डे मनाया जाता है। आज अवैध शिकार के कारण हाथियों की मौत हो रही है और गैण्डे मारे जा रहे हैं। हाथी दाँत और गैण्डे के सींग का अवैध कारोबार जारी है। अन्तरराष्ट्रीय प्रकृति संरक्षण संघ ने 2012 में 3,079 विलुप्तप्राय जानवरों की सूची जारी की है तथा 2,655 विलुप्तप्राय पेड़-पौधों के प्रजातियों की सूची निकाली है। वन्य जीवन से सम्बन्धित अवैध वैश्विक कारोबार अरबों डालर का है। चीनी पैंगोलिन और गैण्डा के अवैध शिकार का कारण दवा, मीट और खाल बनाना तथा प्राप्त करना है। हाथी और बाघों का भी अवैध शिकार हो रहा है। हम सभी का दायित्व है कि वन्य जीवन को बचायें।

वन्य जीव

विभिन्न धर्मों में सभी प्राणियों के प्रति दया दिखाने एवं सुरक्षा किये जाने का सन्देश निहित है। वन्य प्राणियों में मांसाहारी और शाकाहारी दोनों होते हैं। शेर, बाघ,

चीता, तेंदुआ, हाथी, गैण्डा, हिरन, लकड़बग्घा और भेड़िया आदि एक लम्बी शृंखला है वन्य प्राणियों की। इनमें कुछ वन्य जीवों का शिकार कर उपहार रूप में उन्हें ग्रहण करते हैं लेकिन इस सबके बावजूद प्रकृति या ईश्वर द्वारा संरचित वन्य प्राणियों में सन्तुलन स्थापित रहता है। आज का मानव इन वन्य प्राणियों का अन्धाधुन्ध शिकार कर रहा है और वनों का दोहन कर रहा है जिससे वनों का क्षेत्र घटता जा रहा है। वन्य जीवों के समक्ष उनके अस्तित्व का संकट मँडरा रहा है। कुछ वन्य प्रजातियाँ संख्या में इतनी कम हो गयी हैं कि उनके विलुप्त होने की आशंका बन गयी है। यदि उनको संरक्षित करने का गम्भीर प्रयास नहीं किया गया तो वे इतिहास की बातें हो जायेंगी। वैश्विक स्तर पर विश्व वन्य प्राणी दिवस तथा राष्ट्रीय स्तर पर वन्य जीव सप्ताह मनाने का उद्देश्य ही यही है कि वन्य प्राणियों को संरक्षित करने का भरपूर प्रयास किया जाये।

वनराज अर्थात् बाघ जब आबादी की ओर आ जाते हैं तो मानव, पालतू पशु और उनका स्वयं का जीवन खतरे में पड़ जाता है। सरकार ने वन्य जीव संरक्षण हेतु विभिन्न योजनाएँ बनायी हैं। जानवरों के शवों तथा खेतों में जहर डालकर मारने के प्रयास में और अवैध शिकार से इनकी संख्या कम होती जा रही है। उनके विचरण के लिए वन संरक्षित क्षेत्र घोषित होते हैं। दुधवा नेशनल पार्क के वन्य जीवों की सुरक्षा के लिए खाईं बनाने का कार्य प्रस्तावित था, खम्भे लगाकर तार डालकर 1200 वोल्ट का डी. सी. करण्ट प्रवाहित किये जाने का लेकिन योजना परवान न चढ़ सकी यद्यपि उत्तर प्रदेश के पीलीभीत के बराही रेंज में इस प्रकार की फेसिंग करके सुरक्षा को मूर्त रूप दिया गया। आबादी के निकट आने पर सही काम्बिंग न होने से बाघों को पकड़कर सुरक्षित क्षेत्र में पहुँचाने का कार्य दुष्कर हो जाता है। यदि बाघ आबादी के निकट आ जाते हैं तो ट्रैकर, जिसे पदचिह्नों और लोकेशन आदि का ज्ञान होता है, की सहायता से पकड़ने में आसानी होती है और उसे संरक्षित क्षेत्र में पहुँचाया जाता है लेकिन पिछले एक दशक में अवैध शिकार के कारण लगभग एक हजार बाघों की मृत्यु हो चुकी है। समय पर आधुनिक संसाधनों से लैस विशेषज्ञ भी नहीं मिल पाते हैं। बाघ, तेंदुए और शेर आदि हिंसक पशु मेटिंग सीजन अर्थात् प्रजनन-काल में आक्रामक हो जाते हैं। यह काल नवम्बर से जनवरी तक मुख्य रूप से होता है। अतः इन वन्य पशुओं के अधिकार-क्षेत्र की सीमा में जाने से बचना चाहिए। इनके दहाड़ की ध्वनि एक मील तक सुनी जा सकती है। इनकी लम्बाई दस फीट तक हो सकती है। पूँछ का इस्तेमाल सन्तुलन स्थापित करता है शिकार के दौरान। इनकी पूँछ तीन से चार फीट तक होती है। इनके शरीर में सौ से अधिक धारियाँ होती हैं और दो बाघों की धारियाँ एक समान नहीं होती हैं। इनमें मनुष्य से छह गुना अधिक देखने की शक्ति होती है। इनका भार 130 किलोग्राम के लगभग होता है। 29 फीसदी टाइगर रिजर्व के बाहर हैं। लैन्स डाउन फारेस्ट डिवीजन में ये सीमित संख्या में

हैं जो संरक्षित क्षेत्र घोषित नहीं है। 19वीं सदी में 9 लाख वर्ग किलोमीटर में कैस्पियन टाइगरों का साम्राज्य था। आगामी 50 वर्षों में कजाकिस्तान में टाइगर्स की संख्या लगभग सौ होगी। कैस्पियन टाइगर विलुप्त हो चुके हैं। आनुवंशिक रूप से उनसे मिलती-जुलती अमूर प्रजाति के जरिये न्यूयार्क के कॉलेज ऑफ इनवायरनमेण्टल साइन्स ऐण्ड फारेस्ट्री के वैज्ञानिक कजाकिस्तान में इसकी शुरुआत करेंगे। पहले कैस्पियन टाइगर की प्रजाति तुर्की, चीन, ईरान और इराक में पायी जाती थी लेकिन शिकार के कारण 1960 में ये विलुप्त हो गये। अमूर टाइगर्स रूस मे मिलते हैं और कजाकिस्तान में जंगलों में इनको बसाने तथा प्रजाति की बढ़ोतरी किये जाने की योजना है। 7 हजार वर्ग किलोमीटर के क्षेत्र का चयन कर लिया गया है जहाँ इनके आहार हेतु जंगली सुअर और हिरण पर्याप्त संख्या में हैं।

उत्तर प्रदेश में जापान इण्टरनेशनल कोआपरेशन एजेन्सी (जाइका) के सहयोग से उत्तर प्रदेश सहगामी वन प्रबन्धन एवं निर्धनता उन्मूलन परियोजना चौदह जिलों के बीस वन प्रभागों में संचालित की गयी है। इस योजना के अन्तर्गत पौधारोपण किये जाने की व्यवस्था है जिससे वन्य क्षेत्र का विस्तार हो और बाघ वन क्षेत्र में विचरण कर सकें लेकिन परियोजना का संचालन समुचित रूप से नहीं हो पा रहा है। इधर उत्तराखण्ड में विश्व प्रसिद्ध कार्बेट टाइगर रिजर्व में बाघों की संख्या में वृद्धि देखने को मिली है। इस रिजर्व के कोर का क्षेत्र 821.99 वर्ग किलोमीटर और बफर एरिया 466.21 वर्ग किलोमीटर है। वर्ष 2015 में गणना के अनुसार कर्नाटक में 406, उत्तराखण्ड में 340, मध्यप्रदेश में 308, तमिलनाडु में 229 और महाराष्ट्र में 190 बाघों की संख्या पायी गयी। सम्भावना है कि उत्तराखण्ड में बाघों की संख्या और बढ़ेगी। सोन नदी अभयारण्य का क्षेत्रफल 301.17 वर्ग किलोमीटर है। एक अनुमान के अनुसार प्रतिवर्ष तीन गुना इजाफा बाघों के शिकार में हुआ है लेकिन प्रभावी कार्यवाही की जा रही है और बाघों की संख्या पूर्वापेक्षा बढ़ी है।

हमारे देश में 1973 में प्रोजेक्ट टाइगर शुरू हुआ। बाघ हमारे देश का प्रमुख पशु है। 2011 की गणना के अनुसार इनकी संख्या 1,700 के लगभग पायी गयी। यह भूटान, कम्बोडिया, चीन, लाओस, इण्डोनेशिया, मलयेशिया, म्याँमार, थाईलैण्ड, वि्यतनाम और बाँग्लादेश आदि में पाये जाते हैं! विश्व में लगभग चार हज़ार बाघ हैं। इनकी नौ प्रजातियों में तीन प्रजातियाँ समाप्त हो चुकी हैं। बाघ का वैज्ञानिक नाम पैन्थर टिगरिस है। राष्ट्रीय बाघ संरक्षण प्राधिकरण की स्थापना वन्य जीव संरक्षण अधिनियम को विस्तार देकर किया गया। इस प्राधिकरण के अध्यक्ष प्रधानमन्त्री और उपाध्यक्ष केन्द्रीय पर्यावरण एवं वनमन्त्री हैं। वन विभाग का करार है वाइल्ड लाइफ ट्रस्ट ऑफ इण्डिया से बाघ को सुरक्षित पकड़ने का। एक अनुमान के अनुसार उत्तर प्रदेश में सौ से ज्यादा बाघ हैं। बाघ संरक्षण समिति ने प्रदेश में अपेक्षित प्रभावी कार्य नहीं किये हैं जिससे

समस्याएँ बढ़ी हैं। बाघ समूहों का एक क्षेत्र होता है और यह क्षेत्र 26 से 78 वर्ग किलोमीटर तक हो सकता है।

रेड अलर्ट की दृष्टि से बाघों के बाद गैण्डों का स्थान हैं इसकी पाँच प्रजातियाँ हैं दो अफ्रीकी और तीन एशियाई। इसकी ऊँचाई 1.5 मीटर या 4.5 फीट होती है। वजन लगभग एक टन तथा अनुमानित आयु 50 वर्ष तक होती है। जावा के गैण्डे अब भारत में नहीं दिखायी देते हैं। पहले ये गैण्डे जावा, सुमात्र, दक्षिणी-पूर्वी एशियाई देशों, भारत, चीन और इण्डोनेशिया में पाये जाते थे। इस प्रजाति के गैण्डे अब इण्डोनेशिया के एक नेशनल पार्क में सीमित संख्या में ही हैं। इनका भी अवैध शिकार हो चुका है इनकी सींगों के कारण क्योंकि उससे दवा बनायी जाती है। पश्चिम बंगाल और असम में थोड़े-बहुत गैण्डे हैं। इनके आहार में तने, टहनियाँ, पत्तियाँ और फल आदि हैं। ये समुद्री पानी यानी खारा पानी भी पीते हैं क्योंकि भोजन में ये नमक खाते हैं और इसकी पूर्ति वे एक दूसरे के शरीर को चाटने से कर लेते हैं। ये एक दिन में पचास किलो तक आहार ग्रहण कर लेते हैं। ये कीचड़ में लोटना पसन्द करते हैं और अधिक वर्षावाले वन क्षेत्रों में मिलते हैं।

लाल पाण्डा नेपाल, भूटान, चीन, लाओस म्याँमार और भारत के दार्जिलिंग, सिक्किम, मेघालय एवं अरुणांचल प्रदेश के जंगलों या वाइल्ड लाइफ उद्यानों में मिलते हैं। इसका रंग लाल होता है तथा शरीर पर सफेद एवं काली धारियाँ होती हैं। पैरों में रोएँ होते हैं जो इन्हें ऊँचाई पर गर्म बनाये रखते हैं। इन्हें मीठा पसन्द है। पेड़ों की कमी और बाँस प्रजाति के कम होने से इनकी संख्या कम हो रही है तथा शिकार भी संख्या में कमी आने का एक प्रमुख कारक है।

वाइल्ड लाइफ प्रोटेक्शन सोसाइटी ऑफ इण्डिया ने वन्य जीवों के संरक्षण हेतु योगदान दिया है। रणथम्भौर नेशनल पार्क और सुन्दरवन पार्क में भी बाघ मिलते हैं। कभी-कभी ये नरभक्षी बन जाते हैं अतः सम्बन्धित कारणों को दूर करना होगा। लम्बी पूँछ और छोटे कानवाले भारतीय तेंदुए भी रेडअलर्ट की श्रेणी में हैं। इनकी लम्बाई लगभग 86 सेण्टीमीटर , भार 60 से 95 किलो और उम्र अधिकतम 23 वर्ष है। जंगली सुअर, भालू, नीलगाय, जंगली भैंसा, साँप, अजगर, लंगूर, लोमड़ी, बारहसिंगा, जंगली कुत्ता एवं जंगली बिल्ली आदि वन्य जीव हैं।

हमारे देश में जंगली कुत्ता ढोल शिकारी एवं मांसाहारी होता है। ये जंगली सुअर, मेंढक, हिरण, बकरी, छिपकली और पक्षी का शिकार करते हैं। इनके द्वारा होनेवाले नुकसान के कारण आबादी में पहुँचने पर इन्हें मार दिया जाता है। इन्हें कान्हा नेशनल पार्क और कार्बेट नेशनल पार्क आदि स्थानों पर आसानी से देखा जा सकता है।

हंगुल या रेड टैग जम्मू-कश्मीर का राज्य पशु है। ये तीन से लेकर अठारह के झुण्ड में रहते हैं। स्वतन्त्रता से पूर्व इनकी संख्या लगभग चार हजार थी लेकिन अब

काफी कम हो गयी है। एक अनुमान के अनुसार 2015 में इनकी संख्या केवल 186 रह गयी थी और संरक्षण के प्रयास के बाद लगभग तीन सौ की संख्या हो गयी है। यह कई सींगोंवाला पशु है और जम्मू-कश्मीर के श्रीनगर से 22 किलोमीटर की दूरी पर दाचीगाम नेशनल पार्क तथा हिमांचल प्रदेश की चम्बा घाटी में इसे देखा जा सकता है।

नीलगिरि तहर अर्थात् आइबेक्स तमिलनाडु का राज्य पशु है जो लुप्त होने के कगार पर है। यह जंगली बकरी है जिसका भार अस्सी से सौ किलोग्राम तक होता है। ये चट्टानों को आसानी से पार कर सकती हैं। भारत के पश्चिमी घाट के दक्षिणी भाग में मुन्नार के जंगलों में तथा केरल स्थित इराविकुलम नेशनल पार्क एवं पेरियार पार्क में इन्हें देखा जा सकता है।

सबसे ज्यादा शिकार किया जानेवाला पशु पैंगोलिन है। यह इकलौता चींटी खानेवाला पशु है। इसके शरीर पर परतदार खाल होती है जिसकी काफी माँग है क्योंकि इससे शक्तिवर्द्धक दवाइयाँ, कपड़े एवं बुलेट प्रूफ जैकेट तैयार होते हैं। ये डायनासोर के वंशज माने जाते हैं जो हिमालय की तराई एवं मैदानी इलाकों में पाये जाते हैं।

मकाक पशु इन्दिरा गाँधी नेशनल पार्क, कर्नाटक के सिरसी होन्नावारा रेनफारेस्ट, पश्चिमी घाट के कालाकण्डू, तमिलनाडु की अन्नामलाई पहाड़ियों और केरल के जंगलों में मिलते हैं। इसकी पूँछ शेर जैसी होती है तथा शरीर पर सिल्वर ग्रे रंग के बाल होते हैं और चेहरा भी शेर जैसा होता है। ये दस से लेकर बीस के झुण्ड में रहते हैं तथा आयु लगभग बीस वर्ष होती है। ये विलुप्तप्राय जीवों की श्रेणी में हैं।

संगाई या डान्सिंग डियर भारत के उत्तर-पूर्वी राज्यों में मिलता है। यह मणिपुर का राज्य पशु है। ये कैबुल लैमजाओ नेशनल पार्क की लोकटल झील के अन्तर्गत बायोमास क्षेत्र में रहते हैं। यह प्रजाति भी संकट में है। झील की सैर करते समय इस पशु को देखा जा सकता है।

गुजरात के भावनगर के बेल्वादार, ब्लैकबक नेशनल पार्क में तथा इसके निकटतम स्थानों में ब्लैकबक मिलते हैं। गंगा में पायी जानेवाली डाल्फिन विक्रमशिल गैंगेटिक डाल्फिन सैंक्चुअरी में तथा इसके बाहर के क्षेत्र में मिलती है।

जिराफ लम्बी गर्दनवाला पशु है। इसकी दौड़ने की गति 45 से 60 किलोमीटर प्रति घण्टा है। इसके जीनोभ की मैपिंग से ज्ञात हुआ कि विगत दो सौ सालों में उत्परिवर्तन होते रहने के कारण इस जीव को वर्तमान स्वरूप मिला है। इसके सिर से हृदय की दूरी लगभग दो मीटर है। इसका हृदय काफी मजबूत होता है जिससे यह सीधी ऊँचाई पर स्थित मस्तिष्क को निरन्तर रक्त पहुँचाता रहता है। इसमें 70 ऐसे जीन्स मिले हैं जो अन्य किसी स्तनधारी की तुलना में इसे ज्यादा समायोजनशील बनाते हैं। इसकी गर्दन या टाँगों में उतनी ही हड्डियाँ होती हैं जितनी मानव या स्तनधारियों में होती हैं।

यह अकेशिया की पत्तियों और फलियों को आहार के रूप में लेता है जो इसके लिए तो पोषक होती हैं लेकिन अन्य पशुओं के लिए जहरीली होती हैं। ओकापी एक ऐसा जीव है जो जिराफ से मिलता-जुलता है। वैज्ञानिकों का अनुमान है कि 1.2 करोड़ वर्ष पूर्व जिराफ और ओकापी के पूर्वज एक थे, यह देखने में जेब्रा की तरह होता है लेकिन न तो यह ज्यादा मजबूत होता है और न ही यह मजबूत हृदयवाला होता है। जिराफ की जीभ 45 सेण्टीमीटर तक होती है।

छिपकलियों की लगभग तीन हजार प्रजातियाँ होती हैं। हार्नड टोड अथवा हार्नड लिजार्ड आँखों से रक्त की फुहार निःसृत करती है। टुआटारा या स्फेनोडॉन पंकटेटस (Tuatara or Spendon Punctatus) छिपकली जैसा जीव तीन आँखोंवाला होता है। इसकी आयु 77 से 100 वर्ष तक हो सकती है। एप (Ape) या बिना पूछोंवाले बन्दर को रंगों की पहचान होती है। मधुमक्खी लाल रंग को छोड़कर अन्य रंगों की पहचान करती है। उसे लाल रंग, काले रंग की तरह दिखायी देता है। ऊँट पानी और खाने के बिना लम्बे समय तक रह सकता है। इसका कूबड़ चर्बी का भण्डार होता है जिसका वजन लगभग 45 किलोग्राम तक होता है। विभिन्न जीव-जन्तुओं के दौड़ने की गति भिन्न-भिन्न होती है जैसे चीता 112 किलोमीटर प्रति घण्टे दौड़ सकता है, प्रोंग हार्न हिरन 95 किमी प्रति घण्टे, भेड़िया 45 किलोमीटर, हाथी 35 किमी., कंगारू और भेड़ 25 किमी., ऊँट तथा सुअर की दौड़ने की गति 15 किलोमीटर प्रति घण्टे होती है। खरगोश की रफ्तार 64 किमी तक प्रति घण्टे हो सकती है।

पशुओं के नामकरण में कुछेक में रोचक तथ्य मिलते हैं जैसे गैण्डे को रिनोसेरस (Rhinoceros) कहते हैं। इस शब्द की उत्पत्ति ग्रीक भाषा से हुई है जिसमें रिनोस का तात्पर्य नाक और सेरास का अर्थ है सींग। तेन्दुआ का अंग्रेजी पर्याय Leopard है। यह ग्रीक भाषा का शब्द है जिसका अर्थ है धारियोंवाला शेर। ऊँट को अंग्रेजी में Camel, कहते हैं जो अरबी भाषा के गैमल (Gamal) शब्द से लिया गया है। जिराफ शब्द की व्युत्पत्ति अरबी भाषा से हुई है जिसका तात्पर्य है लम्बी गरदन। ऑक्स (Ox), बुल (Bull), डीअर (Deer) एवं काउ (Cow) शब्द एंग्लो सेक्शन भाषाओं से लिया गया है। बत्तख का अंग्रेजी पर्याय (Duck) है जो अंग्रेजी के Duce शब्द से लिया गया है जिसका तात्पर्य है पानी में गोता लगानेवाला। भेड़िया को अंग्रेजी में Wolf कहते हैं, यह शब्द एंग्लो सेक्शन से लिया गया है।

गिलहरी की 320 प्रजातियाँ पायी जाती हैं जिसमें वुडचक, चिपयंक और प्रेरी डॉग प्रमुख हैं। 35 प्रकार की उड़नेवाली गिलहरी का अब तक अध्ययन हो चुका है। इसकी लम्बाई पूँछ के बिना 3 इंच से 24 इंच तक होती है। उड़नेवाली गिलहरी 200 फीट तक उड़ान भर सकती है।

लेमिंग (Leming) चूहों से काफी मिलते-जुलते हैं और यह कुतरकर खानेवाले जन्तुओं (Rodents) की श्रेणी के अन्तर्गत आते हैं। अमरीका के दक्षिण-पश्चिम में कंगारू मूषक पाये जाते हैं, जो बिना पानी के जीवन भर रह सकते हैं। दक्षिण अमरीका में स्लोथ (Sloth) ऐसा स्तनपायी जीव है जो जीवन के अधिकांश समय तक उल्टा लटकता रहता है। ऐसा माना जाता है कि 22.5 करोड़ वर्ष पूर्व डायनासोर का जन्म हुआ तथा 6.5 करोड़ वर्ष पूर्व वे समाप्त हो गये।

रैकून, प्रायोनेडई परिवार का स्तनपायी प्राणी है। कहा जाता है कि यह भोजन धोकर खाता है। इसका भार 10 किलोग्राम और लम्बाई 76 से 97 सेण्टीमीटर तक होती है। जंगलों में लकड़बग्घा, काला हिरण, सुनहरा सियार, साँभर और अजगर आदि भी पाये जाते हैं।

लोमड़ी की विभिन्न प्रजातियाँ हैं। आर्कटिक लोमड़ी का वजन 3 किलो होता है तथा फिनलैण्ड की लोमड़ी का औसत वजन 18 किलोग्राम है। यहाँ पिंजड़ों में बन्दकर उनके वजन को बढ़ाया जाता है। इस अधिक वजन के कारण उनकी टाँगें बेकार हो जाती हैं। यहाँ की कम्पनियाँ 25 लाख सालाना लोमड़ी की खाल बेचती हैं। आर्कटिक लोमड़ी के विशेष प्रकार के फर होते हैं। इस फर को बढ़ाने के लिए उनके वजन को बढ़ाया जाता है। यहाँ की अन्तरराष्ट्रीय संस्था 'जस्टिस फॉर एनिमल्स' ने इस पर चिन्ता व्यक्त की है। नार्वे, फिनलैण्ड और स्वीडन में इनकी संख्या मात्र कुछ सौ है। अतः इसको पालने और वंश बढ़ाने का प्रयास किया जा रहा है जिससे फर के व्यवसाय में बढ़ोतरी हो सके। ये माइनस 70 डिग्री के तापमान में भी रह लेती हैं। सर्दियों में इनका रंग सफेद और गर्मियों में भूरा हो जाता है। लक्जरी लाइफ स्टाइल में फर के जैकेट बनते हैं जिनकी कीमत छह हजार डालर तक होती है। आश्चर्य है कि वन्य प्राणी संरक्षण की अन्तरराष्ट्रीय संस्था ने इसे सबसे कम चिन्तावाली श्रेणी में रखा है।

मनुष्य, पशुओं और पक्षियों के औसत तापमान में अन्तर होता है। पशुओं में भी यह भिन्न-भिन्न होता है। मनुष्य का औसत तापमान जहाँ 98.4 फॉरेनहाइट होता है, वहीं चमगादड़ का 104, कुत्ते का 102, बिल्ली का 101.6 तथा मुर्गे का 101 फॉरेनहाइट औसत तापमान होता है।

पशुओं में हाथी अपने विशाल आकार के कारण महत्त्वपूर्ण स्थान रखता है। हाथी का वजन लगभग पाँच टन होता है। इसकी अनुमानित आयु 90 वर्ष है तथा इसकी सूँड़ में चालीस हजार मांसपेशियाँ होती हैं। हाथी झुण्ड बनाकर रहते हैं। राजा जी तथा जिम कार्बेट पार्क आदि जगहों पर इन्हें विचरण करते हुए देखा जा सकता है। हाथी पालतू और जंगली दोनों होते हैं। अब धीरे-धीरे पूर्वापेक्षा झुण्ड में इनके सदस्यों की संख्या घटने लगी है। पहले पचास-साठ के झुण्ड होते थे जो वर्तमान में बीस के आस-पास सिमट गये

हैं। उन्हें विचरण हेतु पर्याप्त जगह नहीं मिल रही है। प्रकृति के दोहन जैसे वनों में पेड़ों की कटान आदि से इनके पर्यावास की जगह कम हो गयी है। मानवीय दखलन्दाजी ने इनके अस्तित्व पर संकट ला दिया है। हाथी दाँत के लिए इनकी हत्या तक कर दी जाती है। हम सभी का दायित्व है कि हाथियों को संरक्षण प्रदान करें। उन्हें उनकी भूमि लौटायें जिससे वे स्वतन्त्रतापूर्वक अपने क्षेत्र में विचरण कर सकें। इसके लिए हैबिटाड विकास और उनके लिए गलियारे खोलने पर ध्यान देना होगा। वनों के क्षेत्र में कमी होने से उनके भोजन पर संकट गहरा रहा है। अवैध शिकार और पानी की कमी को हमें दूर करना होगा। हमें चाहिए कि हम उन्हें जहर और करण्ट के खतरे से बचायें, प्रदूषण को नियन्त्रित करें, वनों के क्षेत्र को बढ़ायें, पौधारोपण कर देख-रेख द्वारा पेड़ों तथा वनस्पतियों को बढ़ायें और उगायें तभी उनका संवर्द्धन और सुरक्षा सम्भव होगी।

वर्ल्ड एनिमल डे मनाने का उद्देश्य है कि लोगों में पशु-पक्षियों जीवों एवं पर्यावरण के प्रति संरक्षण भाव उत्पन्न हो। यह दिवस सर्वप्रथम 1931 में मनाया गया। इसको मनाये जाने के सम्बन्ध में विभिन्न किंवदन्तियों में से एक है कि इटली के जुबियो शहर में एक खूँखार भेड़िया आये दिन पशुओं और मनुष्यों को मारकर खा लेता था। उसी देश के असिसी में रहनेवाले सेण्ट फ्रान्सिस उस भेड़िये को ढूँढ़ते हुए पहाड़ी पर पहुँचे तथा उसे देखकर उन्होंने हवा में हाथ से क्रास बनाया तथा अपने पास उसे बुलाकर लोगों से कहा कि इसे किसी प्रकार की हानि न पहुँचाओ। भेड़िये ने यह सुनकर अपने जबड़े को बन्द किया तथा सन्त के पैरों के पास लेट गया। उन्होंने भेड़िये की दोस्ती वहाँ के लोगों से करा दी तथा उसे निर्देशित किया कि वह मनुष्यों एवं पशुओं को हानि न पहुँचाये साथ ही लोगों से कहा कि वे रोजाना भेड़िये को भोजन उपलब्ध करायें। सन्त अत्यन्त परोपकारी थे, उन्हें पशु-पक्षियों व जीवों से अत्यन्त प्यार था और पर्यावरण अथवा प्रकृति के लिए प्रेम भी। ऐसा कहा जाता है कि पक्षी भी उनकी बातों को सुनते थे। मानवीय गुणों से ओत-प्रोत थे सन्त। अतः उन्हीं की याद में प्रतिवर्ष वर्ल्ड एनिमल डे या विश्व प्राणि-दिवस मनाया जाता है।

प्रकृति के कहर और मनुष्यों के शिकार के शौक के कारण कई जीवों के अस्तित्व पर प्रश्नचिह्न लग रहा है। इण्टरनेशनल फण्ड फॉर एनिमल वेलफेयर ने अपनी रिपोर्ट में बताया है कि पिछले दस सालों में 17 लाख वन्य जीवों का शिकार (ट्राफी हण्टिंग) किया जा चुका है जिसमें से दो लाख विलुप्तप्राय जीव हैं। 451 विलुप्तप्राय जीवों का व्यापार पिछले एक दशक में हुआ है। अनुमान है कि एक हाथी के मारने की कीमत 25 से 60 हजार डालर, एक बाघ के मारने की कीमत 8500 से 50 हजार डालर तथा एक तेंदुए को मारने की कीमत 15 से 35 हजार डालर है। शौक के लिए जीवों का शिकार होता है और शिकार किये गये जीव ड्राइंग-रूम में प्रतीक के रूप में शामिल होते हैं। कुछ

देशों में ट्राफी हण्टिंग वैध है जैसे उत्तरी अमरिका, अफ्रीका एवं अन्य देश लेकिन यह कुछ जीवों के लिए ही है विलुप्तप्राय जीवों का शिकार अवैध है। अमरीकी शिकारी ट्राफी हण्टिंग में सबसे आगे हैं। पिछले दस सालों में लगभग ग्यारह हजार बाघ मारे गये जिसमें पचास फीसदी अमरीकी शिकाग्यिों द्वारा मारे गये। इण्टरनेशनल यूनियन फॉर कंजर्वेशन ऑफ नेचर संस्था का कहना है कि ट्राफी हण्टिंग से वन्य जीवों के संरक्षण एवं नियन्त्रण में मदद मिलेगी वहीं दूसरी ओर पर्यावरणविद् कहते हैं कि वन्य जीवों के शिकार को किसी भी प्रकार जायज नहीं ठहराया जा सकता हैं।

आर्थ्रोपोडा एक ऐसा जीव है जो मनुष्य की अपेक्षा वर्ष भर में अधिक मांस खा लेता है। यह एक प्रकार की मकड़ी है जो दुनिया में हर जगह उपलब्ध है। स्विट्जरलैण्ड और स्वीडन के शोधकर्त्ताओं के अनुसार ये वर्ष भर में मनुष्यों की तुलना में दो गुना मांस खा लेती हैं। इस मकड़ी की 45 हजार प्रजातियाँ हैं। ये अपने आकार से बड़े जीव को भी खा लेती हैं। इनके आहार में 90 प्रतिशत कीड़े-मकोड़े और दस फीसदी में साँप, चमगादड़, मेंढक और छिपकली आदि होते हैं। ये प्रकृति में सन्तुलन बनाये रखने में सहायक हैं। बघीरा किपलिगी मकड़ी की एक ऐसी प्रजाति है जो शाकाहारी है। मनुष्यों द्वारा वर्ष भर में जहाँ 40 करोड़ टन के वजन का मांस आहार के रूप में लिया जाता है वहीं मकड़ियों द्वारा वर्ष भर में 40 से 80 करोड़ टन के वजन का मांस आहार के रूप में लिया जाता है। ह्वेल मछलियों द्वारा 28 से 50 करोड़ टन मांसाहार वर्ष भर में होता है। प्रति वर्गमीटर में मौजूद मकड़ियों की संख्या लगभग एक हजार है और पृथ्वी की सम्पूर्ण मकड़ियों का वजन यदि अनुमान लगाया जाये तो यह 2.5 करोड़ टन के लगभग होगा। मध्य एवं दक्षिणी अमरीका में पायी जानेवाली ब्राजीलियन बाण्डरिंग स्पाइडर जहरीली होती है। इसके काटने से मानव की मत्यु सम्भव है। इसके अलावा अफ्रीकी रेगिस्तान में पायी जानेवाली सिक्स आईड सैण्ड स्पाइडर और आस्ट्रेलिया की सिडनी फनल वेब नामक मकडी भी जहरीली होती है। बिच्छु, मकड़ी प्रजाति के जीव हैं।

अमरीकन केमिकल सोसाइटी (ए सी एस) की रिपोर्ट के अनुसार झींगुर और टिड्डे जैसे कीड़ों को आहार बनाने से पोषक तत्त्वों की जरूरत बेहतर ढंग से पूरी होना सम्भव है। जर्नल ऑफ एग्रीकल्चरल ऐण्ड फूड केमिस्ट्री में प्रकाशित लेख में कहा गया है कि मलयेशिया, जापान और मैक्सिको आदि के लोग इन कीड़ों को आहार के रूप में सेवन करते हैं। विश्व में कीड़े खानेवाले मनुष्यों की संख्या लगभग दो अरब है। ऐसे 1900 कीड़ों की प्रजातियों की खोज की गयी है जिनमें पोषक तत्त्व होते हैं। झींगुर में आयरन की मात्रा ज्यादा होती है तथा टिड्डे में कैल्शियम, जिंक और कॉपर की मात्रा अधिक होती है। पाचन की दृष्टि से भी ये सुविधाजनक होते हैं। इन कीड़ों में मैगनीशियम, मैगनीज और प्रोटीन भी पाये जाते हैं। झींगुर के सेवन से एनीमिया जैसे

रोगों से बचाव होता है। थाईलैण्ड में जिंगलीड व्यंजन में झींगुर प्रयुक्त होता है। चीन और ब्राजील में भुनी हुई चींटियों को लोग स्नैक के रूप में खाते हैं। मैक्सिको में इल्ली, उड़नेवाले चींटें और चींटियाँ आहार में प्रयुक्त की जाती हैं तथा जापान में झींगुर और रेशम के कीड़े सिल्क वर्म को लोग आहार में लेते हैं। इस प्रकार जैव विविधता का क्षेत्र अत्यन्त व्यापक है और ये मानव और जीव-जन्तुओं दोनों के लिए परस्पर उपयोगी हैं। अतः जैव विविधता का संवर्द्धन और संरक्षण दोनों आवश्यक हैं।

पक्षी

पक्षियों की चहचहाहट किसे नहीं भाती, उनके कलरव की ध्वनि से मन-मयूर प्रसन्नता के अतिरेक से भर जाता है। इन पक्षियों में गौरैया का स्थान महत्त्वपूर्ण रहा है। मानव-जीवन में इस पक्षी का संग-साथ प्रिय लगता है। यह हमारी संस्कृति और परिवेश से भी जुड़ी हुई है। विविध स्थानों एवं भाषाओं में यह विविध नामों से जानी जाती है। इसे चकली, चिमिनी, चिरी, झिरकी और चिरया आदि कई नामों से जाना जाता है वैसे इसका वैज्ञानिक नाम पेसर डोमिस्टिक्स है। पता नहीं क्यों अब पूर्व की भाँति इसके गुलजार होने की स्थिति में दिनोंदिन कमी आती जा रही है जिससे इसके विलुप्त होने का खतरा मँडरा रहा है। इसीलिए इंग्लैण्ड की 'रायल सोसाइटी ऑफ प्रोटेक्शन ऑफ बर्ड्स' ने संरक्षण की दृष्टि से इसे रेड अलर्ट की सूची में नामांकित किया है। एक अध्ययन रिपोर्ट के अनुसार इनकी संख्या में पूर्व की अपेक्षा साठ प्रतिशत की कमी आयी है। इसके पंख 19 से 25 सेण्टीमीटर तथा यह हल्के भूरे और सफेद रंग की और भार 26 से 32 ग्राम तक होता है। यह किसानों की दोस्त है और उत्तरी तथा दक्षिणी अमरीका, दक्षिण अफ्रीका, आस्ट्रेलिया और न्यूजीलैण्ड में भी पायी जाती है।

आजकल मकानों में पहले की भाँति छज्जे या कोनों की जगहों में कमी आती जा रही है जिससे इनके बसेरे या घोंसले अब घरों में बहुत कम दिखायी देते हैं। पेट्रोल या ईंधन भी एक कारक है जो छोटे-छोटे कीटों को नष्ट कर देता है जबकि यही कीट इसके भोज्य पदार्थ होते हैं। घरों में बगीचे के लिए अब स्थान प्रायः देखने को नहीं मिलता है। मोबाइल फोन काल एवं तरंगों का दुष्प्रभाव इस चिड़िया पर पड़ता है जिससे उनकी प्रजनन क्षमता में कमी आती है। चूजों का समुचित विकास भी प्रभावित होता है। बाम्बे (मुम्बई) नेचुरल हिस्ट्री ऑफ सोसाइटी के डॉ. सलीम अली के अनुसार फोन टावर एवं विद्युत् ट्रान्समिशन से उत्पन्न होनेवाले विकिरण से इनके अण्डों के नष्ट होने की सम्भावना बढ़ती है। हमें चाहिए कि इनके लिए छतों पर दाने बिखरायें, बागवानी करें तथा इनके पीने के लिए मिट्टी आदि के पात्र में स्वच्छ जल रखें जिससे इनका हमारे घरों में आवागमन बना रहे। लोकगीतों में भी इन पक्षियों को स्थान दिया गया है। यह उल्लास

का संवाहक है। साहित्य में भी यत्र-तत्र इसकी चर्चा हुई है। रामायण और महाभारत में भी इसका उल्लेख मिलता है। संरक्षण की दृष्टि से विभिन्न प्रकार के कार्यक्रमों का आयोजन उचित होगा जैसे इससे सम्बन्धित कहानी प्रतियोगिता, व्याख्यानमाला, पोस्टर व चित्र प्रतियोगिता, अनुभव व संस्मरण का आलेखन आदि जिससे लोगों में जागरूकता आये। 20 मार्च, 2010 से विश्व गौरैया-दिवस मनाना प्रारम्भ हुआ। इसके प्रति जागरूकता लाने से घर और आँगन फिर इसकी चहचहाहट से गुलजार होगा तथा इसके विलुप्त होने का खतरा दूर होगा। इसके नर और मादा होने की पहचान सहज है क्योंकि नर के गले पर काला धब्बा दिखायी देता है तथा रंग गाढ़ा भूरा होता है लेकिन मादा का रंग हल्का भूरा होता है और गले पर काला धब्बा नहीं होता है। स्लोगन प्रतियोगिता, संगोष्ठियों एवं पैम्फलेट या साहित्य पुस्तिका वितरण से निश्चित ही लोग संरक्षण के प्रति जागरूक होंगे।

पेंग्विन, पक्षी प्रजाति के अन्तर्गत है जो उड़ नहीं सकती है। इसी प्रकार न्यूजीलैण्ड की किवी चिड़िया भी है। शुतुरमुर्ग 2.5 मीटर ऊँचा होता है तथा गति 60 किलोमीटर प्रति घण्टे होती है लेकिन उड़ नहीं सकता है।

अमरीका का गोल्डन फ्लोवर पक्षी अलास्का से 3,325 किलोमीटर की दूरी बिना विश्राम किये तय कर हवाई द्वीप पहुँचता है।

गानेवाले पक्षी ओसियान्स (Oscines) उपगण से सम्बन्धित होते हैं।

चमगादड़ की दो हजार से अधिक प्रजातियाँ हैं। इनका आकार 15 सेण्टीमीटर से लेकर दो मीटर तक होता है। रक्त पीनेवाले चमगादड़ 30 सेण्टीमीटर तक के आकार के होते हैं। ये रात में सरलता से उड़ते हैं तथा इनकी औसत आयु बीस वर्ष होती है।

तोता मैना मनुष्य के बोले शब्दों की नकल कर लेते हैं जबकि वे खुद नहीं जानते कि क्या बोल रहे हैं। यूगाण्डा में 1958 में एक ऐसा तोता पाया गया जो 800 शब्द बोल लेता था। इनकी आयु पचास वर्ष तक की हो सकती है।

कठफोड़वा (Woodpecker) की लगभग 210 प्रजातियाँ होती हैं। इनकी लम्बाई 14 से 34 सेण्टीमीटर तक होती है। भारत में कठफोड़वा की तुरकान, चीतल, छोटा लाल पिठा और सोनपिठा आदि प्रजातियाँ पायी जाती हैं।

17वीं सदी के अन्त तक डोडो पक्षी जो मॉरिशस में पाया जाता था, वह विलुप्त हो गया। ग्रेट ऑक चिड़िया 1844 में विलुप्त हो गयी।

लगभग पाँच-छह सौ वर्ष पूर्व मोआ चिड़िया न्यूजीलैण्ड से विलुप्त हो गयी।

पक्षी बुलबुल का घोंसला जमीन पर या इसके निकट होता है। यह जैतूनी रंग के 4 से लेकर 6 अण्डे तक देती है।

कैसोवरी (Cassowary) एक खतरनाक चिड़िया है। यह अपने पंजे से आदमी के पेट को चीर सकती है। ऊँचाई 1.8 मीटर या 6 फीट तथा इसका भार लगभग 80

किलो होता है। यह उड़ नहीं पाती है। इसी तरह इमू, किवी, वेका और टेकाट्टे (Emu, Kiwi, Weka, Takahe) चिड़ियाएँ उड़ नहीं पाती हैं।

उड़नेवाले विशाल पक्षी समुद्री चिड़िया Albatross और दक्षिण अमरीकी गिद्ध (Condors) होते हैं जिनका भार 13.5 किलो होता है। हवासिल के पंख 2.4 मीटर से 2.7 मीटर तक होते हैं। बाज (Eagle) के पंख 2.1 मीटर से 2.4 मीटर तक होते हैं। सारस के पंख 1.8 मीटर से 2.1 मीटर तक होते हैं। चील, बाज, गिद्ध, कठफोड़वा, बजर्ड एवं हैरियर आदि पक्षी शिकारी पक्षी की श्रेणी में आते हैं।

हंस, मोर, कौआ, कबूतर, पपीहा, कोयल, चक्रवाक, फाख्ता और चकोर आदि सभी पक्षी हैं। ब्रिटेन के इलियट मोरले गिद्ध के संरक्षण के लिए जाने जाते हैं। भारत के पिंजौर में गिद्ध पुनर्वास योजना केन्द्र 1993 से 2000 तक संचालित रहा। ब्रिटेन ने 1,48,000 पौण्ड की धनराशि इस योजना के लिए दी लेकिन अभी तक उनकी संख्या में जो कमी आयी थी वह सन्तोषजनक रूप से बढ़ नहीं सकी है। गिद्ध की कई प्रजातियाँ हैं जिनमें चार प्रमुख हैं चमरगिद्ध, राजगिद्ध, पहाड़ी गिद्ध और गोबर गिद्ध। चमरगिद्ध 8000 फीट की ऊँचाई तक भोजन की तलाश में उड़ते हैं तथा हिमालय में 5800 फीट की ऊँचाई तक मिलते हैं। ये घनी आबादी, शहरों और गाँवों में भी दिखायी देते हैं। इसका रंग काला, बालरहित लाल सिर, जाँघ पर सफेद धब्बे तथा गले में लटकती खाल होती है। राज गिद्ध की लम्बाई 32 इंच होती है। ये पेड़ के ऊपर या झाड़ियों में घोंसले बनाते हैं। पहाड़ी गिद्ध चार फुट लम्बे होते हैं। इनके गर्दन के चारों और नुकीले पर होते हैं। रंग सफेद एवं भूरा होता है तथा ज्यादातर हिमालय में मिलते हैं, कभी-कभी इमारतों पर भी पाये जाते हैं। गोबर गिद्ध का रंग मटमैला सफेद तथा डैने काले होते हैं। ये दो फीट के होते हैं। इनकी चोंच सींग के रंग की होती है। ये सभी पशुओं के शव और सड़ा-गला मांस खाते हैं, दुर्गन्ध एवं बीमारियों से रक्षा करते हैं। इस प्रकार गिद्ध वातावरण को शुद्ध रखने में सहायक हैं।

विश्व में उल्लुओं की 216 प्रजातियाँ हैं जिसमें भारत में 32 प्रजातियाँ हैं तथा इनमें 19 प्रजातियाँ उत्तराखण्ड में पायी जाती हैं। माँ लक्ष्मी के वाहन की मान्यता होने के कारण दीपावली एवं तन्त्र-मन्त्र के लिए इसको मारा जाता है। इण्टरनेशनल यूनियन फॉर कंजर्वेशन ऑफ नेचर (आई. यू. सी. एन.) ने अपने सर्वे में बताया है कि कतिपय प्रजाति के पक्षी गम्भीर संकट में है। वे विलुप्त होने के कगार पर हैं। उन्हीं पक्षियों में एक है लाल सिरवाला गिद्ध जिसे रेड हेडेड वल्चर भी कहते हैं। इसका एक नाम एशियन किंग ऑफ वल्चर और पाण्डिचेरी गिद्ध भी है। आकार की दृष्टि से यह 76 से 86 सेण्टीमीटर का होता है और अपने डैनों को 6 से 8 फीट, तक फैला सकता है। भार लगभग 6 किलो होता है। इसके पाये जानेवाले स्थानों में प्रमुख म्याँमार, भारत, भूटान, नेपाल और पाकिस्तान आदि हैं। ये जंगलों, रेगिस्तानी भागों, पहाड़ियों और घाटियों

आदि जगहों पर दिखायी देते हैं। वन्य जीव संरक्षण अधिनियम 1972 के अन्तर्गत कौओं को छोड़कर सभी पक्षियों को मारना, पकड़ना और व्यापार करना आदि अपराध हैं। विदेशी अप्रवासी पक्षियों पर भी यह नियम लागू होता है लेकिन लवबर्ड, बजरी एवं जावापिच आदि पक्षियों पर यह नियम लागू नहीं होता है। अपराध करने पर दो वर्ष की कैद या दो हजार रुपये जुर्माना तक हो सकता है।

राष्ट्रीय पक्षी-दिवस, पक्षियों और पर्यावरण पर शोध कार्य में प्रख्यात सलीम अली (1897-1987), जिन्हें 1983 में वन्य प्राणी संरक्षक पुरस्कार से सम्मानित किया गया, के जन्म-दिवस पर प्रतिवर्ष 12 नवम्बर को मनाया जाता है। बाम्बे नेचुरल हिस्ट्री सोसाइटी (बी. एन. एच. एस.) से जुड़े डॉ. सलीम अली का कथन है कि विद्युत् तरंगों या विकिरण, जो मोबाइल फोन टावर तथा विद्युत् ट्रान्समिशन से उत्पन्न होते हैं, से पक्षियों के अण्डे की बाहरी परत कमजोर हो जाती है जिससे उसके नष्ट होने की सम्भावना बढ़ जाती है और उनके वंश वृद्धि पर कुप्रभाव पड़ता है। ये टावर जितने कम ऊँचे होते हैं उतना ही अधिक कुप्रभाव पक्षियों पर पड़ता है। बोगन बेसिस के झाड़ीनुमा पेड़ों के होने से कोयल, बुलबुल, देशी तोतें, गौरैया तथा अन्य पक्षियों का समूह आकार इसके रौनक की अभिवृद्धि करते हैं। इसके अलावा आस्ट्रेलियन बर्ड, डाक्टर चिड़िया, विदेशी तोते, उल्लू और बाज आदि भी अनधिकृत रूप से बाजारों में बिक्री के लिए दिखायी देते हैं। पतली चोंचवाले गिद्ध हिमाचल, उड़ीसा और असम आदि राज्यों में हैं। इनकी संख्या एक हजार से भी कम है। ये 95 सेण्टीमीटर लम्बे होते हैं। इनकी काली चोंच बीच में सँकरी होती है। शरीर मटमैला, सिर काला और नुकीला होता है।

मान्यता है कि किसी के घर के द्वार पर या छत पर कौवा आवाज लगाये तो मेहमान आते हैं और इनके सिर पर बैठने को अशुभ संकेत के रूप में लिया जाता है लेकिन यह मान्यता प्रामाणिक नहीं है। एच.पी.ए.आई. (हाइली पैथोजेनिक एवियन इन्फ्लूएञ्जा) रोग से ग्रस्त कौवों का संक्रमण मुर्गा-मुर्गियों और आदमियों तक भी पहुँचने की आशंका के कारण पोस्टमार्टम स्थानीय स्तर पर न करने के फलस्वरूप रीजनल डिजीज डायग्नोस्टिक सेण्टर में पोस्टमार्टम कराने हेतु उत्तर प्रदेश शासन ने निर्देश दिया है। मृत कौवों को जलाने या गहरे गड्ढे में दफनाये जाने का भी निर्देश दिया गया है। ऐसा इसलिए किया गया है जिससे वन्य जीव-जन्तु उसका सेवन न करें। इनकी चोंच का इस्तेमाल दवा बनाने में किया जाता है। मृत पक्षियों को हाथ से न छुयें, ग्लब्स पहनकर ही उठायें तथा उसके पश्चात् भली-भाँति हाथ धो लेने चाहिए। विभिन्न स्थानों या बोलियों में कौवे के विभिन्न नाम हैं, जैसे श्रीलंका में काका कपूता, मराठी में डोमकानला, गुजरात में गिरनारी कारगो, तेलुगू में भामाकाकी, तमिल में अन्दन काकी, मलयालम में तोन्नकक्का तथा इसी प्रकार काग, पहाड़ी

कौवा और जंगली कौवा आदि विभिन्न नाम हैं। सारस पक्षी जोड़े में रहते हैं। इनकी सुराहीदार गर्दन होती है और ये लम्बी उड़ानें भरते हैं। इनका ब्रीडिंग क्षेत्र खतरे में कई जगहों पर हो गया है। उत्तर प्रदेश में नवाबगंज पक्षी विहार और इटावा-मैनपुरी का वेट लैण्ड क्षेत्र इनकी कॉलोनी के रूप में जाना जाता है। गिद्ध जंगल को स्वच्छ रखने में सहायक हैं। एक अन्य वर्गीकरण के अनुसार इनकी तीन प्रजातियाँ बतायी गयी हैं और वे हैं रम्ड वल्चर (पीछे का हिस्सा सफेद होने के कारण बैकवेट नाम भी है), वाइल्ड वल्चर और किंग वल्चर (गिद्धों का अगुआ और सिर का भाग लाल रंग का)। ये कर्तनिया घाट एवं अन्य जंगलों में पाये जाते हैं। मांसाहारी पशुओं द्वारा शिकार किये गये जीवों के अवशेष का ये सफाया करते हैं। डेक्लोफेनिक दवा का पशुपालकों द्वारा उपयोग किये जाने से इनकी प्रजाति को खतरा मँडराता रहता है जिससे इनके विलुप्त होने की आशंका बढ़ जाती है। अतः ये नष्ट न हों इसलिए पशुपालकों को ड्रग कण्ट्रोल अथॉरिटी द्वारा प्रमाणित मैक्सीक्लैप दवा के इस्तेमाल की सलाह दी जाती है। वन संरक्षण हेतु वन्य जीव में अन्य की भाँति गिद्धों की सुरक्षा भी जरूरी है।

कबूतर शान्ति के दूत कहे जाते हैं। पहले ये डाकिये की भूमिका निभाते थे, ऐसा कहा जाता है। अमरनाथ की गुफा में शिवलिंग से ऊपर कबूतरों का एक जोड़ा बैठता है। कबूतर की बीट को पानी में घोलकर मलहम की तरह फोड़े पर लगाने से फोड़ा जल्दी फूटता है ऐसा कतिपय लोग कहते हैं। गोला कबूतर सफेद होते हैं। चेन्नई में काले कबूतर पाये जाते हैं। शिराजी के गले में बेलसी होती है। भारी कबूतर कम उड़ते हैं और लक्का सफेद होते हैं। अमृतसरी गोला, फरक्काबादी, शाहजहानपुरी, शिकरा और बैरी तथा केरल के पैन्सी आदि कबूतर की विभिन्न किस्में हैं। वर्ल्ड लाइफ इण्टरनेशनल के अनुसार एक हजार से भी ज्यादा प्रजाति की चिड़ियाँ विलुप्त होने के कगार पर हैं अर्थात् दुनिया में हर आठ में से एक पक्षी। 64 प्रतिशत पक्षी उष्णकटिबन्धीय क्षेत्र में रहते हैं। 129 प्रजाति के पक्षी विलुप्त हो चुके हैं। इनकी संख्या घटने का मुख्य कारण पर्यावरण से छेड़छाड़ है। विभिन्न प्रवासी पक्षियों यथा हंस, कबूतर, साइबेरियन क्रेन, बगुला, पेलीकन एवं फ्लैमिंगो आदि जीवों को संरक्षण देने हेतु हम सभी को प्रयासरत होना चाहिए। चित्तौड़गढ़, भगवान्पुर खैखान, रामपुर, मजगवाँ, रनियापुर, धारुताल, केशवगढ़, खजुहा, लैबउवा, मालापट्टी पक्षीविहार, नल सरोवर, रंगनथिट्ट पक्षी अभयारण्य, चिल्का एवं बैकवाटर्स पिच्छावरम आदि पक्षियों की सैरगाह है। हमारा राष्ट्रीय पक्षी मोर है। हमारा दायित्व है कि पक्षियों का संरक्षण करें और उनकी वंशवृद्धि के लिए प्रयासरत हों। प्रकृति से हमारा अटूट नाता है। पर्यावरण संरक्षण और सन्तुलन बनाये रखने में हमें विशेष योगदान देना होगा तभी राष्ट्रीय पक्षी-दिवस और विश्व प्रवासी पक्षी-दिवस के

उद्देश्य को हम सार्थक बना सकेंगे साथ ही जैव विविधता की अभिवृद्धि में योगदान दे सकेंगे।

राष्ट्रीय उद्यान एवं अभयारण्य

हमारे देश के प्रमुख अभयारण्य आन्ध्र प्रदेश में कावला, किन्नरसानी, टडवई और परवाल आदि, अरुणांचल प्रदेश में पखुई एवं लाली आदि, असम में सोनाई, ओरांग तथा गरमपानी आदि, बिहार में कैमूर, वाल्मीकि नगर आदि, झारखण्ड में पारसनाथ, पालकोट, महुआरौर, हजारीबाग आदि, गोवा में भोलेम, गुज़रात में नलसरोवर, हिमाचल प्रदेश में शिकरी देवी, कर्नाटक में तुंगभद्रा, सोमेश्वर, शारावथी आदि, जम्मू-कश्मीर में दचिग्राम, किश्तवार, केरल मे पेरियार, पराम्बिकुलम, मध्यप्रदेश में गाँधी सागर, पंचमढ़ी आदि छत्तसीगढ़ में उदयन्ती, सीतामढ़ी आदि, महाराष्ट्र में तंसा, भेलघाट आदि, मेघालय में नोंगरवाइलेम, मिजोरभ में दम्पा, नागालैण्ड में इनटाकी, उड़ीसा में सिमलीपाल, मितारकनिका, पंजाब में अबोहर, राजस्थान में रणथम्भौर, सरिस्का, कुम्भलगढ़, सिक्किम में खंगचेंदजोंगा, तमिलनाडु में गुदुमलाई, कालाकद, उत्तर प्रदेश में किशनपुर, दुधवा, कैमूर, चन्द्रप्रभा आदि, उत्तराखण्ड में कार्बेट, राजाजी और पश्चिमी बंगाल में सुन्दर वन एवं सजनाखाल आदि हैं जहाँ वन्य जीवों को संरक्षित रखने का प्रयास जारी है। अन्य देशों जैसे आस्ट्रेलिया, ब्राजील, कनाडा, इथिओपिया, ग्वातेमाला, नेपाल, पेरु, सेनेगल, ट्यूनीशिया, तंजानिया, यूगोस्लाविया, जैरे, यू.एस.ए., इंग्लैण्ड और जिम्बाब्वे आदि देशों के विभिन्न देशों के विभिन्न राष्ट्रीय उद्यान तथा अभयारण्य में वन्य जीव बहुतायत से पाये जाते हैं तथा संरक्षण का प्रयास किया जाता है। संकटग्रस्त वन्य जीवों में सिंहपुच्छी बन्दर, सुनहरा लंगूर, एशियाई शेर, हिमतेन्दुआ, भारतीय हाथी, जंगली गधा, पिगमी सुअर और दलदली हिरण आदि प्रजातियाँ हैं। जिनको संरक्षित किये जाने की सर्वाधिक आवश्यकता है। हमारे देश में नब्बे हजार वर्ग किलोमीटर क्षेत्र वन्य जीवों के लिए हैं जिसमें छह हजार से अधिक प्रजातियाँ मौजूद हैं। पर्यावरण के सन्तुलन और मानव जीवन के अस्तित्व के लिए वन क्षेत्र की वृद्धि तो जरूरी है ही, साथ ही, वन्य जीवों के संरक्षण के प्रति हम सभी का दायित्व भी है।

हमारे देश के प्रमुख अभयारण्य और उद्यान या पार्क का विवरण निम्नवत् है –

भरतपुर पक्षी अभयारण्य

राजस्थान के भरतपुर में इस अभयारण्य का नाम केवलादेव नेशनल पार्क भी है जिसमें 230 से अधिक प्रजाति के पक्षी, मछली की 50 प्रजातियाँ, उभयचर की 7 प्रजातियाँ, साँप की 13 प्रजातियाँ, कछुए की 7 प्रजातियाँ, छिपकली की 5 प्रजातियाँ,

फूलों की 379 प्रजातियाँ एवं अन्य जीव-जन्तु पाये जाते हैं। यहाँ प्रवासी पक्षियों का आगमन प्रजनन के लिए होता रहता है। 1971 में इसे संरक्षित घोषित किया गया। इस पक्षी अभयारण्य का विश्व में स्थान है। यहाँ साँभर, हिरण, चीतल, नीलगाय और जंगली सुअर पाये जाते हैं। भरतपुर राजस्थान का पूर्वी प्रवेश द्वार है। यहाँ के राजा ने बाँध बनवाया और मिट्टी जहाँ से खोदी गयी वहाँ झील बन गयी। भारत सरकार ने शिकार पर पाबन्दी लगा दी तथा नेशनल पार्क नाम दिया। जंगलों में बेर, कैर, कदम्ब, जामुन और बबूल के पेड़ बहुतायत में हैं। साइबेरियन सारस 6400 किलोमीटर की उड़ान करके आते हैं और दिसम्बर से मार्च तक प्रवास करते हैं। बत्तखें, पेलिकन, पनकौए, खंजन, पथरचिट्टा, पिपिट, फ्लाई कैचर, लार्क, अग्नि पंक्षी, पपीहे, हंस और बाज आदि यहाँ 29 वर्ग किलोमीटर के क्षेत्र में मिलते हैं। झील में बोटिंग की सुविधा है तथा 11 वर्ग किलोमीटर के क्षेत्र में घास का मैदान है।

किन्नरसानी वन्य जीव अभयारण्य

यह तेलंगाना प्रदेश के मद्रीकोतुगुडेम जिले में है तथा खम्मभ जिले के पलोनचा शहर से 21 किलोमीटर की दूरी पर है। यहाँ से किन्नरसानी नदी गुजरती है तथा इसका क्षेत्रफल 635.40 एकड़ है। किन्नरसानी नदी आगे जाकर गोदावरी से मिल जाती है। यह कोतुगुडेम से 15 किलोमीटर तथा मद्राचलम से 25 किलोमीटर की दूरी पर स्थित है। यहाँ तेंदुआ, चिंकारा, चौइंगहास, साँभर, चीतल, बाघ, कबूतर, टील्स, स्पूनबिल्स, नुक्टास, पेफौल, पार्टिज, फाउल, ब्लैक बाक्स, जंगली सुअर, हिना और गौर आदि पशु एवं पक्षियों की भरमार है। यहाँ दो प्रकार की बोट, छोटी जिसमें 6 लोग बैठ सकते हैं तथा बड़ी जिसमें तीस से पैंतीस लोग बैठ सकते हैं, के द्वारा नौका विहार किया जा सकता है।

जम्बु घोड़ा वाइल्ड लाइफ सैंक्चुअरी

यह गुजरात के चम्पानेर से 20 किलोमीटर की दूरी पर है तथा 130 वर्ग किलोमीटर में फैला है। यहाँ वृक्षों की विभिन्न प्रजातियाँ पायी जाती हैं जैसे टीक, बाँस और महुआ आदि साथ ही कोबरा, रेटल स्नेक, रसल वाइपर और पाइथन आदि साँपों की प्रजातियाँ हैं तथा पैराडाइस फ्लाई कैचर एवं गोल्डन ओरिले आदि पक्षी भी देखने को मिलते हैं। जैव विविधता की दृष्टि से यह मनोहारी जगह है।

सुल्तानपुर पक्षी अभयारण्य

यह हरियाणा के गुरुग्राम जिले में स्थित है। यहाँ पक्षियों की लगभग 250 प्रजातियाँ निवास करती हैं। जाड़े के मौसम में आनेवाले प्रवासी पक्षियों में साइबेरियन

सारस, फ्लेमिंगो, पिनटेल, पीलावेग टेल, यूरेशियन विजिओन, गुलाबी हवासील, सफेद बेग टेल प्रमुख हैं तथा ग्रीन शैंक, नार्दर्न शॉवलर, हुदहुद, बैंगनी सनबर्ड, चोटीवाला अग्नि पंक्षी, सफेद इविस, पैडीफील्ड पिपिट, रोजी पेलिकन, बैजला, काले परोंवाला पनलवा तथा ग्रेट फ्लेमिंगो आदि भी हैं। सलीम अली नाम के पक्षीविज्ञानी का कक्ष म्यूजियम के रूप में है। यहाँ पर बिल बत्तख, यूरेशियन थिकनीज, छोटे बगुले, इण्डिया क्रेस्टेड लार्क्स, नीलकण्ठ, कामन हूप्स तथा सफेद गलेवाले किंग फिशर आदि भी दिखायी देते हैं। 1972 में यह स्थान पक्षी अभयारण्य घोषित किया गया। यह गुरुग्राम से 20 किलोमीटर की दूरी पर गुरुग्राम, फर्रुखनगर, झज्जर हाइवे पर स्थित है। सितम्बर से साइबेरिया, मध्य एशिया और यूरोप से पक्षी आने लगते हैं। यहाँ सवा वर्ग किलोमीटर में झील है। दिल्ली बर्ड वाचिंग सोसाइटी के सचिव एवं पक्षी विज्ञानी पीटर जैक्सन को इस विहार का श्रेय है क्योंकि उन्होंने पूर्व प्रधानमन्त्री इन्दिरा गाँधी को इसे पक्षी अभयारण्य बनाने के लिए सुझाव दिया था जिसके फलस्वरूप यह पक्षी अभयारण्य बनना सम्भव हुआ।

जिम कार्बेट नेशनल पार्क

यह उत्तराखण्ड के नैनीताल जनपद में स्थित है तथा यहाँ 500 से अधिक प्रजातियों के पक्षी मिलते हैं। यहाँ का सोलुना रिजार्ट तथा कालागढ़ डैम प्रवासी पक्षियों को देखने हेतु आकर्षक जगह है। यहाँ पारा किट्स, मैगपाई रोबिन्स, बी-ईटर्स, फ्लाई कैचर्स तथा बुलबुल आदि विभिन्न प्रकार के पक्षी पाये जाते हैं। बदलते वातावरण में तितलियाँ अपना प्रवास बदल रही हैं। गर्म स्थानों में पायी जानेवाली तितलियाँ अब ऊँचाईवाले स्थानों पर दिखायी पड़ती हैं, सम्भवतः वनों की कटान से ऐसा हो रहा है। नैनीताल क्षेत्र में सौ से अधिक प्रकार की पायी जानेवाली तितलियों की संख्या में उल्लेखनीय कमी आयी है।

कुमारकोम पक्षी अभयारण्य

यह केरल प्रदेश के कोट्टायम शहर से 16 किलोमीटर की दूरी पर वेम्बानड झील के किनारे चौदह एकड़ में स्थित है। यहाँ इण्डियन डार्टर, बगुले, पिनटेल्ड बत्तख, मार्शहैरिअर, आस्प्रे, स्टेपी ईगल, इग्रेट्स, सफेद इविस आदि पक्षी मिलते हैं। यहाँ पास में छोटे-छोटे द्वीपों का समूह है। यहाँ का दृश्य बहुत लुभावना है। लगता है कि चित्रकारी की गयी हो। यहाँ केकाई पुझामुत्तू, नारकतरा, पूतपण्डी और पतिरमनल में सौ से अधिक स्थानीय एवं प्रवासी पक्षियों को देखा जा सकता है।

वेदमंगल पक्षी अभयारण्य

यह तमिलनाडु प्रदेश के कोचीपुरम में स्थित है। 74 एकड़ में इसका विस्तार है। यहाँ 115 प्रजातियों के 30 हजार से अधिक प्रवासी पक्षी बसेरा करते हैं। प्रमुख पक्षियों में होर्न, स्टोर्क्स, कामडक, पेण्टेड स्टोर्क, ब्लैक हेड आइबिस, इग्रेट्स, नाइट होर्न तथा स्पून बिल्स आदि हैं। शीत ऋतु में यहाँ अधिक पर्यटक आते हैं।

सलीम अली पक्षी अभयारण्य

यह गोवा में मण्डोबी नदी के पास स्थित है। यहाँ – गौरैया, हवासील, किंग फिशर, तोते और मोर के अलावा भी विभिन्न प्रकार के पक्षी देखने को मिलते हैं। यह प्रवासी पक्षियों का केन्द्र भी है।

नल सरोवर पक्षी अभयारण्य

यह गुजरात प्रदेश के अहमदाबाद जिले में स्थित है तथा यहाँ 200 से अधिक प्रजातियों के पक्षी मिलते हैं जिनमें ब्लैकटेल्ड गोल्डविट, स्टीण्ट, प्लोवर्स, सैण्ड पाइपर्स फ्लाक तथा भूरी और सफेद बेण्डिग बर्ड आदि प्रमुख हैं। यह अहमदाबाद से 65 किलोमीटर की दूरी पर है तथा यहाँ लगभग 300 छोटे-छोटे टापू हैं।

चिल्का झील अभयारण्य

यह उड़ीसा (ओडिशा) प्रान्त में स्थित है जहाँ समुद्री ईगल्स, ग्रेलेग गुइज तथा बैंगनी मूरिन आदि कई अनोखी प्रजाति के पक्षियों का कलरव सुनायी पड़ता है। प्रवासी पक्षियों के लिए यह उत्तम जगह है। चिल्का झील में दो सौ से अधिक मछलियों की प्रजाति पायी जाती है। सूर्योदय तथा सूर्यास्त का दृश्य मनोरम होता है।

शूल पणेश्वर लाइफ सैंक्चुअरी

यह नर्मदा जिले के अन्तर्गत एक नेशनल पार्क है और राजपीपला से दस किलोमीटर दूर है। यहाँ बाँस और ओक के पेड़ बहुतायत से हैं तथा पशु-पक्षी पर्याप्त संख्या में हैं।

बड़ोदरा में पश्चिम भारत का सबसे बड़ा पार्क है। इसे 1879 में राजा सयाजीराव गायकवाड़ ने जनता को समर्पित किया। इसका विस्तार 113 एकड़ में है। अनुमान है कि यहाँ 98 प्रकार की वनस्पतियाँ और 167 किस्म के जीव-जन्तुओं का बसेरा है साथ ही संग्रहालय, प्लैनेटेरियम, फ्लावर, क्लॉक तथा टॉय ट्रेन आदि दर्शनीय चीजें हैं।

लखनऊ तथा इसके समीपवर्ती स्थानों यथा गोसाईंगंज, बॉटनिकल गार्डेन, इन्दिरा नहर, प्राणि उद्यान, नवाबगंज एवं कुकरैल पिकनिक स्पाट आदि स्थानों के आसपास तथा जंगलों में साउथ-ईस्ट हिमालय से ठण्डक में वृद्धि होने के कारण प्रवासी पक्षियों का बसेरा कुछ माह के लिए होता है। दिसम्बर माह वैसे भी शीत ऋतु में आता है और यह समय पक्षियों की मीटिंग का होता है। जनवरी के महीने में पक्षी अण्डे देते हैं तथा बच्चों के बड़े हो जाने पर वे अपने मूल स्थान पर लौट जाते हैं। तराईवाले क्षेत्रों से भी पक्षियों का आगमन होता है। ये पक्षी फ्रूट्स, फलियाँ, फूल और कीड़ों को भोज्य पदार्थ के रूप में ग्रहण करते हैं। इनके आगमन से हरियाली का सौन्दर्य बढ़ जाता है।

लखनऊ के चिड़ियाघर अर्थात् नवाब वाजिद अली शाह प्राणि उद्यान में तितली पार्क आकर्षण का केन्द्र है जो 20 फीट लम्बा और 15 फीट चौड़ा है। इस ओपन तितली पार्क के इर्द-गिर्द आठ सौ मीटर की लम्बाई के पाथ वे हैं। यहाँ पॉली हाउस, तीन तालाब और पाँच सौ गमले तो हैं ही, बीस प्रजाति के चार हजार होस्ट और नेक्टर प्लाण्ट भी हैं। तितली की आयु 40 से 50 दिन की होती है। यहाँ प्रत्येक सीजन के अनुसार पौधे लगाये गये हैं। प्रमुख पौधे हैं, नीबू, चम्पा, तुलसी, राखीबेल, छिपकली बेल, अमरूद, चमेली, सफेद नीला मदार, अहमेलिया, अजूबा, हिमचम्पा, पोकीज, जराकोश, एग्जोय, गोल्डेन दोरेता, सन्तरा, मुसम्मी, कूँद, पेण्टार्स, सावरी एवं मनोकामनी आदि। यहाँ तितलियों की पचास से साठ प्रकार की प्रजातियाँ हैं जिनमें प्रमुख हैं लाइम, कॉमन क्रो, द ग्रेट एग फ्लाई, कामन वॉर्डर, पीका कपेञ्जी, स्ट्राइप टाइगर, कॉमन ग्राक यलो एवं कामन इमीग्रेण्ट आदि। यहाँ प्रकृति प्रशिक्षण केन्द्र बनाया जायेगा, जिसमें तितलियों के बारे में सविस्तार जानकारी देने की व्यवस्था है। इस प्रकार यह जू जैव विविधता की दृष्टि से महत्त्वपूर्ण हैं।

आस्ट्रेलिया के क्लेम टिसडैल का कहना है कि यदि जीवमण्डल और जैव विविधता को बचाना है तो राष्ट्रीय उद्यानों को बनाना होगा तथा ऐसे क्षेत्रों को संरक्षित घोषित करना होगा जहाँ जैव विविधता अधिक है। वर्ष 1872 में अमरीका में राष्ट्रीय उद्यान मेलोस्टोन स्थापित हुआ। तत्पश्चात् 1990 तक में कनाडा, आस्ट्रेलिया एवं न्यूजीलैण्ड आदि देशों में राष्ट्रीय उद्यान बनाये गये। वर्ष 1986-87 में विश्व भर के 81 उद्यान प्रबन्धकों को प्रशिक्षण दिया गया। भारत की चार प्रतिशत भूमि पर 69 राष्ट्रीय उद्यान तथा 392 के लगभग संरक्षित क्षेत्र विद्यमान हैं। मध्यप्रदेश का कान्हा राष्ट्रीय उद्यान बारहसिंगा के लिए मशहूर है। असम का काजीरंगा राष्ट्रीय उद्यान में गैण्डे और जंगली भैंस अधिक संख्या में हैं। कर्नाटक का बाँदीपुर राष्ट्रीय उद्यान, तमिलनाडु का मधुमलुई अभयारण्य, उत्तर में नगरहोल उद्यान तथा केरल में बाइनाड नामक अभयारण्य है। केरल के पेरियार वन्य जीवन अभयारण्य में कई प्रकार के पशु पाये जाते हैं। हाथी और बाघ को देखना यहाँ का आकर्षण है। पश्चिम बंगाल का सुन्दरवन राष्ट्रीय

उद्यान का क्षेत्रफल तीन हजार वर्ग किलोमीटर है। बाघ की शरणस्थली पश्चिम बंगाल में है और यह जगह 2855 वर्ग किलोमीटर के क्षेत्रफल में है। राजस्थान में थार के मरुस्थल में राष्ट्रीय उद्यान है तथा यहाँ रेगिस्तानी भेड़िये, रेगिस्तानी लोमड़ी और सोहन चिड़िया आदि बहुतायत में मौजूद हैं। असम में मानस राष्ट्रीय पार्क है। गौर के जंगलों में शेर और चीते संरक्षित किये गये हैं। जंगलों के कम होने से हिंसक पशु जैसे शेर, बाघ, तेंदुआ और चीता आदि मानव एवं पालतू पशुओं पर जानलेवा हमला करने लगे हैं। अतः वनों का विस्तार करके तथा वन्य पशुओं को संरक्षित करके ही इस समस्या को दूर किया जा सकता है। राष्ट्रीय उद्यान, पार्क एवं अभयारण्य की एक अत्यन्त विकसित शृंखला है देश में और विदेश में लेकिन सभी का विवरण देना इस अध्याय में सम्भव नहीं है फिर भी संकेत दिया गया है और कुछेक के संक्षिप्त विवरण भी दिये गये हैं। जैव विविधता को संरक्षित करने तथा इसको बढ़ाने में राष्ट्रीय उद्यान, पार्क एवं अभयारण्यों की महती भूमिका है। अतः हम सभी का यह पुनीत कर्त्तव्य है कि जैव विविधता के संरक्षण में अपेक्षित योगदान दें।

❑❑❑